KB220351

한국 불교의 회통적 전통

머리말

이 책은 그동안 필자가 연구한 주제들을 한국불교의 회통사상이라는 공통적 주제로 재편성한 것이다. 단시간에 쓴 것이 아니라 거의 30년 이상의 시간을 보내면서 틈틈이 연구할 수 있는 시간을 가지고 있었던 탓에 단행본으로 마무리할 기회를 갖게 되었다.

한국불교는 참선과 독경과 염불 또 여러 가지 요소들이 종합된 회통불교의 전통이 있다. 이러한 사상적 특징은 불교에만 있는 것이 아니라 유교에도 있고 신종교에도 흐르고 있는 맥락이다. 중국과 일본 그리고 서구열강의 초강대국 가운데 한국사회가 버틸 수 있는 힘은 그러한 다양성을 조화하는 힘에 있었다.

한국사상의 회통적 전통은 원효에 의해 잘 나타나며, 유교의 경우에 있어서는 율곡 이이에게서 찾을 수 있고, 서산(西山)의 사상에서도 삼교회통의 뜻이 잘 나타난다. 근대에 이르러서는 동학의 사상에도 이질적인 면들을 하나로 통합하여 보는 회통사상이 잘 드러난다.

우리시대는 동양과 서양의 여러 종교와 사상이 마치 정원에 핀 다양한 꽃들처럼 피어서 서로의 아름다움을 자랑하고 있다. 때로는 이웃 종교에 대해 적의를 드러내는 불협화음적인 사건들이 없지는 않지만, 토착종교라고 할 수 있는 불교는 종교의 다원성을 인정하고 받아들인다. 이것은 종교를 초월해서 한국인이 가지고 있는 융합적 사고의 일단이라고 본다.

불교는 여러 사상과 교류하면서 발전해 왔다. 중국불교는 중국의 오랜 토착신앙인 도교적인 요소와 교류하면서 서로 영향을 받았다. 그런 회통적 사고방식이 불교를 중국 땅에 토착화가 가능하도록 했다.

한국불교사에서 원효는 이러한 회통불교를 화쟁불교 혹은 총화불교라고 하였고 대승불교의 오랜 논리라고 하였다. 원효의 삶과 저술 속에는 처음부터 끝까지 서로 이질적인 것을 동질적으로 보고, 동시에 동질적인 것 속에서 이질적인 것을 보는 논리가 있다. 이것은 출가와 재가를 자유롭게 오간 원효의 삶 속에 녹아들어 있었고, 《유마경》을 비롯한 대승경전에 대한 주석에서도 잘 나타나는 요소이다. 구산선문의 출발인 가지산 보림사의 원표는 중국에서 화엄경을 공부하고 가지산문으로 유명한 가지산 보림사로 귀국했는데, 그는 선종이 아닌 화엄종의 고승이었다. 그의 영향이 적지 않은 선종사찰은 오로지 간화선 일변도가 아니라 대승불교사상의 영향하에 교학과 염불이 함께 했다.

고려시대의 보조국사 지눌이나 진각국사 혜심의 경우도 간화선을 가장 훌륭한 수행법으로 제시하지만 오로지 간화선만이 아니라 사람들의 근기에 따라 다른 수행법도 제시하고 있다. 조선시대에는 사상의 주류가 성리학이지만 성리학자들과 스님들이 서로 교류하고 있으며 후기로 갈수록 그 교류는 빈번해 진다.

다만 조선조의 유학자들이 불교에 대해서 일정한 지식과 신앙을 가지고 여러 기록을 남겨 놓았음에도 불구하고 16세기의 율곡과 17세기의 박세당 그리고 19세기의 대둔사 학승들의 유불교류 이외에는 다루지 못하였다. 아쉽지만 후일의 연구과제로 삼고자 한다. 여러 가지로 부족함에도 불구하고 부족한 채 책을 세상에 내는 것을 부끄럽다. 여러분들의 지도편달을 바랄 뿐이다.

2015년 11월
호심관에서 이희재

| 차 례 |

I.불교 회통사상의 기원

한국 사상의 회통적 특징

Ⅰ. 서론

한국 사상의 형성은 고유의 무속적 혹은 풍류적 사유방식에 중국을 통해 불교·유교가 수입되어 한국인의 철학적 사유의 깊이를 더해 주면서 한국 사상으로 형성되었다. 불교나 유교의 원산지는 인도 혹은 중국이지만 한국이라는 특수한 지리적, 혹은 민족적 성격에 의해서 종래 철학이나 사상은 한국화되었다. 특히 중국 사상과 한국 사상은 한자문화를 공유하기 때문에 한국 사상을 단지 중국 사상의 아류로 평가하는 경향을 가질 수 있으나 불교의 경우 중국의 다양한 종파¹⁾를 종합 회통시킨 한국적 특징이 있다. 이는 원효의 화쟁(和諍)의 논리가 대표적이다.

불교의 사상이 아무리 다양하고 서로 배타적으로 발전하여도 통일될 수 있다는 회통의 논리라고 할 수 있다. 또한 원광 법사의 세속오계도 불가의 오계라기보다는 유교적인 가치인 충효(忠孝)를 포함하고 있어서 유불회통

(儒佛會通)을 엿볼 수 있다.[2] 이런 전통이 고려시대에는 의천의 선교합일 (禪敎合一)과 지눌의 정혜쌍수(定慧雙修) 사상 속에서 그대로 계승되고 있다는 것은 주지의 사실이다.

조선시대에 있어서 억불숭유(抑佛崇儒)정책은 불교에 대해서, 또는 유교 이외의 사상에 대해서 이단시하는 반회통적(反會通的) 사고를 찾아볼 수 있다. 더욱이 일반 민중들에게 있어서는 그들의 정치관과 일반생활은 유교적인 의식에서 준칙을 삼았으면서도, 종교적이거나 민속에 있어서는 유불(儒佛)의 회통이 자연스러운 것이었음은 물론이다. 특히 불교의 입장에서 당시의 공식적 가치관이라고 할 수 있는 유교를 수용하지 않을 수 없었기 때문에 필연적으로 회통적인 사상이 요구되었을 것이다.[3] 조선 후기의 대표적인 선승이며 승군의 대표적 인물인 서산 대사의 사상에서 그러한 이론을 찾을 수 있다.

근세 이후 서구의 과학과 문화 그리고 종교가 서세동점(西勢東漸)됨에 있어서 동학이 외세에 치열하게 대응하는데, 그 사상의 핵심은 종래 한국의 사상인 유불선(儒佛仙)과 서학으로서 천주교의 영향을 받은 회통사상이라고 볼 수 있다.

한국인이 외래문화를 수용함에 있어서 그것을 회통적 방식으로 주체화시켰으며 그러한 방식이 역사를 통해 나타나고 있음을 밝힐 수 있다. 또한 오늘날과 같이 점차 천차만별의 가치관과 대립적인 사유가 난립하여 다양하게 변화해 가는 현실 속에서 어떻게 회통적인 사유를 적용할 수 있는가를 생각할 필요가 있다.

II. 원효의 화쟁적 논리

화쟁의 정신은 근본불교의 정신이다. 석가모니 부처님은 당시의 수많은 사상체계들이 서로 대립·충돌을 일으키는 형이상학적인 문제에 대한 논의는 진실한 실천과 인식에는 아무런 도움이 되지 않기 때문이었다고 생각한다. 그는 진실하게 살아가는 길과 진실에 대한 실천적 인식을 사람들에게 가르치려 했을 뿐, 베다의 권위에 맹종하지도 않았고, 모든 형이상학적 논의를 의미 있게 보지도 않았다. 거시적이고 객관적인 관점에서 본다면 이러한 형이상학적 주장들은 모두가 상대적인 것이기 때문이다.

불교에 있어서 화쟁의 원리는 이처럼 실천을 중시하는 석가모니 부처님에게서 그 싹이 나타난 셈이고, 이는 진속불이(眞俗不二)를 주장하는 대승불교 후기에까지 지속된 정신이라 할 것이다.

그러나 근본불교는 세월이 흐름에 따라 대승과 소승, 성(性)과 상(相), 돈(頓)과 점(漸) 등의 상호대립적인 교의로 발전하고, 인도의 불교사상계는 마음의 청정한 면만을 주로 찬탄하고 강조해 온 중관사상과 마음의 염오(染汚)한 면만을 주로 밝혀 온 유식사상으로 첨예하게 대립했다. 중국의 불교 역시 풍부하고 다양하게 발전하였음에도 불구하고 상호 배타적인 교조주의의 역기능이 있었다.

원효는 이러한 중국의 대립적 종파를 극복한 회통불교의 창설자라 할 수 있다. 특히 《대승기신론소 별기》에서 우선 기신론의 성격을 중관사상과 유식사상의 지양과 종합으로 보았다. 그의 화쟁불교사상은 의천의 교선일치에 영향을 미치며 5교 9산으로부터 5교 양종[4]이 되고 결국에는 선과 교가 합하여 하나로 된 것에 결정적인 영향을 미쳤던 것이다.

1. 이론적 화쟁, 일심이문(一心二門)

원효는 중국의 특정 종파를 수용하지 않고 화쟁적으로 종합하였다. 화쟁이란 말은 부처님의 법이 다른 사상을 배제하고 혐오하는 것이 아니라 그것을 포용하고 받아들여 회통시킨다는 것을 말한다. 그것은 마치 바다가 만 가지 강물을 다 수용하여 받아들이면서도 그 바다의 한맛(짠맛)을 잃지 않는 것과 같다는 것이다. 곧 "너무 넓어서 끝 간 데를 알 수 없으며 매우 깊고 깊어서 속 깊이를 헤아릴 수 없기 때문이다. 속 깊이를 헤아릴 수 없기 때문에 밑바닥까지 다하지 못하는 것이 없겠고, 끝 간 데를 알 수 없기 때문에 해당하지 않는 데가 없다. 여러 경전들의 부분을 총괄하여 온갖 물의 흐름을 바다의 일미(一味)로 귀납시켜서 부처님의 뜻이 지극히 공정함을 열어 보여 백가(百家)들의 서로 다른 쟁론(爭論) 등을 화합하여 모았다."[5]

원효의 저술 가운데 《십문화쟁론》이 단편적으로 남아 있는데, 이 이름이야말로 열 가지 이론을 회통한다는 뜻이 담겨 있는 서명이라 하겠다. 특히 《기신론소》에서 불교사상을 전개시키면서 무량무변한 의미를 그 본질로 삼고 있으면서도 그를 회통하면 일심(一心)과 이문(二門)의 법으로 요체를 삼을 수 있다고 한다. 대승의 법은 이 일심 이외의 다른 법이 존재하는 것이 아니다. 다만 무명이 그 자신의 일심에 미혹되어 (마음의) 물결을 일으켜서 육도윤회한다는 것이다. 마음은 모든 법을 포괄하기 때문에 모든 법의 본체는 바로 이 일심으로 통한다는 것이다.

이 논은 펼쳐 보면 무량무변한 뜻으로 종지를 삼고, 합해 본다면 이문일심(二門一心)의 법으로 요체를 삼을 수 있다고 한다. 대승의 법은 이 일심이외의 다른 법이 존재하는 것이 아니다. 다만 무명이 그 자신의 일심에 미혹되어 (마음이)물결을 일으켜서 육도윤회하다는 것이다. 마음은 모든 법을 포괄하기 때문에 모든 법의 본체는 바로 이 일심으로 통한다는 것이다.

이문(二門)의 안에 만가지 뜻을 받아들이면서도, 어지럽지 않으며, 한량없는 뜻이 일심과 같아서 혼유되어 있으니, 이러므로 펼침과 합함(開合)이 자유롭고, 세움과 깨뜨림[立破]에 걸림이 없어서, 펼쳐도 번잡하지 않고 합하여도 혐착하지 않으며, 세워도 얻음이 없고 깨뜨려도 잃음이 없으니, 이것이 마명(馬鳴)의 뛰어난 기술이며 기신론의 종체라고 평가한다.[6]

그러면 이문(二門)이란 무엇인가? 그것은 생멸문과 진여문이다. 진여문에 의하면 지행(止行)을 닦고 생멸문에 의해 관행(觀行)을 일으키어 지(止)와 관(觀)을 동시에 닦아 나가면 모든 행위가 이 두 수행에 의하여 갖추어진다. 곧 "두 가지 문을 연 것은 두 번째 의심(二門을 여는 것)을 제거하는 것이다. 이는 여러 교문(敎門)이 많이 있지만 처음 수행에 들어감에는 두 문을 벗어나지 아니하니, 진여문에 의해서 지행을 닦고 생멸문에 의하여 관행을 일으킴을 밝힌 것이다. 지행과 관행을 둘로 부림에 만행(萬行)이 갖추어져 있으므로, 이 두 문에 들어가면 모든 문이 다 통하는 것이다. 이렇게 의심을 제거해야만 수행을 잘 일으킬 수 있는 것이다.

일심(一心)이란 본각(本覺)인데, 이것이 무명(無明)을 따라 움직여 생멸을 만든다. 무명의 인연을 따라 생사를 유전하고 실제로는 물들더라도 자성(自性)은 청정하다. 그러므로 생멸문 속에는 여래의 성품이 숨어 있어서 드러나지 않으므로 '여래장(如來藏)'이라고 한다. 다시 말해서 "일심법을 세운 것은 저 처음의 의심을 제거하는 것이다. 이는 대승법엔 오직 일심만이 있으니 일심 밖에서 다시 다른 법이 없으나, 다만 무명에 자기의 일심을 미혹하여 모든 물결을 일으켜서 육도에 유전하게 됨을 밝히는 것이다. 비록 육도를 일으키기 때문에 널리 구제하는 서원을 발하게 되는 것이요, 육도가 일심을 벗어나지 않기 때문에 동체대비를 일으킬 수 있는 것이다. 이와 같이 의심을 제거해야만 마음을 발하게 된다"[7]라고 했다.

일심은 불교의 교리뿐만 아니라 다른 백 가지 사상(百家)까지도 한 마음 속의 세속적인 생명의 길과 초속적인 진여의 길로 크게 대별하는 것을 통합하는 근원이 된다. 영원한 마음이 무명의 인연을 따라 변화하여 무상한 마음을 만들지라도, 그 영원성은 항상 그대로이지 변화되는 것이 아니다. 또 이 하나의 마음은 무명의 인연을 따라 변화하여 중생의 마음을 만들지라도, 그 '하나의 마음은 영원하다'라는 것은 일심의 수행이야말로 다양한 불교를 회통하는 근원임을 밝힌다.

원효는 복잡하고 다양한 경전의 세계를 종합하여 체계를 세우는 방식을 종요(宗要)[8]라고 하였다. 이런 종요의 논리도 바로 일심으로 통합하려는 그 회통정신인 것이다.

2. 실천적 회통, 진속불이(眞俗不二)

원효의 지식은 일월(日月)과 같았으며, 한 종파·한 판단에 국한되어 집착하는 소인배적 학자는 아니었다. 그는 유심(唯心)[9]을 깨달은 뒤 무량법계의 지극한 뜻을 통달하고 순수한 민족불교를 독창하였다. 고유한 한국민의 정서에 적합하도록 깊고 미묘한 이론으로 규정하고 대중교화의 실천을 철저히 하여 이 양자를 융합하고자 하는 것이 그의 근본사상이었다. 이러한 정신의 바탕 위에 원효는 만년에 환속하여 거리에서 춤추고, 노래하고 혹은 주석을 달고, 담화하여 만인의 실생활에 가능한 불교를 포교하여 대중불교를 활성화하였다.

그는 부처님과 범인의 구별은 이성(已成)과 미성(未成)의 시간적 차이가 있을 뿐, 용(用)에 있어서 밝고 어두움의 구별이 있을지라도 체(體)에 있어서는 증감의 차이가 없다고 보았다. 곧 "모든 부처와 여래의 법신이 평등하여 모든 곳에 두루하며 의식적인 노력이 없기 때문에 자연이라 한 것이니 다만 중생심에 의하여 나타낸 것이다. 중생심이란 마치 거울과 같으니, 거울에 만약 때가 있으면 색상이 나타나지 않는 것처럼, 이와 같이 중생심도 만약 때가 있으면 법신이 나타나지 않기 때문이다."[10]

그가 《기신론》에서 강조한 것은 '상구보리 하화중생(上求菩提 下化衆生)'의 진속불이(眞俗不二)·부주열반(不住涅槃)인 것이며, 이는 또한 출세간적 자리(自利)만이 아닌 일체 중생이 다함께 깨달음의 세계를 이룩할 때(利他) 부처님의 참정신이 구현되는 것임을 이론적으로 입증하고 생활 속에서 실천한 것이다.

어느 때는 장안 대로에서 "자루 빠진 도끼를 누가 빌려주려나. 하늘 버틸 기둥을 내가 깎으리라[誰許沒柯斧 我斫支天柱]"라 외치며 다녔다. 보통 사람들은 무슨 소리인지를 알지 못하였으나 마침 왕이 듣고 그가 귀부인을 얻어 어진 자식을 보고 싶은 뜻을 헤아려 요석공주와 인연을 맺게 하고, 그 슬하에 설총이 탄생하였다. 이런 원효의 파계에 대해 이기영은 다음과 같이 평가했다.

"이러한 일들을 파계라거나, 또는 비윤리적이라고 평해서는 안 된다. 이는 그가 다만 형식적이고 교조적인 낡은 종교적 관습을 벗어나 활달한 자유인으로서 모든 중생과 하나가 되어 그 고통을 함께 아파하며 널리 중생을 이롭게 하는 이상을 구현하기 위해 나타난 현상일 따름이다."[11]

그는 고차원적인 이론이나 경론의 주석에 있어서 뛰어난 업적을 남기는 일뿐만 아니라, 서민 대중의 생활 속에 파고들어 노래와 춤으로, 또는 훈훈한 자비의 손으로 따뜻한 말로 갖가지 방편을 베풀어 대중교화에 획기적인 발판을 마련했음을 짐작게 한다. 다시 말하면 노래하고 춤추는 데 그치는 것이 아니라, 자신을 낮추어 서민 대중과 접촉함으로써 불교의 대중화에 기여했던 것이다. 그는 이론적인 화쟁에 그친 것이 아니라 승속을 자유롭게 오가며 승속불이(僧俗不二)의 회통사상을 몸소 실천했던 것이다.

III. 율곡의 화쟁적 이기관(理氣觀)

조선시대의 대표적인 유학자인 율곡 이이(栗谷 李珥, 1538~1584)는 그의 어머니 신사임당의 3년상을 마친 19세에 인생의 실존적 문제를 도저히 유학만으로는 풀 수 없어서 금강산에 입산했다. 거기에서 그는 불교의 경전과 참선을 몸소 경험한 후 다시 환속한 특별한 유학자였다.

또한 《순언(醇言)》이라는 저술을 통해 당시 이단시했던 노자의 《도덕경》을 유교적으로 해석하고 있으며, 성리학 자체를 단순한 주자이론의 교조적 학습이 아닌 자신의 독자적인 사유를 통해 바라봄으로써 회통적 사유의 틀을 보여주었다. 그의 이기론(理氣論)은 회통적이며 인심(人心)과 도심(道心) 등의 이원론적인 논쟁을 회통하였다.

1. 이기묘합(理氣妙合)

조선 철학사에서 가장 심도 있게 논의된 주제는 바로 이기론이라 할 수 있다. 주자학을 신성시한 퇴계의 입장이 주리적(主理的)이고 이와 기에 대한 이원론적인 견해, 곧 '천리를 보존하고 인욕을 없앰[存天理 去人欲]'이라고 한 것도, 이(理)를 귀하고 좋은 것으로 보며, 기(氣)를 인간의 기질로 보는 이원론적인 경향을 보여주는 것이다.

이에 반해서 이와 기는 서로 떨어질 수 없는 관계이며, 선(善)과 이(理)도 기를 통해서 나타나기 때문에 율곡의 철학을 주기적(主氣的)이라고 한다. 그러나 이기를 둘이 아닌 하나의 원리로 보는 그의 입장은 이기묘합(理氣妙合)이며 체용일원(體用一源)의 회통적 사상이라고 하겠다.

그는 말하기를 "이와 기는 두 가지로 대립되는 것도 아니요, 한 가지로 통일되는 것도 아니다. 한 가지로 통일되는 것이 아니기 때문에 일이이(一而二)요, 두 가지로 대립되는 것이 아니기 때문에 이이일(二而一)이다. 왜 이기를 하나로 통일된 것이 아니라 하는가? 이기는 비록 떨어질 수 없으나 묘합(妙合) 가운데서 이는 스스로 이요, 기는 스스로 기라서 서로 협잡되지 않으므로, 한 가지로 통일된 것도 아니다. 왜 이기를 둘이 아니라고 하는가? 비록 이(理)는 스스로 이(理)요 기(氣)는 스스로 기(氣)나, 섞이어 틈이 없어서 선후가 없고 이합(離合)이 없어서 두 물건이 되지 않으므로 둘이 아니다"[12]라고 한다.

그는 이와 기가 따로따로 나타난다고 주장하는 것은 잘못이라고 한다. "발(發)하는 것은 기(氣)요, 발하게 하는 까닭은 이(理)니, 기가 아니면 능히 발하지 못하고, 이가 아니면 발할 근거가 없으니 선후와 이합이 없으니 호발(互發)이라 할 수 없다"[13]고 한다.

율곡은 이통기국(理通氣局)이란 용어를 제시하는데, 이것은 불교의 화엄철학의 영향을 받은 것이다. 이통(理通)이란 본말(本末)도 선후도 없는 것으로, 이(理)가 천차만별로 나뉘어도 그 본연의 묘리는 없는 데가 없다. 기(氣)가 온전한 곳에 이(理) 역시 편협되지만 편협된 것은 이(理)가 아니라 기(氣)다. 맑음 흐림 순수 잡박 찌꺼기 거름 더러움 가운데도 이(理)는 다

있어서, 각각 그 성(性)을 이루고 있으나 그 본면의 묘(妙)는 그대로 자약하다. 이것을 이발(理發)이라고 하는 것이다. 기국(氣局)이란 기(氣)는 이미 형체를 나타낸 것이므로 본말이 있고 선후가 있다. 기(氣)가 있지 않지만 쉼 없이 움직이면서 차이가 생긴다. 이 기(氣)가 움직이면서 그 본래의 깨끗함을 잃지 않은 것도 있고 잃은 것도 있다. 이(理)는 만물의 어디나 그 본인의 묘(妙)가 그대로 있지 아니함이 없지만 기(氣)는 그렇지 못하다. 이것이 기국(氣局)이다. 이 이통기국(理通氣局)이란 다름 아닌 화엄철학의 이통사국(理通事局)이라 할 수 있다.

2. 일심사상

율곡은 체용일원(體用一源)의 논리를 일심에도 응용하여 심(心)과 성(性)과 정(情)이 이질적인 것이 아니라, 심(心)의 체용(體用)일 뿐이라고 한다. 그는 심(心)이 아직 나타나지 않았을 때를 성(性)이라고 하고 심(心)이 이미 나타난 것을 정(情)이라 하여, 정(情)을 헤아려 보는 것을 의(意)라 한다.[14] 하나의 심(心)이 다른 형태로는 성이요, 정이요, 의인 것이다. 마음은 하나인데 도심(道心)과 인심(人心)으로 나눈 구분은 성명(性命)의 의리에 알맞게 마음이 나오면 도심(道心)이요, 형기(形氣)와 식색(食色), 곧 보이는 욕망의 대상에 집착할 때는 인심(人心)이 나온다는 것이다.

그가 직접 불교적인 용어를 쓰지 않았다고 할지라도 이 일심(一心)사상은 그대로 불교의 일심과 일치하고 있고, 원효의 화쟁사상에서 진여문과 생멸문이 일심에 의해 회통되었다는 것과 다름없는 것이다. 동시에 이(理)와 기(氣), 성(性)과 정(情) 그리고 의(意)를 일심으로 통합하는 구조 역시 회통적 사유체계라고 할 수 있다.

3. 삼교회통

1) 노장관(老莊觀)

율곡의 《도덕경》에 관한 주석은 순정한 것만 발췌했다는 의미에서 《순언(醇言)》이라고 이름했다. 그는 서문에서 노자의 저술은 해괴한 것이 많지만 무위(無爲) 무욕(無欲)은 이(理)에 가까워 취할 만한 것이라고 했다. 물론 그는 삶에 있어서 불로장생에 비중을 지나치게 두는 양생과 방술 등에는 상대적으로 관심을 갖지 않았다. 율곡이 긍정적으로 수용한 노자의 가르침은 극기(克己) 질욕(窒慾) 정중(靜重) 자수(自守) 겸허 자목(自牧) 자간(自簡) 임민(臨民)이라고 한다.[15] 이러한 것이 유교의 가르침이 아니라고 해서 도외시해서는 안 된다는 것을 그는 주장한다.

유교와 노장사상의 일치점은 노자가 도의 실행은 (욕심을) 날마다 더는 것이니, 덜고 또 덜어서 무위에 도달하는 것은[16] 본연의 성을 회복하는 것과 같은 의미로 해석한다. 사람의 성품 가운데는 만선(萬善)이 자족해 있으니 선을 추구하고 더할 이치가 없다. 문제는 마땅히 그 물욕의 짐을 덜어버리는 것일 뿐이다. "덜고 덜 것이 없는데 이르면 그 본성의 성은 회복된다"는 것이다.[17] 노자가 "내가 조작이 없으니 인민이 저절로 되고, 내가 일이 없으니 인민이 저절로 바르고 내가 욕심이 없으니 인민이 저절로 소박해진다"[18] 한 것도 무위의 효용이라고 높게 평가하고 있다. 율곡은 이와 같이 노자를 비판하기보다는 좋은 점을 채용하여 유교의 뜻을 보완하려는 회통적 사유방식을 가진 지식인이었다.

2) 불교관

율곡은 16세에 자모 신사임당의 상을 당하여 3년상을 벗던 다음해에 금강산에 입산한다. 거기서 스님들과 함께 경(經)을 공부하고 선을 닦는 기회를 가졌다. 김장생은 기록하기를 "그때에 선생은 상을 벗고 슬프고 그리워하는 생각을 이기지 못하여 밤낮으로 울었다. 하루는 봉은사에 가서 불서를 읽고 그 생로병사의 설에 깊이 감명을 받아 그 높고 간명한 가르침에 기쁨을 느껴 속세를 떠나 그 가르침을 구해 보려 하였다"[19]고 했다. 일반적으로 생각하는 조선조 지식인들의 불교에 대한 비판이 아닌 그야말로 자신의 절박한 의문을 유교의 서적이 아닌 불교를 통해서 얻고자 했다는 사실에서 그가 유불회통(儒佛會通)의 소유자임을 확연히 보여준다.

교조적 유학자 가운데서 가장 보수적인 우암 송시열도, 율곡은 5~6세에 학문의 방법을 알았고 10세에 이미 (유교)경서를 통독하고 성인의 도가 단지 이것뿐인가 하고 가운데서도 불교가 일반 서민뿐만 아니라 당대 최고의 지식인에게까지도 그 역할을 잃지 않고 있었다는 것을 주의하여야 할 것이다. 그러나 율곡 자신은 불교인이라고 자처할 수도 없었고, 자신의 이름으로 불교의 저술을 남기지는 못했지만 그의 글 가운데는 이미 그가 불교의 선교(禪敎)를 닦았음을 고백하고 있다. 그는 어질고 지혜로운 사람은 기(氣)를 기르기 위해서는 산수를 제외하고 찾기 어렵다고 하고 자신은 산에 들어가 오랫동안 침식을 잊은 채 계(戒)와 정(定)을 닦았다고 했다.[20]

화두선을 닦았다는 그의 고백은 다음과 같다. "내가 어릴 때 선가(禪家)의 돈오법을 도에 들어가는 데 매우 빠르고 묘한 법이라 생각하여 만상이 하나로 돌아가는데 그 하나는 어디로 돌아가는가? 하는 화두로 수년 동안 생각해 보았다"[21]라는 것이다. 물론 그는 공개적으로 불교를 찬양하지 않고 결국은 유교의 입장을 견지했지만, 그가 심취했던 불교수행은 중요한 의미를 지닌다.

　선승: 유교에 '마음이 부처이다' 라는 말이 있습니까?

　율곡: 맹자가 성선을 말할 경우 말끝마다 요순을 들어 말합니다. 이것인 '마음이 부처' 라는 말과 다름이 없는 것입니다. 유교에서 보는 것이 더 현실적인 소득이 있는 것입니다.

　선승: (긍정하지 않으며) '색도 아니오 공도 아니다' 라는 말과 같은 것도 있습니까?

　율곡: 이것도 앞의 경우와 같습니다.

　선승: (긍정하지 않음)……

　율곡: 소리개가 날고 물고기가 뛰는 것은 색입니까, 공입니까?

　선승: 색도 아니요 공도 아님이 진실한 모습입니다.

　율곡: (웃으면서) 이미 말이 있으니 하나의 경계인데 어째서 진실한 모습입니까? 유교이 오묘한 면은 말로 전할 수 없으며, 불교이 진리도 문자의 밖에 있습니다.

　선승: (감동하여 시를 청함)

　율곡:

魚躍鳶飛 上下同	물고기 뛰고 솔개 노니 아래 위 한가지로다
這般非色 亦非空	이는 색도 아니요 공도 아니다
等閑一笑 看身世	빙긋이 웃고 신세를 보니
獨立斜陽 萬木中	석양의 만목 가운데 홀로 섰구나[22]

　이상에서 살펴본 대로 율곡은 유학자이면서도 불교의 오묘한 이치에 접

근해 있었다. 이미 율곡의 사상 속에는 세계와 인간을 대립적인 차원이 아닌 회통적인 차원으로 일관되게 보는 '일이이 이이일(一而二 二而一)' 의 사유체계가 있다. 이러한 논리는 이기(理氣)나 심성의 회통은 물론이려니와 불노(佛老)의 사상까지도 수용하여 회통할 수 있는 근거가 있었던 것이다.

IV. 서산(西山)의 회통사상

서산 대사 휴정(休靜, 1520~1604)은 임진왜란의 승병장으로 배불정책에 의해 침체되었던 조선 불교의 전환점을 마련한 분이다. 사상적으로는 선교일치(禪敎一致)는 물론 삼교회통(三敎會通)의 이론으로 한국 사상의 전통을 계승하고 있다.

1. 선교일치(禪敎一致)

그는 선승의 입장에 있으면서도 교(敎)의 중요성을 결코 잊지 않고 회통해야 한다고 강조한다. 왜냐하면 교(敎)가 부처님의 말씀이기 때문이라는 것이다. '말없음' 으로써 말없는 데 이르는 것은 선(禪)이요, '말' 로써 '말없음' 에 이르는 것이 교(敎)라고 한다.[23] 마음은 선(禪)이요, 말은 교(敎)이기 때문에 법(法)은 비록 일미(一味)이지만 그의 대립은 하늘과 땅같이 동떨어진 듯하다는 것이다.

그는 선교(禪敎)의 다툼은 초파리가 항아리 속의 하늘에서 춤추는 것과 같다고 그 부질없음을 비판하고 있다. "교(敎)만 주장하는 사람들은 찌꺼기에만 맛을 붙여 한갓 바닷가의 모래만을 셀 뿐이고, 다섯 교문(敎門)은 바로 사람의 마음을 가리켜 스스로 깨쳐 들어가게 하는 길이 있는 줄을 모른다. 반면에 선만을 주장하는 사람들은 스스로 온갖 행을 닦는 뜻을 알지 못하고 있다"[24]라고 말했다. 선과 교를 병행하지 않고서는 마치 날개가 한쪽을 잃은 것처럼 불완전한 것이다. 이런 점에 대해 자각하고 있기 때문에 그는 선승이면서도 교학을 소홀히 하지 않았던 것이다.

2. 삼교회통

서산 대사는 불교뿐만 아니라 유교와 도교에 대해서도 그 가치를 인정하고 수용하고 있다.

우선 유가에 대해서는 건중건극(建中建極), 혹은 덕(德)이나 인(仁)이나 경(敬)이나 성(誠)이 불교의 이치와 같은 것이라고 보았다. 말하자면 마음의 미묘함을 밝히는 것이라는 점에서 불교와 크게 다르지 않은 가르침이라는 것이다.[25] 노자의 가르침에 대해서도 그들이 천지에 앞서 '지대(至大)·지묘(至妙)·지허(至虛)·지령(至靈)' 하고 호호방탕하고 역력명명한 방향으로 그 거처를 정할 수 없고 그 수명을 다할 수가 없어서 우리는 그 이름을 알 수 없으므로 마음이라 한다고 해석하여 일심(一心)에 있어서 하나라고 본다.

또한 그의 시에서는 그가 유(儒)·불(佛)·도(道佛)에 무관하게 혼용된 용어를 사용하고 있다는 것을 살필 수 있다.

十年工做人　　십년을 사람되기 공부하였으니
積慮如氷釋　　쌓인 번뇌 얼음처럼 녹았으리
看盡大藏經　　대장경 보기를 다하고

焚香又讀易	향 사르면 다시 주역을 읽네
仲尼旣非始	중니가 이미 처음이 아니거든
伯陽安得終	백양이 어찌 마침이 되겠는가
蓼蓼天地外	고요하고 쓸쓸한 천지 밖에서 화하여
來化入無窮	무궁으로 드네.

(유교와 도교를 읽음)

伏羲數理三才主	복희의 수리는 삼재(三才)의 주요
孔子綱常萬世師	공자의 강상은 만세의 스승이네
忠恕敬誠公已達	충서(忠恕)와 경성(敬誠)은 이미 통달하였으니
海東天地一男兒	해동 천지의 남아로다.[26]

(퇴계의 책을 읽음)

위의 시들을 보면 유교에 대한 어떤 거부감을 느끼기는커녕 이미 그 깊은 이치를 체득한 경지임을 드러내고 있다. 《대장경》을 읽고 나서 주역을 읽는데 향을 사른다는 것은 불경과 같은 대우를 한다는 뜻일 것이다. 그저 교양을 습득하기 위한 독서가 아니라 마음의 양식으로 삼는 책으로서 성스럽게 간주한다. 유학자인 퇴계를 찬탄하는 점도 그가 만세의 사표인 복희와 공자의 진리를 통달한 훌륭한 대장부라는 것을 칭찬하는 것이다.

志欲靑年分孔釋	젊어서는 공자와 석가를 분별하려 뜻하였고
著工心地死前休	심지를 공부하면서 죽기 전에 쉬려 하였네
光陰箭疾身多病	세월은 화살같이 빠르고 몸에 병이 많으니
一事無成空白頭	하나의 일도 이루지 못하고 속절없이 머리만

	희었네.[27]
青年動著唐虞典	젊어서는 부지런히 당우의 글을 읽었고
壯歲深窮貝葉書	장년에는 불교책 깊이 연구하였네
萬古乾坤雙幻化	만고의 건곤은 한 쌍의 그림자요
百年身世一蘧廬	백년의 신세는 하나의 객사일세.[28]

(욱선자(昱禪子)에게)

그가 도를 이루기 전에는 유교와 불교를 분별하려 했지만 마음공부를 하면서 그 분별을 쉬었는데, 어느 한쪽도 잘 이루지 못한 채 늙어 감을 아쉬워하고 있는 시들이다. 불교에 입문하기 전에 이미 유교적 교양을 익히고 있었음은 당시의 추세를 반영하는 것이기도 하다. 곧 우리 민족의 전통문화가 불교와 유교의 바탕 아래 형성되었기 때문에 의식하지 않는 가운데 이것이 회통되고 있는 것이다.

그는 "이르나 한 법 안에서 공자는 뿌리를 심었고, 노자는 북돋았으며 석가는 뽑았다"[29]라고 표현한다. 서산 대사는 배불정책에 의해 침체된 조선 불교의 중흥조라 할 만큼 중후한 인격과 실력을 갖춘 인물이었다. 왜란의 국가적 위기 속에서 살면서 보인 구국의 용기도 빼어나려니와 그가 선교합일(禪敎合一)의 회통적 정신을 당시의 사회에 적용하여 유·불 도 삼교의 회통으로 체계화하여 제시한 점은 높이 평가할 만한 것이다.

V. 동학의 삼교합일

동학은 조선왕조가 몰락하고 외세가 들어오는 난세에 나타난 민중의 종교인데, 당시의 사회에 불평불만을 품은 유생과 농민들에게 상당한 영향을 미쳤다. 특히 동학은 종래의 유·불·선 삼교와 천주교에서까지 필요한 요소를 가미하면서도 기존의 가르침을 지양하여 민간신앙의 요소를 회통적으로 포섭하여 종교적 교리를 구성했다. 유교의 경우 인의예지(仁義禮智)는 선성(先聖)이 가르친 진리라고 간주하고 특히 수심정기(修心正氣)를 강조하여 자신의 이론으로 삼았다.[30] 그는 바로 고치지 않으면 안 될 사회 상황에 대해 자각했으며 그것은 유교의 가르침을 세대에 맞게 개선한 것으로 알 수 있다. 성경(誠敬)의 수행방법은 우리나라 성리학에 있어서 중요한 지침인데 이를 그대로 채용하고 있다.

> 수심정기 하여내어 인의예지 지켜 두고
> 군자말씀 본받아서 성경이자 지켜 내어
> 선왕고례 잃잖으니 그 어찌 혐의되며
> 세간오륜 밝은 법은 인성지강이로세.[31]

불교의 경우도 억불정책이었다고 하지만 종교적 기능을 가지고 있었다. 물론 고급 철학으로서의 교리보다는 사후의 기원이나 질명의 치유 등 기복적인 신앙이 위주가 되었다.

轉寺門聽佛語	발길을 사문(寺門)에 옮겨
	부처님의 말씀을 듣고
忘却世界夢三	잠시 세상을 잊고 삼세를 꿈꾸어 보니
弗人何可以儒佛	사람이 없으면 어찌 부처님이 있으며
非不豈敢乎有有	무(無)가 없으면 어찌 감히 유(有)가 있으리.[32]

그리고 동학은 불교의 권위를 빌려 수운이 도인임을 증명하려고 하는 설화가 있는데, 대충의 내용인즉, 어느 날 금강산 유점사의 스님이 백일기도를 마치고 탑에 기대어 졸다가 꿈을 꾸었는데, 깨어보니 책 한권이 있어 펴보는데 그 뜻을 알 수가 없었다고 한다. 그러다가 그 스님이 수운을 만나 뜻을 묻고 사흘 뒤에 다시 와 물어 수운이 대답하니, 선생은 하늘이 내린 사람이며 그 책은 하늘이 선생에게 준 것이라 격려하고 사라졌다고 한다. 수운이 다시 그 책을 보려니 책은 행방불명이고 그 뜻은 49일간 기도하라는 것이어서 수운은 양산 통도사 내원암에서 49일 기도하였다는 것이다.[33] 동학은 토속사상 속에 남아 있는 민간 도교적인, 다시 말해서 주술적 민간신앙을 많이 채용하고 있다.

특히, '운수풀이'는 풍수참위설 등의 한국인의 저변에 강력하게 영향을 미친 역학적 순환논리와 천명적 자연법사상을 종합한 동학의 특색이다.

입도한 세상사람
그날부터 군자 되어
무위위화 될 것이니
지상신선 네 아니냐[34]

나는 또한 신선이라
이제 보고 언제 볼꼬
너는 또한 선분 있어.

물론 동학은 《용담유사》 삼교의 단순한 종합만이 아닌 그것을 극복하려는 노력으로 이루어진 것이기도 하다. 적어도 기성의 사상이 변화하는 시대를 주도하지 못한 채 표류하고 있을 때, 민중을 계몽하려는 그들이 보수적인 유·불·도의 지침의 묵수를 능사로 여길 수 없었음은 물론이다. 그러면서도, 동학의 사상은 유교의 삼강오륜과 불교의 수성각심(修性覺心)과 도교의 양기양생(養氣養生)을 회통하고 있다. "체(體)는 천도이며, 용(用)은 유불선이니 후세에 이를 어긋나지 않도록 신중하라"[36]고 하는 것이 그것이다.

VI. 결론

현금의 한국의 사상계는 유·불·선의 사상과 새로운 서구의 종교와 사상이 공존한다. 우리 민족이 외래문화를 수용할 때는 언제나 우리의 실정에 맞게 수용하는 태도를 취함으로써 한국 특유의 문화를 유지하여 왔다.

원효의 경우 당나라 유학을 포기하였으면서도 그의 업적은 세계적인 수준이었으며, 민족문화에 대한 기여는 불교를 어느 일파가 아닌 회통적으로 종합하여 원융무애한 불법을 대중화시킴으로써 회통적 사유의 실마리를 푼 것이라고 할 수 있다. 그의 회통적 사유는 고려시대의 의천이나 지눌에게 계승된다. 그러나 억불숭유정책을 편 조선왕조에 와서는 불교가 침체되는 양상을 보였지만, 이러한 회통사상은 유학의 사상 속에서도 면면히 이어진다. 율곡의 '일이이 이이일(一而二 二而一)'은 불이(不二)의 원융무래의 정신이니 다른 아닌 회통정신의 계승인 것이다.

서산 대사의 불교사상에서도 선교합일(禪敎合一)과 삼교회통의 정신이 그대로 유지된다. 특히 동학사상에서는 유·불·도 삼교는 물론 재래의 민간신앙까지도 회통하여 미증유의 난세를 극복하려는 자각이 엿보인다.

이처럼 한국인의 사유방식 가운데는 어느 한 쪽에 편향하지 않는 화합적 전통이 유지되어 왔으며, 미래의 사상의 방향 또한 대립과 갈등을 극복하고 외래문화와 민족문화가 회통될 가능성을 가지고 있다고 하겠다.

불교에서 보는 종교다원주의

Ⅰ. 한국의 대(多) 종교상황

최근의 통계에 의하면 한국의 종교인구는 50.7%이며 그 가운데 불교신자가 23.2%로 가장 많다. 그 다음이 개신교 19.7%, 천주교는 6.6%이다.[1] 이 통계에서 불교가 많다고 하지만 사실 개신교와 천주교를 종합하면 기독교 인구가 불교 인구보다 많고, 그 활동의 강도로 보자면 통계수치 이상으로 기독교가 강세라고 할 수 있다. 그리고 한국의 종교통계 가운데 유념할 점은, 자신의 종교가 유교라고 하는 사람은 1% 미만이지만, 한국인의 유교적 행동방식을 간과할 수 없다는 것이다. 다시 말해서 비종교 인구인 49.3%는 민간신앙이나 유교적 전통의 영향하에 있다고 보는 것이 필자의 생각이다. 또한 이러한 인구가 한 가구의 다종교상황에서 갈등을 완화하는 계층이기도 하다.

그러나 이러한 통계는 지역에 따라 편차를 들어내는데 수도권인 서울과 인천, 경기, 그리고 호남지방은 기독교가 우세하고, 부산광역시를 비롯한 경남, 대구 · 경북 등 영남지방은 불교가 우세하다. 예컨대 부산의 경우는 3명중의 1명이 불교신자인 반면 전북에서는 8명중 1명만이 불교신자이다.

전통 농업사회에서 도시화 · 공업화를 겪으면서 도래한 종교다원 사회는 한국인이 맞고 있는 기회이자 위기라고 할 수 있으며, 그 안에는 단순한 빛만이 아닌 그림자도 따르고 있다.

현재 종교인들이 자신들이 소속한 종교단체나 종교인들에 대한 만족도는 매우 부정적인 것으로 조사되고 있다. 갤럽이 조사한 설문 가운데 "대부분의 종교단체는 종교 본래의 뜻을 잃어버리고 있다"라는 견해에 응답자의 72.2%가 '그렇다'(아주 그렇다: 13.3%, 약간 그렇다: 58.9%)인 반면 20.3%만이 '그렇지 않다'고 응답했다.[2] 더 구체적으로는 "대부분의 종교단체는 참 진리를 추구하기보다는 교세를 확장하는 데 더 관심이 있다"라는 견해에 대해서도 절대 다수인 79.6%가 긍정적으로 응답했다.[3]

이 통계가 말해 주는 것이 바로 한국의 다종교상황의 빛이 아닌 그림자의 면이다. 곧 종교 본래의 본질을 추구하는 것이 아니라 외면적 확장에 열을 올림으로써 종교 간의 갈등 상황을 유발하는 요인이라고 할 수 있다.

II. 한국 불교도의 종교다원주의에 대한 인식

필자는 종교다원주의에 대한 불자들의 인식을 알아보기 위해 재가불자 100명의 설문을 받았다. 설문조사 방식은 인터넷의 불교게시판에서 추출한 불자들의 전자우편, 불교단체 종사자, 새벽예불에 참석한 불자, 혹은 전화 면담 등을 통해 설문을 수집했다.[4]

물론 이 문항은 필자의 주관적 선입견이 반영되어 있을 수 있고, 응답의 내용이 적절하지 않을 수도 있다는 한계를 안고 있음에도 재가불자들의 타종교에 대한 태도를 알아보는 데 기여할 수 있다고 보았다. 그러면 이 문항을 하나씩 살펴보면서 분석해 보기로 하겠다.

1. 한국사회의 종교적 갈등은 개신교의 배타적 신앙심에서 유래

한국에 들어온 서양의 선교사들은 불교나 유교 혹은 무속을 미신 혹은 우상숭배로 간주하고 배타적인 태도를 취했다. 그래서 동등하게 공존해야 될 인류의 문화가 아닌 타파되어야 할 폐습처럼 취급했다고 해도 과언이 아니며, 그러한 가르침은 오늘에도 이어지는 것이라고 볼 수 있다.

조상숭배나 국조(國祖) 단군상의 파괴 등 기독교 이외의 신앙을 우상으로 보는 관점은 아직도 사회적 마찰로 진행 중이라고 할 수 있다. 불자 100명 가운데 52명이 기독교의 이러한 공격적인 선교가 종교적 갈등의 제1 원인이라고 응답했으며, 12명은 기독교 자체의 교리라고 대답했다. 4명만이 불교계의 세속적 이권 다툼으로 인한 비리(非理), 12명은 훼불사건 등에 대한 불교 자체의 미온적 대응이 종교적 갈등을 제공했다고 보았다. 불자들은 종교적 갈등에 대한 원인이 개신교의 공격적 선교가 가장 크다고 인식하고 있었다.

2. 종교간의 평화는 매우 중요하다고 인식

종교간의 평화는 중요한가라는 물음은 어쩌면 우문(愚問)이 아닌지 모르지만, 일단은 종교 평화에 대한 불자들의 견해를 알 수 있는 대목이었다. 100명 가운데 88명(매우 중요 50명+중요 38명)이 중요하다고 응답했으며 그렇지 않다고 하는 사람은 단 한 사람도 없었다. 대신 무응답은 10명이었다. 무응답의 의미는 아마 무작정 평화만이 중요한 것이 아니라 종교적 신앙도 또한 더욱 가치 있는 것이라는 의미로 해석해야 할 수 있겠지만, 중요하지 않다고 대답한 사람이 없었다는 것이 중요한 대목이다.

3. 불자는 개신교에 대한 관용적임

이 설문에 대해서는 그 응답이 가장 궁금한 사항이었다. 응답자의 대다수인 79%가(전혀 배타적이지 않다: 17명+배타적이지 않다. 34명+보통: 29명) 배타적이지 않거나 보통이라고 했고, 배타적이라고 한 사람은 13%(배타적이다: 8명+매우 배타적이다: 5명)였다.

배타적이라고 대답한 사람들 가운데 배타적인 이유가 무엇인가를 설문했는데, 응답자의 대부분이 개신교의 공격적인 선교를 그 이유로 꼽았다.(18명) '기독교의 교리'에 대해서와 '불교를 사랑하기 때문에'라고 답한 사람은 각각 4명이었다. 이 설문에 대한 무응답이 74명이었는데 이 설문은 배타적이라고 한 사람만 응답을 요구했기 때문에 무응답자인 74명은 개신교에 대해 배타적이지 않다고 대답한 것이다. 이 설문으로만 보자면 한국의 불자들은 대부분 종교다원주의자들이라고 할 수 있을 것이다.

한국의 개신교에 대해 왜 배타적이지 않은가를 묻는 설문에는 50%가 종교적 화합을 불자들이 솔선수범해야 한다고 응답했다. 17%는 기독교의 보편적 가치를 존중하기 때문이라고 대답했다. 또한 불교의 가르침이 배타성에 대해 포용할 수 있는 가르침이라고 인식하고 있었다. 불교의 가르침이 배타적이라고 대답한 사람은 5%에 머물고 있으며, 74%인 대다수가 (매우 그렇다: 18명 + 그렇다: 56명) 불교의 교리는 종교간의 화합을 가르치고 있다고 응답했다.

그러면 그러한 불교의 가르침이 무엇인가에 대한 응답은 자비가 50%를 차지하였고 화쟁이 23%, 공사상이 11%, 불살생·비폭력이 10%를 차지하여 주로 자비의 정신이 종교다원주의를 긍정하는 불교의 가르침으로 지목하였다. 군이 개신교의 배타성을 수용할 수 없는 이유에 대한 설문에서는 불교에 대한 신심(21%), 비진리에 대한 불신(18%)과 외도비판(10%) 그리고 불교교단의 수호(7%)였지만 44%는 이 범주의 응답을 하지 않았다.

마지막으로 종교간 갈등을 해소하기 위해서 무엇이 필요한가라는 설문에 대해 개신교와의 대화를 53%가 응답했고(교류 및 친선도모: 37%+개신교 이해하기: 16%), 불교를 제대로 이해시키는 적극적 포교(33%)를 다음으로 들었다. 대화할 필요가 없다는 응답은 1%에 머물러 한국의 불자들이 종교 간 갈등해소를 위해 적극적인 관심을 가지고 있음을 알 수 있었다.

이러한 설문은 재가불자 100명을 대상으로 한 것이고, 설문의 내용도 적절하지 않은 면도 있었지만, 그럼에도 불구하고 한국의 불자들이 종교 다원주의사회에 있어서 다종교적 상황을 인정하고 종교평화를 원하고 있는 일면을 읽을 수 있었다.

III. 불교교리의 측면에서 보는 종교다원주의

1. 종교다원주의에 비판적인 불교의 입장

불교는 역사적으로 포교된 지역의 토착신앙 등을 수용하였던 역사적 사실과 동시에 그러한 다양한 사상을 수용할 수 있는 이론적 배경을 가지고 있다. 그러나 분명한 것은 타종교와 다른 불교라고 하는 종교의 정체성을 언제가 유지하고 있다는 점이다. 선과 악, 시(是)와 비(非), 정(正)과 사(邪)에 대한 주장이 있다는 것이다. 만약 이것을 간과한다면 불교라고 하는 종교적 정체성은 상실되었을 것이다.

1) 외도(外道) 비판

불타 석가모니의 재세(在世) 당시에 그가 지적한 진리가 아닌 외도는 크게 세 가지가 있었으며 이를 비판했다. 소위 삼종외도(三種外道)에 대한 비판이다.[5]

가) 숙명론을 비판한다. 인간의 노력이나 나태와 관계없이 운명이 결정된 것이라면, 선에 대한 노력이나 악에 대한 경계는 무의미한 것이 되고 만다. 인간의 정진과 노력, 자유의지에 관계없이 운명으로 예정되었다는 것은 비진리인 외도였던 것이다.

나) 존우론(尊祐論) 또는 자재신화작설(自在神化作說): 일체가 신에 의해 창조 지배된다는 바라문교의 가르침을 비판한다. 이 세계도 인간의 운명도 모두 신에 해당하는 범천(梵天)과 자재천(自在天) 등의 존우(尊祐)에 의해 창조되었고, 그러한 최고 존재들의 의지에 좌우된다고 하는 주장이다. 숙작인론(宿作因論)과 마찬가지로 인간의 자유의지와 수행노력은 무의미한 것이기 때문에 외도로 비판했다.

다) 무인무연설(無因無緣說) 또는 우연론(偶然論)인데 인과와 업보를 부정하는 사상으로 비판했다.

이처럼 세 가지 외도를 보면 불교는 일체가 모두 운명이고 숙명적으로 결정된 것이라거나, 신의 뜻에 의해 결정된 것이라고 한다거나 또는 아무런 인연이 없이 어떤 것이 우연히 일어난다는 것을 인정하지 않는다. 그것은 인간이 자신의 행위에 대해 아무런 책임을 갖지 못하는 것이기 때문이다. 만약에 세상의 선행의 책임이 인간에게 돌려지는 것이 아니라 운명이나 과거의 업보나 신에게 돌려버린다면 인간은 스스로 '마땅히 어떻게 살것인가'를 결정할 자주성을 가질 수 없게 될 것이다. 또한 당시의 사상계의 잘못된 가르침을 육사외도(六師 外道)라고 하여 역시 비판했는데 여섯 인물은 아래와 같다.

가) 도덕부정론의 푸루나 카샤파(Puruna Kasyapa): 악을 행해도 과보가 발생하지 않으며 선을 행해도 과보가 없다고 주장하는 것은 인과업보를 부정한 설이다. 인간의 도덕적 책임을 말 할 수 없다.

나) 유물론의 아지타 케샤캄발리(Ajita Kesakambalin): 사대(四大: 地·水·火·風)의 요소만을 인정하고 인간의 영혼은 육체와 더불어 소멸하며, 현재뿐이며 내세는 없으며, 선악에 대한 과보도 부정했다. 유물이면서도 현세적 쾌락주의사상이다.

다) 유물론, 7요소설의 파쿠다 캇챠야나(Pakudha Kaccayana): 세계를 구성하는 물질적 요소인 사대(四大)에 고(苦)와 낙(樂) 그리고 영혼을 첨가했다.

라) 숙명론의 마칼리 고살라(Makkhali Gosala): 인과를 부정하는 숙명론이다. 인간의 자유의지가 아닌 결정된 숙명에 따른다는 운명론이다.

마) 상대주의의 산자야 나타풋타(Sanjaya Nataputta): 형이상학적 문제에 대해서 인간의 인식능력으로는 알 수 없다는 회의주의이다. 진리에 대한 상대주의의 입장이다.

바) 자이나교이 니간타 나타풋타(Nigantha Nataputtay): 불교와 유사하나 고행 등이 극단적 이다.

이들 여섯 명의 사상가는 오늘날 동서양 철학에서 쉽게 찾아 볼 수 있는 철학이며 종교사상이다. 당시에도 전통적인 바라문교에 비해서는 참신한 사상가였으나 불교에서는 이들을 정당하지 않은 외도로 비판했다. 그렇다면 외도라는 말의 의미에는 불교인 정도(正道)와 대립하고 있음을 함축한다. 이렇게 보면 자신의 입장에서 판단하는 태도이고 타종교와 다른 견해를 진리로 인정하지 않는 태도로 볼 수 있다.

2) 정도(正道)의 제시

불타 석가모니는 세속의 부귀영화를 버리고 출가수행의 길을 선택했다. 이 역사적 사실은 그의 가치관을 분명히 드러내고 있다. 세속적 가치가 아닌 보다 영원한 어떤 가치를 찾기 위한 행위였으며 그의 깨달음은 세계종교로서 불교의 출발이었다.

석가모니 재세시 많은 사상과 종교가 있었지만 외도를 비판했던 것처럼 올바르지 않은 삿된 사상에 대해서 그는 경계했고 정도로서 불교를 제시했던 것이다. 바름과 그릇됨에 대한 게송을 소개하는 것이 수다하지만 대표적으로 다음의 게송을 음미해 보자.

만약 사람이 백 년을 살더라도
불을 섬기고 이상한 술법을 닦는다면
올바름에 귀의하여 받들어
그 밝음이 일체를 빛내는 것만 못하다.

만약 사람이 백 년을 살더라도
삿된 것을 배우고 선하지 않은 것에 뜻을 둔다면

단 하루를 살더라도

바른 진리를 받아들여 정진함만 못하다.[6]

올바르지 않은 가르침을 신앙하여 백 년을 사는 것보다도 올바른 가르

침을 신앙하여 단 하루를 사는 것이 더 가치 있다는 것을 이야기한다. 그는

무엇이 삿된 길이며 무엇이 바른 길인가를 구체적으로 설명하고 있다.

"저들의 도는 불교와 다르다. 저들은 스스로 삶을 탐하고 희망하는 생

각으로 삿된 길을 걷는다. 첫째는 사견(邪見)으로 금세와 후세에 지은 것

을 스스로 받는 줄을 아지 못하고 점치고 제사 지내는 것으로 복을 구한

다. 둘째는 사사(邪思)다. 생각이 애욕에 있고 성내는 마음에 있다. 셋째는

사언(邪言)이다. 산 목숨을 죽이고 도둑질하며 음란하고 방탕하다. 다섯

째는 사명(邪命)이다. 이익과 옷이나 먹을 것 따위를 구할 적에 바른 도로

써 행하지 않는다. 여섯째는 사치(邪治)다. 나쁜 짓을 끊지 않고 좋은 짓을

하지 않는다. 일곱째는 사지(邪志)이다. 뜻으로 늘 즐거움을 탐하고 이몸

을 깨끗하다고 한다. 여덟째는 사정(邪定)이다. 세속의 욕망을 채우려하

고 초월의 길을 보지 못한다."[7]

이러한 삿된 길을 설명하고 나서 바른 길인 팔정도(八正道)를 제시하고

있다. 그리고 그러한 가르침은 다른 여타의 스승의 가르침과는 비교할 수

없는 수월성(秀越性)을 가진 것이다.[8] 불교는 선악과 시비와 혹은 정사(正

邪)가 애매모호한 가르침이 아니라 이처럼 그 가치관이 분명히 제시된 종

교이며, 오늘날에 이르기까지 그러한 가르침이 이어지고 있음은 두말할

나위가 없다.

3) 귀의(歸依) 삼보(三寶)의 신앙

오늘날 불교의 사찰에서 법회를 볼 때 기본적인 의례가 삼귀의이다. 불법승(佛法僧) 삼보에 대한 신앙의 맹세라고 할 것이다. 《열반경》에서 삼보 신앙에 대해서 다음과 같이 기술하고 있다.

> 부처님께 귀의한 자를 진정 우바새라고 이름하니
> 마침내 다시는 그 나머지 천신(天神)에게는 귀의하지 않는다.
> 부처님의 가르침에 귀의하는 자는 살해를 떠났으며
> 거룩한 승가에 귀의하는 자는 외도를 구하지 않으니
> 이같이 삼보에 귀의하면 두려운 바 없음을 얻는다.
> 가섭이 부처님께 말하기를 나 역시 삼보에 귀의하오니
> 이것이 올바른 길이며 여러 부처님의 경계다.[9]

여기에서 중요한 것은 부처님에게만 귀의하지 다른 천신에게는 결코 귀의하지 않는다는 점이다. 승가에만 귀의하지 외도의 집단에 귀의하지 않는다는 대목이다. 불교에서 모든 존재의 불성을 주장하고 선종의 경우 무신론적인 면을 보이기도 하지만 예불에 있어서 여전히 지심귀명례(至心歸命禮)의 대상은 삼보인 것임에 변함이 없다. 이런 신앙의 대상에 있어서 타종교와 마찬가지로 뚜렷한 귀의의 대상을 가지고 있는 것이다.

2. 종교다원주의를 수용할 수 있는 불교

1) 인도의 관용적 문화의 계승

인도에서 발생한 불교는 인도의 종교문화적 배경인 힌디즘 속에서 성장 발전하고 그를 지양함으로써 세계종교로 퍼질 수 있었다. 불교의 중요교리인 업(業)과 윤회 그리고 해탈의 사상은 불교의 고유사상이 아니라 힌디즘의 계승인 것이다. 불타 석가모니 제세시에도 많은 종교단체들이 난립했으며, 오늘날 종교다원주의적 상황과 같은 분위기 속에서 불교는 성장했던 것이다.

그런데 이 힌디즘은 유일신을 신앙하는 기독교나 이슬람교에 비해 포용적이다. 인도인들이 이슬람이 인도에 들어옴으로써 비로소 인도의 전통종교의 정체성을 인식했다는 점만 보더라도 힌디즘은 배타적 종교라기보다는 인도인들의 습속이라고 볼 수 있을 것이다.

그러나 힌두교는 인간의 생래적인 계급제도를 기정사실화하는 차별적인 면이 있는 데 비해 불타 석가모니는 인간의 생래적 계급을 부정하고 평등을 주장함으로 인해 보편적인 세계종교로서 아시아 제국에 전파될 수 있었다. 동아시아에 전파된 불교는 자신의 교세확장을 위해 종교전쟁이나 심각한 갈등을 일으키지 않았는데, 이는 다름 아닌 토착신앙을 포용하고 관용하는 힌디즘적 사상의 계승이라고 할 수 있을 것이다.

2) 대자대비(大慈大悲)의 정신

힌디즘과 다른 불교의 일면 가운데 하나는 사성계급제도를 부정한 점이라는 사실은 주지의 사실이며, 이는 불교의 상징인 대자대비라고 볼 수 있다. 이는 기독교의 사상이나 유교의 인(仁)과 같은 보편적 가치로 통하지만, 자비의 경우는 그 적용 범위가 훨씬 넓다고 할 수 있다.

자비의 자(慈)는 '우정'을 뜻하며, 비(悲)는 남의 괴로움을 '슬퍼함'의 마음이다. 경전에서는 사무량심(四無量心)이라고 하여 자비와 더불어 희사(喜捨)를 첨가한다. 자(慈)·비(悲)·희(喜)·사(捨)의 네 가지 마음은 몇몇 사람에게 한정되지 않고 일체 중생에게 파급된다. 윤회를 설하게 된 이상, 일체 생류와 윤리적 관계를 맺게 되기 때문이다.

한국의 전통사찰에서는 공양이 끝나면 공양간의 주춧돌에 헌식(獻食)을 하는데 이는 특별히 누군가에게 얻어먹지 못하는 쥐같은 동물에게 먹이를 주는 것이었다. 쥐를 인간의 먹이를 빼앗아 가는 악으로 간주하는 것이 아니라 함께 공존해야 할 생명체로 보는 것이다. 불자들에게 제시되는 오계의 제 1원칙은 생명체를 죽이지 않는 것이며, 생명체인 동물을 음식으로 먹는 것도 자비심을 해치는 것으로 간주한다. 곤충에서부터 동물에까지 적용되는 대자대비의 정신이 종교를 달리한다는 이유로 타종교인에게 적용되지 않을 리 없는 것이다.

불교에서는 '사랑[愛]'이란 말은 부정적으로 쓰이는 경우가 허다하다. 사랑의 이면에는 미움과 집착이 깔려 있기 때문이다. 예컨대 연인들의 사랑에는 배타적인 마음이 깔려있어서 사랑에 부응하지 못할 때는 심각한 미움의 대상으로 변할 수 있는 것이다. 그러나 자비는 그런 배타성이 없어서 연인끼리의 '사랑'이라기보다는 친구간의 '우정'과 유사하다.

이런 정신에 비추어보자면 설사 불교를 반대하며 폄하하고 공격하는 타종교인에 똑같이 대응하여 미워하고 배타적으로 대하는 것은 자비의 정신은 아니다. 오히려 그것은 불교라고 하는 대상에 대한 '사랑'에 집착하는 것이므로 자비가 아니다.

불타 석가모니의 경우도 자신을 배타적으로 대하는 집단에 의해 공격을 당했지만 한결같이 대자대비의 정신으로 대하고 있음을 확인할 수 있다. 그를 살해하려 했던 데바닷타, 살인마 앙굴리말라를 오히려 용서하고 또는 제자로 받아들일 수 있었던 것은 그 한 실례이며 불교를 비방하고 공격하고, 욕설과 폭행을 일삼는 바라문에게도 미움을 가지고 대하지 않았다.

그는 어떤 사람이 음식을 제공했는데 받아먹지 않으면 다시 음식을 제공한 사람의 음식으로 남듯이 미움과 비방도 응대하지 않으면 다시 비난하는 상대에게 되돌아가는 것이라고 했다. 《아함경》에 나오는 몇 가지 대화를 들어보자, 석가모니에게 적대적인 바라문에게 그는 다음과 같이 말한다.

바라문이여, 지금 당신은 나에게 갖은 욕설과 악담을 많이 하였습니다. 그러나 나는 그것을 하나도 받아들이지 않았습니다. 그러면 그 욕설과 악담은 누구의 것이 됩니까?

분노하는 자에게 분노로 대하면 그 분노가 자기에게 돌아오고, 분노하는 자에게 분노로 대하지 않으면 사람은 두 가지의 승리를 얻는다.

타인의 분노를 받고
정념(正念)으로 자기를 진정시키면
자기를 이기고 또 타인에게도 이기는 것이다.[10]

불교에서는 세 가지 독[毒]을 탐욕[貪], 성냄[瞋] 그리고 어리석음[痴]이라고 하여 증오와 배타적인 마음에 대해 경계한다. 이것을 자기에 대해 설사 원한과 나쁜 감정을 가진 사람에게도 평등하게 적용시켜야 하는 것은 물론이다. 《법구경》에서는 복수를 금하고 있다.

비구들이여, 그들은 자기의 감정과 욕망을 잘 다스렸느니라. 그리하여 자기들에게 반대하거나 저항하는 사람에 대해 반대하거나 저항하려는 나쁜 감정을 다 없애버린 아라한들이니라.

원한을 품을 만한 자들에게 원한을 품지 않고
폭행하는 자들을 용서와 평화로 대하며
집착된 자들 속에서 집착이 없나니
나는 그를 바라문이라 부른다.[11]

오늘날 티베트 불교의 정신적 지도자이며 티베트의 승왕인 달라이 라마는 티베트 독립을 위해 비폭력과 자비심을 견지하면서 나라를 잃었음에도 불구하고 티베트의 위상을 크게 높이고 있고, 대자대비의 진수를 제대로 보여주는 스님이다. 그는 기독교 지도자들과도 열린 대화를 하면서 종교 평화에도 기여하는 인물인데, 그는 진정한 자비심은 대상에 따라 달라지지 않는 평등과 무집착이 깔려 있다고 말한다.

"불교에서 자비심이란 집착에서 완전히 자유로워진 마음이라고 이해하고 있습니다.……우리가 누군가에게 어느 정도 자비심을 느끼더라도, 그 자비심은 깊은 평등심에 바탕을 둔 것이 아니라면 거기에는 여전히 편견이 남아 있습니다. 왜냐하면 그때의 자비심은 집착과 얽혀 있기 때문입니다."[12]

단순한 애욕과 자비의 다른 점은 애욕이 일종의 어떤 대상에 집착하는 성향을 가졌다면 자비는 자기는 자기 중심적인 애증, 집착 그리고 편견을 떠난 사랑이라고 할 수 있을 것이다. 자비심은 자기 집착과 편견을 넘었을 때 지닐 수 있는 정신이지, 자기집착과 편견을 가지고 있다면 평등하게 적용되지는 않을 것이다. 만약 불자들끼리는 자비로운데 다른 집단이나 타종교인에 대해 미움과 배타적인 태도를 지니고 있다면 진정한 자비심이라고 할 수 없을 것이다. 이런 점에서 필자는 대자대비의 정신이야말로 종교다원주의를 수용할 수 있는 불교의 핵심적 가르침이라고 생각한다.

3) 공(空)과 무집착

원시불교의 가르침 가운데 가장 기본이 되는 것이 삼법인(三法印)이라고 할 수 있는데, 그 가운데에 무아(無我)의 사상이야말로 종래 인도의 종교의 설을 뛰어넘은 불교의 정체성을 대변하는 것이다. 무아야말로 불교가 보는 인간 존재의 실상이다. 그러나 이를 깨닫지 못한 범부는 자아를 망상하고 자아에 집착한다. 범부란 다름 아닌 '자아에의 집착'이 있는 자인 것이다. 삼법인의 제1 법인인 '제행무상(諸行無常)' 곧 모든 것이 변화하고 있음을 인정한다면 고정적인 자아가 존재하지 않는다는 것이 논리적으로 명백해진다. 무아란 자기에게는 고정적인 자아가 존재하지 않는다는 의미이다.

그러나 인간존재는 어떤 절대자의 뜻이나 숙명이나 자신의 의지가 아니라 인연에 의해 생기고 멸하는 것이다. 그러니까 인연에 의해 생긴다는 연기(緣起)의 세계관의 근저에는 어떤 절대적인 것이 없이 어떤 조건에 따라 존재하고 소멸한다는 상대주의적 세계관이 있는 것이다. 자아라고 하는 개념도 인연에 의해 생긴 것을 영원한 것으로 집착하는 데서 나온 개념인 것이다.

이러한 무아와 연기를 근거로 한 공사상은 대승불교의 반야사상으로 발전하게 된다. 예컨대 금강경의 논리는 공이라는 말은 없지만 처음부터 끝까지 무집착의 공사상을 강조하고 있다. 진정한 구도자는 자아에 대한 집착이 없을 뿐만 아니라 진리의 집착에서도 자유로워야 한다는 것을 뗏목의 비유로 설명한다. 이것은 불교라고 하는 자기 종교에 대한 집착으로부터도 자유로울 것을 설파하는 것이다. 또한 자비심과 인내의 근거도 자기 집착으로부터 자유로운 자만이 할 수 있는 것으로 보살은 당연히 그러한 인욕을 실천해야 한다고 말한다. 더 나아가서 자신의 지은 선행과 공덕에 대해서도 집착하지 말아야 한다.

물론 여기에서 공과 무집착이라는 용어를 사용하지는 않지만 내용상으로는 바로 자아에 집착하지 않는 가르침 곧 무아를 설파하는 것이다. 이러한 공의 사상은 불교가 배타적 일신교와는 달리 불교와 진리 인식을 달리하는 다른 종교와 사상을 얼마나 잘 포용할 수 있는지를 설명할 수 있는 근거가 된다. 자신의 주장만 있을 뿐 상대의 주장에 귀 기울이지 않는다면 종교간의 대화란 성립할 수 없으며 종교의 평화를 기대할 수 없을 것이다. 공과 무집착의 사상은 다른 가치관과 세계관에 대해서도 열린 자세를 견지하는 포용성을 극명하게 보여준다.

4) 화쟁(和諍)의 논리

불타 석가모니는 당시의 수많은 사상체계들이 서로 대립, 충돌을 일으켰던 형이상학적 논쟁에 끼어들지 않았다. 이는 형이상학적 논의는 모두가 상대적인 것으로 진실한 실천적 인식에 도움이 되지 않는다고 판단했기 때문이다.

불교에 있어서 화쟁과 중도의 논리는 실천을 중시하는 불타 석가모니에게서 그 싹이 나타난 셈이고, 그 후 대중교화에 뜻을 둔 대승불교에 그대로 지속된 정신이다. 불교사를 보면 대승과 소승, 성(性)과 상(相), 선(禪)과 교(敎), 혹은 돈(頓)과 점(漸) 등 수많은 대립적 논쟁이 쉬지 않고 일어났다. 중국에서 수입된 대승불교만 하더라도 수많은 경전이 도입되면서 어느 경전이 중요한가에 따라 여러 종파들이 생겨났다.

역사적으로 살펴보면 중국의 경우, 유교와 도교의 토착사상의 바탕 위에 불교가 수용되었다. 불교는 충효를 중시하는 유교적 가치에 부응하기 위해 《부모은중경》과 같은 부모의 은혜를 강조하는 경전에 소개되었고 실제로 호국불교의 면을 강조해서 왕권을 강화하는 데도 기여했다. 도교의 무위자연의 장생불사의 논리를 통해 공사상을 이해시켰고 장생불사의 양생법과 선종의 호흡법은 서로 모습이 없었다. 이것이 타종교와 불교를 대립적으로 보지 않고 포용하는 불교적 화쟁의 논리를 증명하는 것이다.

대승불교사상 가운데 화엄의 사상은 진속불이(眞俗不二)를 잘 표현한 것으로서 현실을 초월하기 보다는 바로 현실이 이상이며 중생과 부처가 둘이 아님을 강조했다. 한국 불교사에서도 원효에 의해 각종의 종파적 대립을 통합하는 화쟁의 논리가 강조되었고, 그러한 논리를 국민을 통합하는 논리로 그리고 토착종교를 포용하는 화쟁의 논리로 발전하였다. 오늘날의 종교다원주의를 수용할 수 있는 불교의 논리는 역사적으로 계승된 이 같은 화쟁의 논리가 적용될 수 있을 것이다.

IV. 맺는 말

한국사회는 다종교사회로서 종교간의 평화가 필요하다. 이상에서 살펴본 바와 같이 한국의 불자들은 종교간의 평화를 중요시하고 있으며 타종교에 대해 포용적이다. 또한 불교의 교리가 타종교에 대해 관용하는 자비의 정신에 바탕을 둔다고 생각한다.

그러나 불교가 발생했던 당시의 상황을 살펴보면 불교는 타종교와 다른 분명한 정체성과 가치관을 가지고 있다. 외도(外道)나 사도(邪道)가 아닌 정도(正道)라고 하는 인식 하에 불교의 가르침은 전파되었다. 뿐만 아니라 모든 거룩한 존재에 귀의하는 것이 아니라 삼보(三寶)를 신앙의 대상으로 삼고 있다.

불교는 유일신을 섬기는 기독교나 이슬람교와는 다른 자력신앙이 있음에도 불구하고 불타 석가모니와 그의 가르침을 비교할 수 없는 우열한 가르침으로 신앙하는 것이다. 곧 이러한 신앙을 포기한다면 종교의 대하는 불필요하고 불가능할 것이다. 이런 기본적인 신앙을 견지하면서도, 불교는 타종교와 대화할 수 있는 개방적인 요소를 많이 가지고 있다. 그것은 우선 불교가 포용적인 종교문화를 가진 인도에서 발생한 데서 기인한다.

불교의 핵심적 가르침이 대자대비의 정신이라고 할 수 있는데, 이는 불살생·비폭력의 정신과 더불어 모든 생명체에 대한 무차별적인 동정심을 의미하며, 자기중심적이 아닌 상대를 배려하는 그런 태도다. 곧 자기에 집착하지 않는 무아를 바탕으로 하기 때문에 타종교에서 불교를 배타적이고 적대적으로 대접한다고 하더라도 그에 대해 적대감이나 증오심을 가지고 복수나 살생을 할 근거가 없는 것이다.

이러한 정신은 대승불교의 공사상으로 그대로 이어진다. 공이란 자기중심적 집착과 편견을 떠나는 것이다. 자아에 대한 집착은 물론 자기 종교에 대한 이기적 집착을 떠날 것을 가르치는 이러한 공사상이야말로 대립과 논쟁을 지양하는 논거가 되며 종교다원주의를 수용할 수 있는 논리가 된다. 뿐만 아니라 역사적으로 불교는 타종교와 접촉하면서 종교전쟁을 수행한 적이 없고, 언제나 토착의 종교와 신앙을 존중하며 대화해 왔다는 점은 불교가 종교다원주의를 수용할 수 있는 종교임을 보여준다. 결론적으로 불교는 타종교와 공유할 없는 고유의 정체성을 유지하면서도, 상치되는 여러 종교를 포용해 왔으며, 앞으로도 다른 타종교들과 교류하고 대화할 수 있을 것이다.

중국 도교와의 회통

-도교의 신비주의와 불교-

I. 서론

종교에서의 신비주의는 동서양을 막론하고 보편적인 현상이다. 언어로 표현할 수 없는 '도'란 바로 그리스어에서 유래한 신비의 어원인 '무오(μυω)'와 같은 맥락이다. 도교의 근본경전인 《도덕경》에서는 '도를 도라고 하면 영원한 도는 아니다[道可道 非常道]'[1]라고 했다. 말로는 표현할 수 없는 숨은 진리가 있다는 언어도단(言語道斷)의 입장인 것이다. 불교는 그러한 도교의 신비주의를 여러 방면에서 수용했다.

도교는 유교와 더불어 중국의 토속적인 사상이다. 도교는 유일신이 아닌 다신교적이며 초월적 신뿐만이 아니라 역사적인 인간이 신앙의 대상이 되기도 한다. 또한 자연을 의인화하여 신앙의 대상으로 삼을 뿐만 아니라, 불교와 유교의 인물들을 다른 도교의 신들과 더불어 숭배하기도 한다. 유교는 초자연적인 존재에 대해 소위 괴력난신(怪力亂神)을 다루지 않는다는 입장임에 비해 불교는 도교와 유사하게 이런 민간신앙들을 수용하였다.

중국에 유교만이 존재하고 도교가 없었더라면 불교의 전파는 상당히 어려웠을 것이다. 중국인들은 불교를 기존의 도교적 사상을 통하여 수용하였는데 이것을 소위 격의불교(格義佛敎)라 한다. 불교가 처음 중국에 전파되었을 때, 사람들은 이해하기 어렵거나 모호한 불교의 개념에 대해 노자·장자의 철학적 개념을 사용하여 불교를 설명하였다. 동진의 여산혜원(廬山慧遠, 334~416)이 대중들에게 불교의 '실상의(實相義)'를 강의할 때, 많은 시간을 들여 설명했는데도 대중들이 알아듣지 못하자, 그는 장자(莊子)의 이론을 예로 들어 《장자》(《莊子》 義爲連類)로 불교의 개념을 해석하였더니 대중들은 비로소 불교의 교리를 명백하게 이해하였다고 한다.[2]

대승불교의 공(空)사상도 초기에는 노자나 장자의 무(無)의 사상과 유사한 것으로 받아들여졌다. 이상과 같이 도교는 외래종교인 불교의 교의가 중국에 수용될 수 있도록 정신적 토양이 되어 주었다고 할 수 있을 것이다.

이와는 반대로 종교 조직화된 도교의 성립은 중국에 들어온 불교의 영향을 받은 것이었다. 도교 속에 포함된 노자, 장자의 사상, 신선사상, 혹은 다양한 민간신앙 등은 중국에서 예로부터 내려온 것들이라고 할 수 있다. 불교는 중국에 정착되는 과정에서 이러한 상이한 도교의 사상들과 융합, 혹은 갈등하면서 중국에 뿌리를 내릴 수 있었다.

도교의 성격은 노자, 장자의 사상과 신선사상을 비롯한 민간신앙들이 혼합되어 모호하고 다양하다. 그런데 노장사상에서는 종교적, 신비주의적인 면은 찾기 힘들고 다만 암시적으로 언급하고 있다. 도교의 신비주의는 영생불멸을 꿈꾸는 신선사상과, 불로장생의 꿈을 약물과 수련을 통해 이루려는 양생적 도교, 그리고 양재초복의 민간신앙 등에 나타난다. 불교는 중국에 토착화되면서 이러한 사상들과 융합하게 되면서 서로 영향을 주고

받는다. 이런 점에서 불교와 도교의 경계가 모호해진 경우도 있다.

도교의 신비주의는 불교에 어떻게 영향을 주었을까? 첫째, 중국에서 불교는 신선사상으로서 수용되고 해석된 후 일정하게 신선사상으로서의 역할을 했다. 둘째, 불교의 호흡법을 내단(內丹)도교의 수련사상으로서 해석하였는데, 특히 선불교는 호흡법 등에서 이러한 도교식 수련법을 공유하고 있다. 또한, 중국인들은 불교를 구복적 사상으로서 해석하였다. 이로써 중국불교는 초자연적인 민간신앙을 흡수하여 중국을 비롯한 동아시아에 뿌리를 내릴 수 있었다. 이러한 도교의 신선사상, 내단수련, 양재초복의 사상은 노자, 장자의 철학과는 달리 신비주의적 요소가 강하다.

II. 도교 신선사상과 불교

불교가 중국에 수용될 수 있었던 것은 그것이 신선사상과 유사하다고 보았기 때문으로, 당시의 중국 사람들은 불교를 신선사상의 일종으로 생각했다. 그들은 한대(漢代)인 1세기부터 4세기경까지, 붓다를 황제나 노자 등과 같은 신으로 받아들여 신앙했으며 신선사상으로 불교를 이해하였다.[3]

신선이란 죽지 않고 영원히 지상에서 삶을 누리는 자이다.[4] 도교에서는 이러한 신선사상을 수용하여 후한(後漢)말에 위백양(魏伯陽)이 《주역참동계(周易參同契)》[5]를 통해 연명(延命)과 장수를 위한 연단(煉丹)과 태식(胎息)법을 설했다. 또 동진(東晋)의 갈홍(葛洪, 284~363)은 점성술, 귀신을 부리는 기술, 신선이 되는 수도법, 단약을 먹는 방법에 대해 정리한 책인 《포박자(抱朴子)》를 썼다. 그에 의하면,[6] 신선은 크게 천선(天仙)과 지선(地仙)으로 나뉘는데 그들의 꿈은 지선(地仙)이 되는 것이다. 이 지상신선이 되기 위해서는 특별한 수련이 필요한데, 우선 불사약으로서 금단(金丹)을 제조하여 복용하는 것이 있고, 양생과 호흡 등의 수련을 통해 자기 안에서 단(丹)을 만드는 내단(內丹)의 내용이 있다.[7] 그런데 불사약으로서 금단(金丹)을 제조하여 복용하는 대신에, 양생과 호흡 등의 내단(內丹) 수련이 더 중요시 되고 있다.[8]

불교가 중국인의 종교가 되기 위해서는 도교의 신선사상과 대화하고 조화하여 도교적 불교가 되는 것이 필요했다. 붓다는 불로장생과 양재초복(禳災招福)이라는 당대의 세상의 요청에 부응하여 행복을 주는 신선으로, 불로장생을 정해주는 천제(天帝)와 동일시되었다.[9]

이처럼 중국인들이 불교에 관심을 가진 것은 붓다의 영험을 통해 이 세상에서 복을 많이 받고 재앙을 물리치기 위해서이었던 것이다. 최초로 불교를 수용한 후한의 환제도 불교를 황로(黃老)의 신앙과 같은 종류로 보았는데, 당시 그가 신선이 되고 싶다는 욕망에 열렬하게 사로잡혀 있었기 때문이다. 그는 황로(黃老)를 제사함과 아울러, 붓다와 불교의 승려 역시 도교의 방사(方士)와 동류로 보고 그들에게 기원했던 것이다.

이상과 같이 붓다는 영험력을 가진 신으로서 신앙의 대상이 되었으며, 불교를 전파하기 위하여 왔던 서역의 사문들은 주술의 영험을 지닌 신선적 수행자로서 존경받았다. 즉 불교는 어디까지나 현세적이며 공리적인 도교적 신앙의 형태로 후한의 사회에 수용되었던 것이다. 이처럼 황로신앙이나 불로장생술의 하나로서 중국에 수입된 불교는 후한 이후 그 세력을 점점 확대할 수 있었다.[10]

초창기의 인도 불교에서 붓다는 스스로를 결코 신통력을 가진 사람으로 묘사하지 않았다. 붓다는 스스로에게 의지하고 법(法)에 의지하라고 유언했던 것처럼 자기수행에 철저한 세속 사회의 성인이나 현인이었다. 그런데 세월이 흐르면서 이 법(法)은 붓다에 대한 종교적 신앙 없이 성립되기 어려웠다.[11] 붓다에 대한 숭배의 사상이 나온 것은 역사적 사실이다. 인도에서 붓다는 신비화되어 갔으며, 불교가 중국에 전래될 무렵 이미 어느 정도 신비화된 붓다는, 바로 중국 양한 시대 도교의 황로 방술가들이 신비화시킨 노자와 비슷한 인물로 수용되었다.

초기불교와 달리 대승불교의 붓다는 단지 법이나 역사적 존재가 아니라 과거에도 현재에도 그리고 미래에도 존재하는 영원한 존재인 아미타불이며 이는 무량수불(無量壽佛)로 표현되는데, 알고 보면 붓다는 불로장생의 지선(地仙)이며 극락세계의 천선(天仙)의 표상이 된다. 불교는 이처럼 도교적인 신선사상을 바탕으로 해서 자연스럽게 동아시아의 신앙이 될 수 있었다.

III. 내단(內丹)수련과 불교

1. 좌망과 좌선

신선이 되기 위해 도교에서는 금단(金丹)[12]과 같은 특별한 약물을 복용하는 방법을 취했는데, 나중에 이것은 인간 자신의 인체 내에서 단(丹)을 만들어 내는 내단(內丹)사상으로 변화했으며 이는 선종의 수련방식과 유사하다.

도교의 수련은 마음을 모으고 자성을 수렴하며 기(氣)를 기르고 신(神)을 지켜 욕망과 망상을 없앰으로써 무로 돌아가 결국에는 만물의 시초인 '큰 도'로 복귀해야 한다고 주장했다. 그리고 큰 도로 복귀하면 도와 더불어 영원히 존재할 수 있는 영원성을 획득할 수 있다고 한다. 이것이 바로 '금액환단법(金液還丹法)'이며, 이른바 '내단(內丹)'인 것이다.[13] 이 내단(內丹)의 수련이란 불교에서 유래한 것이 아니라, 일찍이 《장자》에서도 거론되었던 도가의 좌망(坐忘)과 같은 것이다. 이렇게 내단은 불교가 아닌, 장자의 사상 속에 암시되고 있었지만, 그렇다고 해서 실제적인 수련까지로 이어진 것은 아니었다. 이에 대해 장자의 우화를 경청해 볼 필요가 있다.

"안회가 '저는 얻은 것이 있었습니다'라고 말하였다. 공자는 '무엇을 얻었는가?'라고 물었다. 안회가 '인의(仁義)를 잊었습니다'라고 대답했다. 공자는 '그러나 아직 충분하지는 않다'라고 말했다. 안회는 다른 날 공자를 만났을 때 '얻은 것이 있습니다'라고 말했다. '무엇인가?'라고 공자가 물었을 때 '예악(禮樂)을 잊었습니다'라고 대답했다. 공자는 또 '아직 멀었다'라고 했다. 안회는 다른 날 '얻은 것이 있습니다'라고 했다. 공자는 '무엇을 얻었는가?'라고 물으니 안회는 '좌망(坐忘)했습니다'라고 했다.

그때 공자는 놀라서 묻기를 '무엇을 좌망(坐忘)이라고 하는가?'라고 물었다. 그때 안회는 '손발이나 몸을 잊고, 총명을 멀리하며, 형태를 벗어나며, 지식을 버리고 저 위대한 도(道)와 하나가 됨을 좌망이라고 합니다'라고 했다. 그때 공자는 '하나가 되면 싫다 좋다하는 차별도 없으며, 변화하여 구애됨이 없다. 과연 너는 현자로다. 나도 너에게 배우고 싶다.'[14]

이것은 물론 유가에서는 출처가 없는 내용의 대화이기는 하다. 여기서 좌망(坐忘)은 유가에서 말하는 인의나 예악을 잊을 뿐만 아니라 자기를 잊고 외물과 자아의 구별을 잊고, 시비의 구별도 잊은 경지이다. 그것은 현실의 차별상을 초월하며, 천지의 대도와 하나가 되는 융통무애의 경지이다.

이에 대해 당대(唐代)의 유명한 도사 사마승정(司馬承禎, 647~735)은 노자와 장자의 주정(主靜) 학설, 특히 《장자》의 좌망(坐忘)을 바탕으로 《좌망론》[15]을 저술, 주정의 방법으로 정신을 기른다는 사상을 펼쳤다.

그의 《좌망론》은 경신(敬信), 단연(斷緣), 수심(收心), 간사(簡事), 진관(眞觀)에 의해 태정(泰定)을 얻어 좌망(坐忘)하고 득도(得道)함을 말한다. 여기에서 경신(敬信)은 안으로 내 몸이 있음을 잊고, 밖으로 외계우주의 존재마저도 모를 정도의 심경으로 자연히 대도와 하나가 되어 분별사려를 없애는 경지이다.[16] 심외(心外)에 도(道)가 따로 없다는 믿음인 것이다. 단연(斷緣)은 조용한 마음으로 생활을 간소하게 하여 번뇌를 덜어내는 수행이므로, 세속적인 것들과 멀면 멀수록 마음은 점점 도에 가까워진다는 뜻이다.[17] 수심(收心)은 모름지기 안좌(安坐)하여 마음을 모아 경계[境]를 떠나며 무소유에 주함으로 인하여 일물(一物)에도 집착하지 않는 것이다.[18]

간사(簡事)란 생활을 간소하게 하는 것으로 경중을 헤아리고 거취(去取)를 알며, 결국 중요하지 아니한 것, 맛있고 기름진 음식, 화려한 옷, 명예, 금옥과 같은 재물을 벗어난 안빈낙도의 생활을 하는 것이다.[19] 진관(眞觀)은 몸은 고요히, 마음은 한가롭게 함으로써 비로소 사물의 묘를 관조 함이다.[20] 이러한 과정을 통해서 큰 안정인 태정(泰定)21)을 이루고 득도(得道)[22]에 이른다고 한다. 도교의 《좌망론》을 살펴볼 때, 이는 좌선에 가까운 수행법임을 알 수 있다.[23]

좌망과 유사한 말로 불교에서는 좌탈(坐脫) · 좌태(坐蛻) · 좌화(坐化)가 있다. 선승이 앉은 채로 열반에 든다든가 혹은 똑바로 선 그대로 열반에 든 것을 좌탈입망(坐脫立亡)이라고 한다.[24] 이것은 좌선과 좌망의 사상이 일치하는 점이라고 할 수 있다. 무위(無爲)와 무욕에 바탕한 좌망론은 선불교의 좌선의 정신과 유사하다. 그리고 단지 신체적 건강만이 아니라 정신적으로 '일(一)'로 회귀하려는 것으로 깨달음을 향한다.

2. 내단과 호흡

호흡은 숨을 내쉬는 호(呼)와 숨을 마시는 흡(吸)으로 구분된다. 인간은 태아상태에서는 태를 통해서 산소를 공급받다가 모태에서 세상으로 나오면서 호흡을 시작한다. 그 호흡이 생명의 시작이고 죽음이란 호흡의 정지를 의미한다. 도교에서 말하는 태식(胎息), 혹은 단전호흡은 양생법과 긴밀한 관련을 가진다. 신선의 호흡에 대한 것에서도 《장자》에서는 언급하고 있는데 다음과 같은 우화가 있다.

'옛날에 진인(眞人)은 잠잘 때는 꿈이 없고, 깨어나면 근심이 없으며, 먹을 때는 맛있는 것을 찾지 않고, 숨 쉴 때는 깊고 고요하다. 진인은 숨을 발뒤꿈치로 쉬고, 보통사람은 숨을 목구멍으로 쉰다.'[25]

이러한 호흡은 내단(內丹)에서 단전호흡이라고 하며 선에서도 또한 단전호흡으로 수행한다. '배꼽아래와 신장 사이의 움직이는 기가 단전이다. 단전은 사람의 근본이다. 정신이 숨는 곳이며 오기(五氣)의 근원이며 태자(太子)의 부(府)이다. 남자는 정(精)을 저장하고 여자는 월수(月水)를 주로 하여 자식을 낳아 기르니 음양이 합하고 화하는 문이다. 그러므로 단전이란 성명(性命)의 근본이다' 라고 정의하고 있다.[26]

단전이란 배꼽 아래의 하단전, 심장 아래의 중단전, 두 눈썹 사이의 상단전을 그것이 있는 위치에 따라 이름붙인 것이다. 단전을 단련하는 방법은 도교 수양의 기본 공부 가운데 한 가지가 되는데, 이는 실제로 정양(靜

養)하는 한 공부법이라 하겠다.

이 도교의 호흡의 목적은 명상을 위한 것으로 허심을 위한 방법이다. 모든 잡념을 제거하고 마음을 비움으로써 내면의 진정한 자아와 만남이 이루어진다. 최종적인 무위(無爲)의 경지에 이르기 위해서는 단계적인 수련이 필요하다. 앞서의 좌망이라는 것도 무위의 경지에 이르려는 수련법이다. 나라고 하는 아상을 제거하여 자타불이(自他不二)의 경지에 이르는 것이 다름 아닌 무위라고 한다.[27] 위백양의 수련법은 음양조화의 기법으로 심장의 화기(火氣)를 아래로 내리고 신장의 수기(水氣)를 위로 올리는 수승화강(水昇火降)의 양생법이다. 그는 주역을 우주자연의 원리를 이해하는 것으로 볼 뿐만 아니라 소우주인 인간의 양생의 원리로도 보았다. 그 요체는 음양의 조화를 통해 심신의 건강을 유지하고 신선과 같이 장생을 누리는 것이다. 인도에서 들어온 불교는 이미 정교한 안반의 호흡법의 수행방식을 가지고 있었다. 불교의 호흡법 역시 붓다의 재세 시부터 잡념을 제거하고 깨달음에 이르려는 중요한 명상법의 하나였다.

중국에 수용된 불교는 선종에서 참선수행이 강조되었는데, 이 때 좌법과 호흡법등이 도교의 내단(內丹) 수련과 큰 차이가 없음을 알 수 있다. 그 호흡의 요령은 마음을 고요히 해서 들어 마시는 숨은 면면하게 내쉬는 숨은 가늘게 하고 신기로 하여금 배꼽에 머물게 한다.[28]

도교의 호흡법은 내단 수련의 하나로 단지 신체의 동작만이 아니라 마음을 닦는다는 점에서 불교의 참선과 크게 다르지 않다.

3. 노장과 간화선

불교의 선종은 기본적으로 노장의 사상과 일치한다. 즉 선종과 노장은 모두 현실 사회로부터 초월 또는 해탈할 것을 주장한다. 어떻게 현실 생활 속에서 초월하고 해탈할 수 있는가? 노자는 외계의 사물에 간섭당하지 않아야 한다는 주정학설을 제시하였다. 장자는 이 노자 사상을 더욱 발전시켜 외물과 자아를 초월하고 시비를 초월하여 시비를 초월하는 '처중지도(處中之道)'를 내세워, 허정(虛靜)을 유지하라고 주장하였다.

그러면 선종은 어떤가? 선종은 노자와 장자의 주정 사상을 더욱 발전시켜 "생각하고 생각하지만 집착하지 않는다"는 '무념(無念)' 설을 제시한다. 이렇게 해서 모든 번뇌로부터 해탈하고 본심의 청정을 유지한다.[29]

간화선의 경우 사상적으로 노장과 관련된 것으로서 육조시대에 청담(淸談)의 전통을 근거로 공안(公案)이나 문답을 존중하는 풍습이 만들어 낸 것이다. 선종의 선문답은 인도식의 달마선계에서 기원된 것은 아니다. 그것은 중국적 청담(淸談) 풍조를 타고 형성되어 온 지공(誌公), 부대사(傅大士)의 반야선계통에서 발생되었다.[30]

간화선의 기원은 본디 중국에 불교가 들어오기 전에 이미 청담 학풍이 일세를 휩쓸며 세속적인 공명과 권리를 다 벗어던지고 예의와 도의에도 얽매이지 않고 자연과 산수에서 노닐면서 자유롭게 고담준론을 일삼던 청담에서 유래한 것이다. 노장의 허무사상과 반야의 공사상이 혼화(混和)되어 선적인 진리를 체달하여 무애 자재한 묘용을 보이는 것이 반야선이며, 이는 중국에서 형성된 특이한 선풍으로서 그 언어는 상정(常情)으로 이해할 수 없는 격외담(格外談)을 하기 시작했던 것이다.[31]

일반상식으로 이해할 수 없는 격외담의 풍습이 후세의 선에 있어서 선문답으로 전개된 것이다. 이것이 오랫동안 세속적 상식과 상도(常道)가 아닌 초세속적 언행을 일삼아 오던 청담 풍조가 선문답의 초 상식, 초 상행(超 常行)의 형태로 이어진 것이다.

기원후 3~4세기의 유명한 도사들은 대개 불교의 승려들과 친교를 맺고 있었다. 그 도사들은 대개 불경에 정통해 있었고, 또 승려들도 도교의 저서, 특히 《장자》를 깊이 이해하고 있었다. 그들이 함께 만났을 때는 청담(淸談)을 하였다. 선은 불교의 한 종파이지만 불교와 도교의 철학을 가장 정교하고 미묘하게 결합한 것이다.[32] 송나라시대의 도교의 일파인 전진도(全眞道)의 창시자 왕중양(王重陽, 1112~1170)은 도선일치(道禪一致)를 주장했다. 선과 도를 아울러 갖추어야 높은 선비가 되며, 참된 승려가 될 수 있으며 선과 도를 아울러 닦으면 피안에 이른다고 하였다.[33]

그러나 선종이 자성(自性)을 구하고 일종의 심리적 체험을 통해 투명하고 맑은 희열과 해탈감을 얻고자 한 데 반하여, 도교는 단순히 심적 체험뿐만 아니라 육체의 영원성까지 획득하고자 하였다. 그래서 그것은 단순한 심적 체험방식이 아니라 양기(養氣), 행기(行氣)의 방법이며, 단지 정신상의 해탈만을 추구하는 것이 아니라 육체의 건강도 함께 추구하여 적지 않은 의학방면의 이론도 포함하고 있다.[34]

VI. 도교와 불교의 공유신앙

도교가 조직적 종교로서의 체계를 갖추면서 그들의 신앙의 대상 가운데는 불교에서 유래한 것이 적지 않다. 마찬가지로 불교 역시 도교에서 환영받는 신앙의 대상을 수용했다. 먼저 도교에 수용된 불교의 보살을 살펴보면 다음과 같다.

1. 불교적 도교의 제신

불교의 관음신앙은 서진(西晉)의 축법호와 후진(後晉)의 구마라집이《법화경》을 번역하면서 〈관세음보살보문품〉이 유행하며 급속히 발전하였다. 관세음보살을 도교에서는 관음대사라고 칭하면서 존숭하고 있는데, 중국의 도교사원에는 그를 모신 관음전을 많이 볼 수 있다. 대승불교 신앙의 대상인 관세음보살이 민중적인 귀의의 대상이 되어 광범위하게 환영받고 있으며, 그것이 도교의 한 신으로 수용되고 있음을 알 수 있다.

중국에서 관세음보살을 숭배하는 풍습은 이미 불교가 도래하면서부터 시작되었다. 송조(宋朝)이전의 관세음보살은 남성의 모습이었지만 도교에서도 관세음보살을 신앙하면서 도교의 자항진인(慈航眞人)과 더불어 관세음보살이 동일시되었고, 송대 이후로는 여성으로 표현되었다. 관세음보살은 도교와 민간의 신앙으로 흥성했고 도교에서는 '관음대사(觀音大士)', '자항진인(慈航眞人)', '자항대사(慈航大士)' 등으로 부른다. 민간에서 관음은 부녀자와 아동을 구제하고 임신부의 순산을 돕는 것으로 여긴다.

두모원군(斗姆元君)은 도교의 여신이며 북두의 여러 별의 어머니이다. 斗라는 말이 북두칠성을 비롯한 별들의 어머니란 뜻이다. 이 여신은 도교 신앙 가운데 비교적 늦게 출현했지만 지위는 매우 높다. 원래 불교의 마리지천(摩利支天, Marīci, 음역으로는 陽炎·送鑛·陽光이라 함) 신앙에서 유래한 것인데, 마리지천은 당나라 이전에 중국에 수입되었다. 이 마리지천은 관세음보살의 화신[35]으로 광대한 공덕의 힘을 갖추어 능히 소재(消災)·제장(除障)·증복(增福)·만원(滿願)을 할 수 있는 보살이다. 두모원군상은 이 불교의 마리지천의 형상을 본 딴 것이다. 다시 말해서 사면(四面)·삼목(三目)·팔비(八臂)와 좌하(座下)에 금시(金豕)가 있는 형태인데 두모원군은 이를 모방한 것이다.

자항진인(慈航眞人)은 보타락가의 바위의 조음동(潮音洞) 가운데 있는 한 여진(女眞)이다. 상(商)나라 때 여기에서 수도를 해서 지극한 도리와 신통을 얻었다. 세간의 사람들을 구제하기 위해 발원하고 단약(丹藥)과 감로수로 사람들을 구제하여 자항대사라고도 한다.[36] 중국의 민간신앙에서는 일반적으로 자항진인과 관세음보살을 동등하게 본다. 그러나 자항진인은 관세음보살이 도교화한 형상인 것이다.

보현진인은 중국의 소설 《봉신연의(封神演義)》에 등장하는 선인으로 원시천존 문하의 곤륜 12대사중의 하나이다. 그는 구궁산(九宮山) 백학동(白鶴洞)의 주인으로, 목타(木吒)의 스승이며 뒤에 불교에 들어가 성불하고 보현보살이 되었다고 한다. 이 진인은 본래 중국의 도인이었는데 다음에 불교에 귀의하여 보현보살이 되었다고 하는 점이 이색적이다. 그러나 이러한 정황은 허다한 것으로 도교의 경전이나 인물들이 불교에서 차용된 것임을 알 수 있다.

문수광법천존(文殊廣法天尊)은 원시천존 문하의 도교 '십이금선(十二金仙)' 가운데 한 신선이다. 그는 오룡산(五龍山) 운소동(雲霄洞)에 거주하며 주요제자로는 금타(金吒)가 있다. 이 천존의 원류는 문수보살이다. 불교의 대보살이었으며 대지혜를 갖추어 정혜를 함께 닦았고 복혜를 함께 닦았다. 이 보살은 옛날 인도의 사위국의 바라문 집안에서 태어났다. 후에 석가모니불을 따라 출가했고, 석가모니불의 멸도 후에 그는 운산에 가서 오백선인(五百仙人)을 위해 12부경을 해석했다. 최후에는 출생지로 돌아가 니구타나무 아래서 결가부좌를 하고 열반에 들었다.[37] 중국불교에서는 산서성(山西省) 오대산이 불경에서 말하는 '대진나(大振那)' 국의 오정산(五頂山)이라고 본다. 이로 인해 오대산은 문수보살의 설법도량으로 불교의 성지가 되었다.

태을구고천존(太乙救苦天尊)은 간략히 태을천존, 혹은 구고천존이라고
도 한다. 이 신은 동방장락세계(東方長樂世界)의 묘엄궁(妙嚴宮)에 거처하
는데, 고통을 받고 죽은 영혼의 왕생을 인도할 수 있다. 서방극락세계의 아
미타불과 같다. 이 신은 좌우 보처로 보현진인과 문수진인을 봉안하기도
하고 비로자나불과 함께 봉안하기도 한다.

미륵불은 현대의 일관도를 비롯해서 도교사원에서 숭앙하는 대상으로
불교적 신앙이 광범위하게 도교제신으로 수용되고 있음을 말해주는 것이
며 민중들에게는 이미 도교와 불교가 융합되어 존재하는 것이다.

2. 도교적 불교의 제신

도교가 영험 있는 불교의 보살들을 신앙의 대상으로 수용한 것과 마찬
가지로 불교에서도 도교의 신을 융합하여 수용하였으므로 불교와 도교가
공유하는 대상도 적지 않다. 49재는 7 · 7재로도 병칭하는 데, 그 시기를
주관하는 명부전의 시왕(十王)은 도교의 신이다.

'열 명의 신'이라는 시왕은 지옥에 있으면서 죽은 자의 생전 죄업의 경
중을 심판한다. 긴관(秦官)대왕은 7 · 7재의 첫 7일을 관장하며, 도산(刀山)
지옥의 관리자이다. 이 지옥은 산 위에 날카로운 칼 숲이 있어서 죄를 지은
이가 칼산 위에서 몸이 찢기는 형벌을 받는 곳이다. 진관대왕은 혹은 철상
(鐵床)지옥의 왕으로도 묘사되며 손에는 규(圭)를 들고 있으며[38] 부동왕명
(不動明王)의 화신이다.

초강(初江)대왕은 7 · 7재의 두 번 째 7일을 관장하고 화탕지옥을 관리
한다. 이 지옥은 계속해서 끓고 있는 큰 솥에 죄인을 빠뜨리는 곳이다. 초

강대왕은 혹은 박피(剝皮)지옥의 왕으로도 묘사되며, 손에는 붓을 들었으며,[39] 석가여래의 화신이다.

송제(宋帝)대왕은 세 번째 7일을 담당하고 한빙(寒氷)지옥을 관리한다. 이 지옥은 나체로 얼음 위에서 살을 에는 혹독한 추위로 형벌을 받는 곳이다. 그는 발설(拔舌)지옥의 왕으로 묘사되며, 손에는 규를 들었으며[40] 문수보살의 화신이다.

오관(五官)대왕은 7·7재의 네 번째 7일을 담당하고 검수(劍樹)지옥을 관리한다. 이 지옥은 칼에 찔리는 곳이다. 그는 혹은 확탕(鑊湯)지옥의 왕으로 묘사되며 손에는 규를 들고[41] 보현보살의 화신이다. 염라대왕은 7·7재의 다섯째 7일을 담당하며 발설지옥을 관리한다. 이 지옥은 손으로 입에서 혀를 빼내는 고통을 받는 곳이다. 혹은 대애(碓磑)지옥의 왕으로도 묘사되며, 손에는 붓을 들었고[42] 지장보살의 화신이다.

변성(變成)대왕은 7·7재의 여섯째 7일을 담당하고, 독사지옥을 관리한다. 이 지옥은 맹렬한 독을 가진 독사들에게 물리는 곳이다. 혹은 도산(刀山)지옥의 왕으로 묘사되며, 한 손에 붓, 다른 한손에는 규를 들었으며,[43] 미륵보살의 화신이다. 태산대왕은 7·7재의 일곱 번째 7일을 담당하고, 거해(鋸骸)지옥을 관리한다. 염라대왕의 서기인데, 이 지옥은 톱으로 사지가 찢겨지고 배가 터지는 형벌을 받는 곳이다. 손에 규를 들었으며,[44] 약사여래의 화신이다.

평등대왕은 망자의 백일을 관리하며, 철상(鐵床)지옥을 담당한다. 이 지옥은 활활 타는 화로 위의 철상에서 창과 불로 고통을 받는 곳이다. 혹은 중합(衆合)지옥의 왕으로 묘사되며, 손에 규를 들었으며,[45] 관세음보살의 화신이다. 도시(都市)대왕은 망자의 1주기 관리하며, 풍도(風塗)지옥을 담당한다. 혹은 한빙(寒氷)지옥으로 묘사되며,[46] 아촉여래의 화신이다.

마지막으로 전륜대왕은 망자의 3주기 관리하며, 흑암지옥을 관리한다. 이 지옥은 눈으로 보지 못하는 고통을 당하는 곳이다. 오도전륜(五道轉輪) 대왕이라고도 하며 손에 붓을 들었으며,[47] 아미타여래의 화신이다.

일반대중들에게 널리 알려진 불교의 염라대왕은 시왕중의 다섯 번째의 왕이고 엄중하게 죽은 자들을 심판하지만, 사실은 지장보살의 화신이기도 하다. 지장보살은 이런 냉혹한 시왕인 판관들에게서 죽은 자를 구제하기 위해 노력하는 보살이다. 또한 그런 지장보살뿐 아니라 도교에서 유래한 시왕이 불보살의 화신이 되어 신앙의 대상이 되었다.

조신(竈神)은 옛날부터 화신(火神)과 관계가 있으며, 가정에서 주로 제사의 대상이 되었다. 민간에서는 각 가정의 부엌에 조신을 모시고 일가의 길흉화복을 주관하는 신으로 신앙하였다. 조신은 한 가정의 선행과 악행을 옥황상제에게 보고한다고 믿어진다. 한국에서는 조왕이라고 하여 오래된 사원의 부엌에서도 찾아볼 수 있다. 원래 민간신앙을 도교에서 수용하여 권선징악적 성격을 갖는 도교의 신들 가운데 하나가 되었다. 이 조왕신앙은 중국에서 3세기경부터 가정의 부뚜막 벽함에 모셔진 민간신앙이었는데, 한국의 전통 불교사원에서도 면면히 부엌 신으로 숭배되어 왔었다.

칠성은 북두칠성의 신앙이다. 이곳에서는 복을 빌고 자식들을 원하는 사람이 치성을 드리는 곳이다. 불교사원의 승려가 불사를 행하고 법요를 시작할 때 칠성을 청하는 법이 있으니 치성광(熾盛光) 여래를 위로 하여 일광보살과 월광보살을 좌처로 삼고 북두대성(北斗大成) 칠원성군(七元星君)을 우보(右輔)로 삼았다.[48] 칠성각은 북두칠성을 신격화하여 모신 전각으로 도교에서 유래한 것이다.

산신은 중국은 물론 한국에서도 고유한 전통으로 남아 있다. 산신각의 산신은 호랑이를 거느린 노인으로 묘사되어 도교와 융합한 것이다. 중국

의 경우에는 명산 영지(靈地)를 지정하여 오악(五嶽)이라고 불렀다.[49] 남악
인 형산(衡山)은 혜사(慧思)가 머물면서 중국 천태종의 원천이 되었고, 당
나라 시대에는 율종의 삼대중심지 중의 하나였다. 중악인 숭산은 달마대
사가 머물면서 선종을 연 곳이다. 중국의 산은 신들이 깃들어서 신성한 것
이 아니라 그 자체가 또 하나의 신이자 자연의 힘으로 간주했다.[50] 한국의
경우 조선시대 배불정책에 의해 산 속에 들어간 것이 아니라 그전부터 이
미 산을 신성시 하고 산을 숭배하고 자연을 신성시하는 문화가 존재했다.
또 불교는 도교의 풍수지리설 등의 신비주의적 문화를 받아들여 산을 신성
시하는 전통을 가지게 되었다.

V. 결론

　도교의 신비주의는 다른 종교와 마찬가지로 말로 표현할 수 없는 비의
(秘意)를 가지고 있다. 도교의 핵심철학서인《노자》에 의하면 그 '도'를 인
식하는 일 자체가 논리와 상식이 아닌 언어도단(言語道斷), 직지인심(直指
人心)의 체계로 신비주의적 요소를 담고 있다. 그리고 그 도를 인식하는데
그치는 것이 아니라 실제의 삶에서 불로장생의 양생을 중시하는데 이것이
신선사상이라고 할 수 있다.
　불로장생을 누리려는 것은 허무한 꿈이기는 하지만 그 오랜 노력의 결
과 의학과 건강법이 체계화되고 양생을 위한 수련법이 체계화되었다. 애
초에는 신비스럽고 초상식적이던 꿈이 현실적인 수련방식으로 정착되었
다. 일면은 신비주의지만 일면은 냉엄한 과학인 셈이다. 도교의 내면의 양
생을 통해 지상신선이 되는 이러한 방식은 불교의 불신상주(佛身常住)의
정토신앙과 만난다. 동시에 지상신선을 꿈꾸는 수련법으로 또는 깨달음에

이르기 위한 명상법으로 호흡과 좌선이 강조된다. 도교의 신비주의는 이처럼 견성성불을 목표로 하는 불교, 특히 선종의 수행법을 중국화 하는데 큰 역할을 했다.

도교는 불교에 일방적으로 영향을 미치기만 한 것은 아니다. 그들은 역으로 4세기 이후 불교의 요소를 도입하여 그 교리의 체계화와 종교적 체계를 정비하려고 힘썼다. 종교단체로서의 조직적 교세가 없었던 도교가 조직과 의식을 갖춘 것도 불교의 수입에 따른 자극에서였다. 불교는 중국에 뿌리를 내리는 과정에서 신선방술과 내단(內丹) 수련과 같은 도교사상을 수용하여 융합적 입장을 가지고 민간에 전해졌지만, 세월이 흘러간 뒤에는 도교적 입장에서 탈피하여 중국불교로서의 독자적인 태도를 취하게 된다.

초기에는 불교와 도교의 갈등보다는 도교적 사유를 통해 불교를 이해하게 되었지만, 차츰 불교철학의 본질이 잘 소개되면서 이른바 화이관(華夷觀)에 입각해서 불교를 오랑캐의 종교라고 공격하는 갈등이 일어나기도 했다. 하지만 종합적으로 살펴보자면 후일의 중국의 풍토에서는 불교와 도교가 혼합된 경우가 많았다.

대승불교의 사상이 노장철학의 무위자연의 사상과 접촉하면서 거부감 없이 지식인들에게 소개되었으며 민간에서는 불보살의 영험이 도교의 주요한 신과 동등하게 여겨졌고, 내(內)의 수련은 그 목표는 달랐지만 호흡법이나 좌법 등에서는 상호융합적인 면이 많았다.

간화선은 도교의 청담사상과 깊은 관련을 맺고 있다. 그리고 노장의 '무위자연(無爲自然)'의 가르침은 육조의 맥을 이은 마조의 '평상심이 곧 도[平常心是道]'라고 하는 선불교와 일치하며, 선문답 또한 청담의 격외담의 연장선상에 있다.

양재초복의 신앙에서는 불교의 관음신앙이나 문수, 보현보살이 주요한 신앙의 대상이 되었으며, 불교에서는 도교적인 십왕(十王), 조왕(竈王), 칠성, 산악신앙을 비롯한 민간의 신앙을 수용하였다.

그럼에도 두 종교는 분명한 차이가 있다. 그것은 불교에서는 생로병사를 고통으로 인식하고 열반을 추구하는데 비해 도교에서는 생을 즐거움으로, 거기에다 오래 사는 것을 더 큰 즐거움으로, 불사의 신선이 되는 것을 최고의 즐거움으로 간주했다. 따라서 남녀 간의 성적인 즐거움을 통해 양생을 도모하는 방중술도 중시되었다. 그러나 불교의 경우는 성적 교섭을 통해 양생을 추구하는 방중술을 받아들이지 않았다.[51]

불교는 고를 벗어나기 위해 금욕과 고행을 실천해야 한다고 주장한다. 그러나 도교는 기본적으로 인간은 여유롭게 자유자재로 모든 쾌락을 즐기는 삶을 영위해야 한다고 주장하고 있다.[52] 불교는 신선사상 등에서 불로장생을 거부하지 않았지만, 현생에서 향락을 추구하는 오욕락(五欲樂)에 대한 집착을 벗어나 생사로부터 자유로운 해탈을 더욱 중시했다. 도교의 신비주의를 수용했지만 불교의 지향점은 생사의 집착이 아닌 그 생사의 해탈이라는 점이다.

Ⅱ. 한국불교의 회통사상

원효의 회통사상

−진속불이(眞俗不二) 사상과 재가불교의 위상−

Ⅰ. 서론

오늘날 한국 불교는 4부 대중 가운데 비구, 비구니를 중심으로 한 승가가 모든 승가를 대표할 뿐 우바새, 우바이의 재가자는 승가와는 별개로 보고 있다. 말하자면 승속이 엄격이 구분되어 진정한 불교수행은 마땅히 속가가 아닌 승가에서 찾아야 하는 것으로 되어 있다. 그리고 성속(聖俗)의 의미에 있어서 속(俗)은 속가나 속인의 언어에서 볼 수 있듯 불교수행을 하기 어려운, 마땅히 승가와는 구분되어야 하는 속물의 집단처럼 느껴지기도 한다. 이처럼 출가자 중심의 불교를 강조하는 한국 불교에서 재가불교 혹은 거사불교의 위상이 불교의 정신과 일치하는지 반성할 필요가 있다고 생각한다.

원효 대사 혹은 원효 성사를 거사로 표기하는 것조차도 외람스러운 일일 정도로, 원효는 위대한 스님으로 추앙받고 있는 것이 사실이다. 하지만 생각해 보자면 진속불이(眞俗不二)의 공사상을 이론적으로 정리했을 뿐만 아니라 대중과 함께 어울렸던 원효의 정신은 재가불교를 속(俗)의 영역으로 보지 않았다는 점에서 소성거사로 자처했던 원효를 재조명하는 것도 원효정신을 되찾는데 도움이 될 것으로 본다.

더구나 재가불자인 유마거사의 의의를 설한 《유마경》의 정신을 해탈의 사상[1]으로 보고 이를 주석했던 점에서 그의 민중 속에 들어가 무애행을 했던 것이 진속불이(眞俗不二) 곧 출가만이 아닌 재가의 중요성을 강조했다.

II.《유마경》에 대한 원효의 입장

많은 경전가운데 재가불자인 유마거사가 중심이 된 《유마경》은 재가불교의 가능성을 이야기하는 경전이다. 이 경전에서는 붓다의 십대제자를 비롯한 저명한 고승들은 유마거사의 진리에 대한 침묵으로부터 진정한 불이(不二)의 경지를 체득하게 된다는 내용이다. 이는 출가위주의 불교를 벗어나 재가에서도 얼마든지 수행이 가능하며 출가와 재가가 대립된 세계일 수 없음을 말한다.

원효의 회통사상은 재가불교의 위상을 결코 낮게 보지 않고 승속을 초월했다는 점에서 유마거사의 불이정신과 상통하고 있다.[2] 이 《유마경》에 대해 관심을 가지고 주석 작업을 한 인물은 원효가 최초이다. 원효를 이어 신라에서는 《유마경》 주석 작업이 지속적으로 진행되었다. 경흥(憬興: 생몰년대 미상)의 《무구칭경소(無垢稱經疏)》 6권 그리고 둔륜(遁倫: 생몰년대 미상)의 《유마경요간(維摩經料簡)》 1권도 있다고 하나 역시 현존하지는 않는다.[3] 이를 통해 우리는 신라의 중요한 불교학자들이 《유마경》에 대해 관심을 가지고 연구했음은 알 수 있다.

원효의《유마경종요(維摩經宗要)》1권과《유마경약찬(維摩經略贊)》7권이
《유마경소(維摩經疏)》가 그의 저술이지만, 현존하지는 않는다. 그러나 일
본에서는 천평(天平) 7년《유마경종요》를 서사했고,[4] 승보(勝寶) 5년(753)
의 불서목록에, 원효의《유마경소(維摩經疏)》[5]도 있었다. 조선시대 세조 때
《유마경종요(維摩經宗要)》를 유구국(현재의 오키나와)에 보내주었다는 기
록이 있는 것으로 보아 조선시대 초까지 이 저술은 남아있었다.[6]

또한 저술뿐만 아니라 생애에서 보여준 원효의 보살정신이란 유마거사
의 보살행과 같은 맥락이라고해야 할 것이다. 무애행은 다름 아닌 보살행
이며 대중들과 고락을 함께하면서 깨달음에 이르게 하려는《유마경》의 정
신이다. 대중의 이익을 위해서 술집이나 도박장과 같은 계율에서 금지하
는 장소에 출입이 가능하다는 점에서 괘를 같이 하는데《유마경》의 내용을
보면 다음과 같다.

《유마경》은 고구려의 보덕에게서 전수한 정신이기도 하다. 고려시대 대
각국사의 기록에 의하면 원효와 의상이 일찍이 보덕(普德)에게 도를 물었
으며《열반경》과《유마경》등을 배웠다고 한다.[7]

석굴암의 불상 가운데서도《유마경》의 문질품(問疾品)의 사실을 잘 묘사
하고 있는 것이 병들어 웅크리고 있는 유마상이다. 신라에서《유마경》이
불교의 주요사상으로 잘 받아들여지고 있었고 그것이 석굴암의 조각에 투
영되어 있음을 알 수 있다. 석굴암의 본존상에 있는 10대 제자상은《유마
경》의 제자품에 나와 있는 제자와 일치하며, 상부의 감실에 중앙에 서로
마주보게 한 것이 문수보살과 유마거사의 문답장면이라는 것은 이 석굴암
의 설계가 유마변상(維摩變相)인 셈이다.[8] 신라인들이《유마경》의 사상을
익히 소화하여 석굴암에 표현했다는 것은 주목할 만한 것이다.

고려시대에서는 원효를 유마거사와 같은 수준의 인물로 묘사하기도 했

다. 12세기 후반 임춘(林椿)은 낙산 서쪽에 있던 관음송을 직접 목격하고서
다음과 같은 기록을 남겼다.

曾聞居士老維摩   일찍 들었노라, 거사는 늙은 유마거사라고
飛錫凌空萬里過   지팡이 휘날려 허공을 건너 만리를 지나갔다
已遣文殊來問疾   이미 문수를 보내어 문병했으니
不應無事出毘耶   일없이 비야리를 나오지는 않으리라.[9]

원효의 《유마경》 관련저술은 현존하지 않은 것은 유감스런 일이지만, 원
효사상 전체를 일관하는 회통 불이(不二)의 정신과 일맥이 통하는 내용으
로 추측할 수 있다.

Ⅲ. 소성거사(小性居士)로서의 원효

원효의 회통사상은 재가(在家)불교의 위상을 결코 낮게 보지 않고 승속
을 초월했다는 점에서 유마거사의 불이정신과 상통하는 것으로 볼 수 있을
것이다. 원효는 요석공주와 결혼하여 설총(薛聰, 650~740)을 낳았고, 스
스로 소성거사(小性居士) 혹은 복성거사(卜性居士)[10]로 자처하고 대중들과
함께 어울리기 위해 무애행을 했다는 사실은 널리 알려진 사실이다. 그의
《유마경》의 주석서가 현존하지 않더라도 그의 생애에서 보여준 보살정신
이란 유마거사의 보살행과 같은 맥락이라고 할 것이다. 원효의 별호는 '새
부(塞部)'라고도 하였는데, 이에 대한 논란이 있지만 필자는 우바새를 이
름한 것이라는 주장에 공감한다.[11]

"성사는 그 바가지 모양대로 도구를 만들어, 화엄경의 '일체무애인(一切無碍人)이라야 단번에 생사를 벗어나리라' 는 구절을 따서 무애(無碍)라 이름 짓고 노래를 지어 세상에 퍼뜨렸다. 일찍이 그 도구를 가지고 방방곳곳에서 노래하고 춤추며 교화하고, 읊고 돌아왔으므로 가난뱅이 코흘리개 아이들까지도 모두 부처의 이름을 알게 되었고, '나무아미타불' 을 부르게 되었으니, 법화(法化)가 컸던 결과였다."[12]

원효는 성사(聖師)의 모습이 아니라, 승복을 벗고 속복으로 바꿔 입었으며 머리를 길렀던 것이다. 또한 민중들과 어울렸고 춤추고 노래하며 전통적인 거룩한 스님의 상으로부터 벗어났다. 환속의 시점은 요석공주와의 결혼 이후의 일 혹은 당나라 유학길에 얻은 깨달음 이후라고도 한다.[13] 필자는 깨달음보다는 세간에 널리 알려진 바와 같이 요석공주와 결혼하고 설총을 낳은 후로는 스스로 거사로 자처했다고 보는 것이 자연스럽다고 생각한다.

실제로 고려시대의 원효의 모습은 거사로 묘사되고 있었다. 김상현의 연구[14]에 의하면 고려시대까지 원효의 소상은 분황사와 흥륜사에도 봉안되어 있었다고 하며, 분황사의 원효상은 아들 설총이 조성해 모신 것으로 고려시대까지 전해지고 있었다고 한다. 8세기 후반 경에 일본에까지도 원효거사로 인식되고 있었던 예는 손자인 설중업(薛仲業)이 780년(혜공왕 16년) 신라 사신으로 일본에 갔을 때의 기록은 다음과 같다.

"세상에 전하는 말에 의하면, 일본국의 진인이 신라 사신 설 판관에게 준 시의 서문에 이르기를 '일찍이 원효 거사가 지은 금강삼매론을 본 적이 있으나, 그 사람을 보지 못했음을 심히 한스럽게 여겼는데, 듣자하니 신라국 사신 설(중업)이 바로 거사의 손자라고 하니, 비록 그의 조부는 보지 못하였으나 그의 손자를 만난 것을 기뻐하여 이에 시를 지어 그에게 준다.'"[15]

이를 고려시대의 이규보가 이인로(李仁老)가 소장하고 있었던 소성거사진영(小性居士眞影)을 보고 찬(贊)을 지었다는 점에서도 확인할 수 있는데, 그 초상화는 석굴암의 유마거사상과 같은 두건을 쓰고 있었던 것으로 보인다.

剃而髮則 元曉大師	머리를 깎으면 원효 대사
髮而巾則 小性居士	머리 길러 두건 쓰면 소성거사
雖現身千百 如指掌耳	몸을 백천으로 나투기를
	손가락으로 손바닥 가르치듯 쉬이 하니
此兩段作形 但一場戲	이 두 모습을 한 것 한바탕 연극일세.[16]

또한 이규보가 전라북도 부안의 원효방을 방문했는데 그곳에서도 역시 원효상은 거사로 묘사되어 있었던 소성거사로 묘사하고 있다.

小性復生世	소성거사가 다시 세상에 온다면
敢不拜傴摳	감히 굽혀서 절하지 않으리.[17]

오늘날 원효연구에 있어서의 인식은 성사(聖師)로서의 접근일 뿐이고, 스스로 민중 속에 들어가 동고동락했던 거사로서의 소성거사로서의 모습은 사라져 버렸음을 알 수 있다. 고려시대까지 남아있던 유마거사와 같은

두건을 쓴 원효상이 사라진 것처럼 원효의 모습은 편향되게 조명되고 있는 것의 상징이 아닐까.

현존하는 원효상과 공식적인 진영은 고려시대 대각국사 의천이래로 국사(國師), 성사(聖師)혹은 대사(大師)의 명칭으로 묘사될 뿐 거사로서의 초상조차 남아있지 않다. 필자가 확인한 바에 의하면 거사상의 경우 조명기 소장의 초상화만이 두건을 쓴 소성거사의 모습이다. 그리고 그것은 석굴암에 새겨진 두건 쓴 유마거사와 같은 모양이다. 왜 이렇게 철저히 소성거사상이 지워져 버린 것일까? 승가를 떠난 소성거사의 삶이 청정하기보다는 혹시 욕망의 삶에 경도된 파계로 보고 있기 때문이 아닌가 생각해 볼 수 있다. 만약 그렇다면 원효의 정신을 오해하는 매우 부당한 접근이며 왜곡이라고도 할 수 있다.

IV. 진속불이(眞俗不二)의 사상

흔히 원효의 계율에 구애되지 않고 결혼하고 아들을 둔 것에 대해 무애행의 차원으로 본다. 그러나 무애행을 잘못 해석하면 아무것에도 걸리지 않는 실계(失戒) 혹은 파계(破戒)로 볼 수 있다.

《삼국유사》에 의하면 재가불자인 엄장과 광덕이 결혼했으면서도 음행을 하지 않았으며 그들이 원효의 가르침을 충실히 실행했다는 것을 볼 때, 원효의 결혼을 파계로 보는 것은 분명 잘못된 것이라 볼 수 있다. 그것은 겉으로 인지했을 때 그렇게 보일 뿐이다.

문무왕대 광덕과 엄장이 《관무량수경》의 16관법[18] 등을 익혔다는 점에서 알 수 있다.[19]즉 광덕이 결혼하였으면서도 10여 년간 항상 청정한 계를 지키면서 매일 밤 '단신정좌(端身正坐)' 하고 소리 내어 아미타불을 부르거나 16관을 닦았는데 관이 익으면 밝은 달빛을 타고 그 위에서 가부좌를 하였다고 한다. 광덕의 친구인 엄장이 광덕의 부인에게 구애를 했다가 꾸짖음을 받은 후 원효에게 나아가 관법을 지도받았다는 점이 그 하나의 근거라고 할 수 있다.

원효는 철저히 상(相)에 머무르지 않았다. 그리고 거룩함에 집착하거나 애욕에 집착하는 상을 넘어 있었던 것이다. 이것이야말로 유마거사의 불이(不二)의 공사상과 같은 맥락인 것이라고 할 수 있으며 속세에서 중생과 함께 동고동락했지만 결코 속세에 애착하지 않았던 화광동진(和光同塵)의 자세라고 할 것이다.

"진(眞)도 아니며 속(俗)도 아니며, 유(有)도 아니고 공(空)도 아니다. 이것을 제법의 실상이라고 이름한다."[20]

"비록 다시 범부와 성인의 본성이 둘이 아니다. 지혜로운 이는 이를 통달한 까닭이다. 마땅히 알라. 범부와 성인이 생사와 열반이 동일하지도 다르지도 않다. 유(有)도 아니며 무(無)도 아니며 들어옴도 들어오지 않음도 아니다. 나감도 아니고 나가지 않음도 아니다. 여러 부처님의 여기에 있다."[21]

원효에게 있어서 겉모습의 출가와 재가가 중요한 것이 아니라 내심의 청정함이 계율정신의 잣대가 되었다. 비록 출가했다 하더라도 탐심을 지닌 자는 출가의 의의가 없으며, 자칫 잘못하면 거룩하고 도도한 모습에 집착하여 남을 속일 수 있다. 오로지 한가히 머물면서 수행하는 것만을 중요시하고, 사람들 사이에 머물며 교화하지 않는 출가자 역시 불법을 파괴하는 죄를 범하는 것으로 분류하였다.

"이때 스스로 조금 들음으로 옳고 그름을 분별하지도 못하면서, 명리(名利)와 공경을 바라고 보고 아는 바를 따라 타인들로 하여금 듣고 알도록 하고 세인들을 현혹시켜 모두 성인이 아닌가 의심하도록 하여, 홀로 혼자 성인의 명성을 들어내고 다른 승려들을 누르지만 누구도 귀의하지 않음으로써 불법을 파괴하므로 중죄를 얻게 된다는 것이다."[22]

"어리석은 무리들이 모두 자기의 덕을 우러러 받들기를 바라고 이적(異迹)이 없는 사람들을 억누른다. 이로 말미암아 안으로는 진리를 손상하고 밖으로 사람들을 혼란하게 하니 손상하고 어지럽히는 죄가 이보다 더 앞서는 것이 없다."[23]

원효는 마음속의 동기를 선의 기준으로 보았다. 그것은 남에게 보일 수도 없는 것이며 표현되지 않는 자기양심에 대한 충실이라고 할 수 있다. 그러기에 위선과 자기를 속이는 행위야 말로 바람직하지 않은 것이었다.

"세상에서 큰 행운이 많아 교만하고 해이한 시기에, 홀로 그 몸을 바르게 하고 위의에 잘못됨이 없으나 문득 자기는 높으며 남을 뛰어넘는다는 생각을 일으켜, 계를 완만하게 익히는 대중들을 멸시하고 헐뜯는다. 이 사람은 작은 선을 온전히 잘 지켰지만 크게 금하는 것을 허문 것이니 화를 굴려 화를 만드는 것이 이보다 더 심한 것이 없다."[24]

어떤 상을 가지고 중생을 차별하며 자신을 높이는 그런 자세는 작은 선에 머문 것일 뿐 대승의 보살로서는 미흡한 것이라는 것이다. 그런 거룩함의 이면에는 명예욕이나 위선의 가능성이 있으며 집착심이 있는 것으로 취급했던 것이다. 원효의 대승보살정신은 중생과 함께하는 데 뜻을 두었다. 그것은 유마거사의 입장과 같은 것이며 살생이나 도둑질하지 말라는 계율을 어기더라도 화가 되지 않고 오히려 복이 되는 경우를 말하기도 했다. 특히 원효는 복이 되는 경우를 중생의 근기에 통달한 달기(達機)보살이 중생을 구제하기 위하여 계율을 어기는 어긴 경우에는 죄가 아니라 복이 된다고 해석하여 중생 제도를 그만큼 중시했음을 말해 주고 있다.[25] 그는 대중교화를 위해서 전문적인 술어나 어려운 이론을 사용하기 보다는 간단한 염불, 계송, 노래와 춤 등으로 교화하였다. 이는 이타행이며 일체의 중생을 대상으로 하는 보살행이 된다. 어떠한 상황에도 구애받지 않고 자유자재했으므로 무애행이라 이름했다.

"이 중생의 세계가 열반의 세계다. 이러므로 깊고 깊으니 마치 논의설에서 말한 바와 같이 삼계의 모습이란 중생의 세계가 곧 열반의 세계이다. 중생의 세계를 떠나지 않음은 여래장이 있는 것과 같다. 그래서 일불승의 사람이라고 이르는 것이다."[26]

"예토와 정토는 본래 일심이며 생사와 열반은 종국에는 차이가 없다. 그러나 차이가 없다는 깨달음을 얻기가 진실로 어렵고, 하나임을 미혹하는 꿈을 제거하기도 쉽지 않다."[27]

속세인 중생계를 벗어나 있는 것이 아니라 중생계속에서 열반을 발견하려는 것, 사바세계를 벗어나 정토를 구하는 것이 아니라 사바세계 속에서 정토를 실현하는 것이 진정한 원효의 뜻이라고 할 것이다. 그런 의미에서 승가와 재가를 둘로 나누어 보지 않고, 재가생활 속에서도 지혜를 구하고 중생을 교화하는 것이야말로 보살의 사명이자 불교적 이론의 실천이었다.

V. 결론

역사의 기록에서도 원효는 거사나 재가자가 아닌 큰 스님으로 자리매김했다. 오늘날 원효는 한국 불교를 대표하는 위대한 스님으로 추앙받고 있으며, 앞으로도 또한 그렇게 될 것으로 기대한다.

그러나 원효의 원효다운 점은 대중과 먼 거리에 있는 성스러운 스님이 아니라 항상 천한 중생들을 멀리하지 않고 심지어 노래하고 춤추며 술 취하기도 한 대중과 함께 어울렸던 점에서 유마거사의 보살행과 일맥상통하는 점이 있다는 것이다. 이점에서 당시에도 원효는 때로는 계율을 잃고 파괴하는 괴팍한 일로 취급당하기도 했던 것이며, 그러나 그런 보수적인 입장에 괘념치 않고 소성거사로 자처하며 보살행을 했다. 고려시대까지도 원효의 모습은 유마거사와 같이 두건을 쓴 거사의 모습으로 남아 있었던 사실을 확인할 수 있다.

여러 문헌을 살펴본 바에 의하면 원효는 스스로 자신을 높이는 높은 상을 가지지 않았으며, 거사로 자처하는데 주저하지 않았다. 《유마경》을 해탈의 사상으로 보고 적극적으로 주석한 것에서 찾아 볼 수 있고, 무애행이나 중생과 함께하는 정신이 무집착의 공사상으로부터 유래 한 것임을 알 수 있다.

신라에서는 수행력이 높은 재가불자들이 있었는데 이들은 재가(在家)라고 하더라도 애욕과 가정에 집착한 것이 아니라, 청정한 삶을 살아야 하며 수행을 게을리 하지 않는 것이다. 이런 재가 수행자들은 원효의 가르침을 따른 사람들이기도 했다.

이런 점에서 원효의 진속불이(眞俗不二)가 출가하여 계율을 지키고 위의를 차리는 데 핵심이 있는 것이 아니라, 무집착과 무소유 그리고 위선과 거짓을 벗어나 자기 자신에게 진실하게 사는 것이야말로 더욱 소중한 것을 강조했다는 것이다. 출가이건 재가이건 중요한 것은 명리와 이기심 그리고 집착으로 벗어나 있어야 하며 중생과 함께 하는 자비심을 지녀야 한다는 것이다.

이런 점에서 원효의 진속불이(眞俗不二)가 출가하여 계율을 지키고 위의를 차리는 데 핵심이 있는 것이 아니라, 무집착과 무소유 그리고 위선과 거짓을 벗어나 자기 자신에게 진실하게 사는 것이야말로 더욱 소중한 것을 강조했다는 것이다. 출가이건 재가이건 중요한 것은 명리와 이기심 그리고 집착으로 벗어나 있어야 하며 중생과 함께 하는 자비심을 지녀야 한다는 것이다.

《대승기신론》으로 읽는
원효의 회통(會通)사상

I. 서언

《대승기신론》은 대승불교의 모든 사상을 집대성한 논서로 중시되었다. 우리나라의 경우에도 원효의 소(疏)가 중국에까지 영향을 미쳐서 따로《해동소》라는 별명을 얻었을 정도였다. 이 저술은 조선시대에도 불교학 최고의 교재인 사교(四敎: 원각경, 금강경, 능엄경, 기신론)의 하나로 한국 불교교육의 중요한 교재로 취급되었다.

오늘날 한국 불교를 평하기를 회통불교라고 평하는 것은 그 원인(遠因)이 다름 아닌 원효의 《기신론》이해에서부터라고 할 수 있다. 필자는 회통(會通)이라는 용어를 대립된 사상간의 화합은 물론이려니와 불교의 상이한 면들의 종합을 망라하여 회통이라는 용어로 사용했다. 물론 이러한 착안은 원효의 불교정신에서 착안한 것이며 《기신론》역시 회통의 각도에서 조명할 수 있다고 본다.

회통(會通)사상이란 원효나 마명[1]만의 입장이 아니라 원시불교의 정신이라고 할 수 있다. 불교에 있어서의 회통(會通)의 원리는 실천 원리를 중시하는 붓다에게서 그 싹이 나타난 셈이고, 이는 대중 교화에 뜻을 두어 진속일여(眞俗一如)를 주장한 대승 불교 후기에까지 면면히 지속된 정신이라 할 수 있다.[2]

II. 《대승기신론(大乘起信論)》의 회통적 구조

원시불교가 세월이 흐르면서 여러 가지 다양한 방식으로 전개되었으며 특히 동시에 붓다의 가르침을 다양하게 수용한 중국인들에게는 불교의 진수가 어디에 있는지 종잡을 수 없었다. 그것이 중국불교사에서 교상판석(教相判釋)이 유래한 이유일 것이다. 그러나 교상판석 역시 자신의 종파의 소의경전을 붓다의 중심사상으로 이해함으로써 다시 한 번 불교의 종합적 조명이 난해해 지고 말았다. 그런데 그러한 다양한 대승의 이론을 이 《기신론》은 총섭한 것으로 볼 수 있다. 다시 말해서 크게 공(空)의 사상이라고 할 수 있는 중관(中觀)과 유(有)의 사상이라고 할 수 있는 유식(唯識)을 일심(一心)사상으로 통합하는 회통적 구조로 이루어진 것이라고 할 수 있다.

"중생들에겐 영리하고 둔한 근기가 있으며, 부처님의 가르침을 받아들이는 외적인 조건도 평등하지 않다. 그 때문에 부처님이 설법하신 경전과 그 경전을 체계적으로 쉽게 해석한 보살의 논서가 바로 이 저술이다.[3] 이른바 100부 대승경전의 심오한 의미를 빠짐없이 포괄하여, 확연히 트인 법계일심을 마치 손바닥에 있는 과일을 보듯 분명하게 하였다 하리라.[4]"

이처럼 원효는 이 《기신론》을 찬탄하기를, 첫째는 합(合)과 파(破)를 기초로 하는 삼론종(三論宗)의 중도사상이며, 둘째는 개(開)와 입(立)을 기초로 하는 법상종의 유식사상의 편파적인 입장을 《기신론》의 논리는 이를 지양하여 두 사상을 모두 능가할 수 있다고 설명했다.[5]

《기신론》은 염불과 선정도 강조하고 있다. 이 논서는 기신(起信)이라는 명칭이 말해주듯 신앙심을 강조함으로써 균형감각을 유지하고 있다. 그것은 첫 귀의하는 노래에서 삼보(三寶)에 귀의하는 글로 시작하는 것을 보면 알 수 있다. 삼보를 애경하는 마음이 순수하고 어질어지면 믿음은 더욱 자라나 위없는 최상의 진리를 구하고자 하는 간절한 소망을 품을 수 있게 될 것이다.

신앙의 대상인 삼보의 위신력에 의한 수호(守護)를 받아 악업의 장애를 소멸시키고 선근의 기반을 확고히 다지게 된다. 뿐만 아니라 계정혜(戒定慧)의 삼학(三學)을 균형있게 전개하고, 육바라밀의 수행을 강조한다. 염불의 중요성까지도 논서에 주장함으로써 어느 한쪽의 편협이 없는 회통적 구조임을 알게 한다.

물론 타력신앙(他力信仰)이 기신론의 주요사상이라고 보는 것은 적절하지 않다. 가장 많은 부분을 차지하는 것이 역시 자력(自力)수행의 근거가 되는 마음에 관한 것이다. 그리고 그러한 설명구조 역시 회통적인 논리로 일관되어 있다.

많은 부분의 내용이 여래장과 유식사상임을 부인할 수 없다. 그 내용은 본래 불생불멸인 여래장이 중생의 생멸하는 허망한 마음과 하나로 화합하여 성립된 것을 아뢰야식이라고 부른다. 그러나 아뢰야식의 자체는 원래 여래장의 진여이며, 이를 또한 본각(本覺)이라고 명칭하기도 한다. 그러니까 본각과 시각(始覺)등의 유식에 대한 대승기신론의 해석이다.

진여의 불생불멸과 망상의 생멸이 하나의 여래장이긴 하나 단지 염법(染法)과 정법(淨法)의 훈습된 종자가 현행의 전변을 따르며, 그 때문에 진여(眞如)와 망상(妄想)이 각자 구별되고 이 둘이 서로서로가 함용포섭하는 관계에 이르게 된다고 한다.

1. 일심이문(一心二門)

모든 대립의 귀결점인 일심(一心)이란 무엇인가? 그 마음에 대해 세 가지로 설명하고 있다. ① 마음의 본체가 넓고 크다(體大). 마음의 본체는 곧 일체의 법이요 진여요 평등이요 부증(不增)이요 불감(不減)으로 중생의 마음속에 감추어져 있다. ② 마음의 내용이 크고 훌륭하다(相大). 마음의 여래장속에는 무한한 성품과 공덕이 빠짐없이 구비되어 있으며, 비록 중생은 알지 못하고 있으나 부처의 지혜와 광명은 언제나 빛을 내고 있다. ③ 마음의 기능이 뛰어나다[用大]. 마음의 작용에 의해 일체의 세간과 출세간의 온갖 착한 원인과 그 과보를 만들어 낸다. 이로써 생각하고 소망하여 성취할 수 있다.[6]

인간의 근본 무명(無明)이 일심과 대립하여 있는 것이 아니라 일심(一心)을 의지하여 있지만 무명이 사라진다고 해서 일심이 사라지는 것은 아니다. 만일 일심자체가 사라진다면 단멸의 공(斷滅空)에 떨어지는데 그렇다면 수행을 통한 불과(佛果)를 증득할 수 없게 된다. 비유하자면 바람은 무명에 비유할 수 있고, 파도로 움직이는 모습을 일심무명의 모습에 비유하였다.

원효는 《기신론별기》에서 마치 상심(常心)이 무명의 연을 따라서 변하여 무상심(無常心)을 일으키지만, 그 상성(常性)은 항상 스스로 변하지 않는다고 말함과 같으니, 이처럼 일심(一心)의 무명의 연을 따라 변하여 많은 중생심을 일으키지만 그 일심(一心)은 항상 스스로 둘이 없는 것이라고 했다.[7]

"묻기를 만약 마음이 멸하는 것이라면 무엇을 상속(相續)이라고 하는가? 또한 만약 상속이라면 무엇을 구경멸(究竟滅)이라고 할 것인가? 답하기를 멸한다고 하는 것은 오로지 심상(心相)이 멸하는 것이지 심체(心體)가 멸하는 것은 아니다. 바람이 물에 의지하여 움직이는 것과 같다. 만약 물이 없어진다면 곧 바람의 모습이 단절되고 머물러 의지할 바가 없을 것이다. 물이 없어지지 않는다면 바람의 모습이 상속(相續)할 것이다."

이러한 일심(一心)은 이문을 통해 볼 수 있다. 이문(二門)은 바로 진여문과 생멸문이다. 예컨대 중국선종에서 북종선의 신수가 본 마음은 생멸문의 입장이고 육조혜능이 본 것은 진여문의 마음이라 할 수 있을 것이다. 원효는《기신론소》에서 일심이문의 중요성을 다음과 같이 설명한다.

"펼쳐보면 무량무변한 뜻으로 종지를 삼고, 합해 본다면 이문일심(二門一心)의 법으로 요체를 삼고 있다고 하면서 이 이문(二門)의 안에 만 가지 뜻을 받아들이면서도 어지럽지 아니하며, 한량없는 뜻이 일심(一心)과 같아서 혼용되어 있으니, 이러므로 개합(開合)이 자재하며 입파(立破)가 걸림이 없어서, 펼쳐도 번잡하지 않고 합하여도 협착하지 않으며, 세워도 얻음이 없고 깨뜨려도 잃음이 없으니, 이것이 마명의 뛰어난 술법이며 기신론의 종체라고 했다."[8]

진여문은 범부와 부처를 가리지 않고, 모든 존재를 통해서 동일한 모습으로 마음을 파악하는 입장이다. 깨쳤다든가 못 깨쳤다든가의 구별도 아예 발생하지 않으며 마음을 그 본래적인 측면에서 파악하는 입장이다. 생멸문의 측면에서 보는 인간의 마음이란 미망의 모습도 있으나 깨친 모습도 있다. 더러운 모습도 있으나 깨끗한 모습도 있다. 염(染)과 정(淨), 선과 악이 뒤섞여 있는 모습이 인간의 마음이다.

"여러 교문(敎門)이 많이 있지만 처음 수행에 들어감에는 두 문을 벗어나지 아니하니, 진여문에 의하여 지행(止行)을 닦고 생멸문에 의하여 관행(觀行)을 일으킴을 밝힌 것이다. 지행과 관행을 쌍으로 부림에 만행이 이에 갖추어져 있으므로, 이 두 문에 들어가면 모든 문이 다 통하는 것이니, 이렇게 의심을 제거해야만 수행을 잘 일으킬 수 있는 것이라고 했다."[9]

'마음이 생기면 여러 가지 현상이 생기고, 마음이 없어지면 현상도 없어진다' 라는 교훈적 격언은 흔히 원효의 깨달음으로 알려지고 있는데, 그 근거가 《기신론》의 생멸문의 중요내용임을 확인할 수 있다. 여기에서의 마음은 일종의 상(相)이며 식(識)의 작용이라고 할 수 있다. 인간의 삶은 언제나 사려분별속에서 이루어지며 사려분별을 벗어날 때 인간은 비로소 자유로워지고 깨달음에 이를 수 있다는 것은 범부들에겐 두려운 일이다. 깨달음은 사려분별로 인한 것이 아니라 상(相)과 식(識) 그리고 심(心)의 사려분별이 모두 무명이며 망념임을 깨달은 것임을 알 수 있다.

《기신론》의 회통적 구조란 다름 아니라 이문(二門) 곧 생멸문과 진여문이 일심에 의해서 통합되고 있다. 이 두 문은 현실과 이상의 조화를 통한 깨달음을 지향하는 것이지, 결코 현실적 생멸의 마음을 부정하는 것이 아님을 알 수 있다. 심성이 움직이지 않는 것은 지혜로울 뿐만 아니라 공덕이 많다고 말한다. 불교의 공덕은 부귀영화보다도 심성에 망념이 없는 것이 지혜라고 보는 점이 이채롭지만 망념 속에 진여가 들어있다는 것이 일심이 문의 구조다.

붓다의 눈에는 모든 중생을 연민의 눈으로 보는데, 그 근거는 진여를 분유(分有)한 동체라고 보는 관점이다. 그렇지만 부처와 중생이 둘이 아니라 깨달으면 부처요, 그렇지 못하면 중생이지 부처와 중생이 타고난 것이 아니라고 할 것이다.

망념이란 무명에서 생긴 것이다. 무명이란 무엇인가. 지혜가 없이 탐, 진, 치의 굴레에서 벗어나지 못하는 삶이다. 그렇다면 대지혜 광명의 삶은 탐욕을 버리고 대신 타인을 배려하는 삶을 살아야 할 것이고, 분노의 시샘의 삶이 아닌 자비와 타인에 대한 연민의 눈으로 사는 것이고, 혹여 허무한 대상들에 집착함이 없는 지혜의 삶일 것이다. 그런데 망념하는 그 생멸의 마음에 이미 변함없는 진리의 마음인 진여가 상존하고 있는 것이다.

2. 염정무이(染淨無二)

《기신론》에서 논의하는 바가 아주 방대하다 할지라도 일심이문(一心二門)을 드러내 보여줌으로써 대승의 모든 가르침을 완전히 포함하며, 현상세계의 염(染) 가운데 본질적인 정(淨)을 보여줌으로써 대승의 모든 교리를 완전히 화합한다.[10] 현상세계의 더러움과 이상세계의 정(淨) 또한 회통적 구조의 하나라고 할 수 있다. 염정(染淨)의 모든 현상은 그 본성이 둘이 아니다. 진망(眞妄)의 이문(二門)이 다름이 있을 수 없기 때문에 '일(一)'이라 이름했고, 이 둘이 없는 곳이 모든 현상 중의 실체인지라 허공과 같지 아니

하여 본성이 스스로 신해(神解)하기 때문에 '심(心)'이라고 이름했던 것과
같은 논리다.

《기신론》에서 염법훈습(染法熏習)의 경우 망심이 생겨나 무명을 훈습하
게 된다고 한다. 대상 세계에 대한 상념(染法)의 동기(緣)가 되어 망심을 훈
습한다. 이런 일이 반복하는 사이에 집착이 늘어나 여러 가지 업을 지어서
심신의 온갖 고통을 초래한다.

정법(淨法)훈습의 경우는 싫어하든가 좋아하든가 망심이 지닌 이 인연
의 힘은 다시 진여를 훈습하여, 스스로 자기 성품을 믿게 함으로써 눈앞의
온갖 사물과 현상이 실재한 것이 아님을 알고 그것을 멀리 벗어나는 수행
을 하게 된다. 그 결과 오랫동안 훈습의 힘으로 무명을 소멸시킨다. 무명이
사라지므로 마음에 일어나는 것이 없고 일어나는 상념이 없음으로 하여 그
대상 또한 사라진다.

> "또 다시 구경에 허망한 집착을 떠난 것은 마땅히 알라. 염법(染法)과
> 정법(淨法)이 모두 다 상대적이어서 스스로 서로 설할 만한 것이 없다. 필
> 경에 가히 설할 만한 상이 아니다. 말로 설한 것은 마땅히 알라. …여래가
> 좋은 기교의 방편으로 가짜로 언설로써 중생을 인도하는 것이니 그 취지
> 란 것이 모두 생각을 떠나게 하는 것이고 진여(眞如)에 귀의하도록 하는
> 것이다. 일체법을 생각하여 마음으로 하여금 생멸하게 하면 진실한 지혜
> 에 들어가지 못한 까닭이다."[11]

여기에서는 염법과 정법은 상대적인 의존관계로 성립하였으므로 독립
된 자체의 모습이 없음을 총체적으로 밝히고 있음을 알 수 있다. 마음이 멸
한다는 것은 허망한 움직임이 없어진다는 뜻이지 마음 자체를 부정하는 것

이 아니다. 마음은 무명(無明)이라는 악취에 냄새가 날 수도 있고 진여(眞如)라는 향기가 날 수 도 있다. 그런데 여기서 본래는 없지만 작용을 하는 것이 훈습이다.

사람들은 무명에 젖어 있기 때문에 깨달음의 삶을 살 수 없다고 한다. 무명을 없애고 진리의 방향으로 삶의 취지를 돌림으로써 진리에 젖는 삶을 이룰 수 있다. 이 무명은 오랜 동안 젖어있는 습관, 특히 자신에 대한 소견과 애착 때문에 쉽게 없어지지 않는다. 여기에 필요한 것이 불 보살 혹은 좋은 스승을 만나는 인연이다. 이런 인연을 통해 진리에 젖을 수 있고 열반의 길을 갈 수 있는 것이다. 인간은 누구나 평등하게 불성을 가지고 있지만 무명으로 인해 그것이 가려져 있고 오랜 동안 무명에 훈습되어 와서 자신의 고귀함을 망각한다. 수행이란 자신 속의 아름다움과 고귀함을 믿는데서 출발하고, 구도자적 삶을 사는 이들을 선호함으로써 진여에 훈습하는 인연을 맺는 것이다.

훈습(熏習)을 부정적인 용어로 생각할 필요가 없다. 훈습(熏習)이란 중립적인 용어다. 그리고 불교적 깨달음 혹은 궁극의 목표는 그 목표에 대한 발원이 필요하다는 것이 마음이 멸한다는 것은 허망한 움직임이 없어진다는 뜻이지 마음 자체를 부정하는 것이 아니다. 그리고 불교적 깨달음 혹은 궁극의 목표는 그 목표에 대한 발원이 전제된다. 어떤 방향으로의 취향이 결국은 그 사람의 환경을 취향하고 결국 그것은 어떤 훈습(熏習)으로 이어지기 때문이다. 가능하면 속된 것을 멀리하고 성스러운 것을 가까이 하는 것은 수행자의 훈습에 바로 영향을 주는 것이다.

3. 진속불이(眞俗不二)

대승불교의 중요한 정신은 공(空)사상에 터하고 있다. 공(空)의 의미 가운데 핵심사항은 한쪽의 편견으로부터 벗어나 있는 중도의 정신이라 할 것이다. 많은 사람들은 어떤 선입견을 가지고 사물을 이해하곤 한다. 그런 편견은 진리의 세계를 인식하는 데 장애가 될 수 있다. 선입관과 편견을 벗어나 장애 없는 마음이 공(空)의 정신이고 불이(不二)[12]의 사유방식이다.

《기신론》은 인도에서 그 당시 대립되고 있던 양대 불교 사상, 즉 중관파(中觀派)와 유가(唯識)파의 사상을 지양. 화합시켜 진(眞)과 속(俗)이 전혀 별개의 것이 아니라 우리 인간들이 미오(迷汚)한 현실생활(俗) 가운데에서 깨달음의 세계로 끊임없이 추구하고 수행함에 의하여 완성된 인격(眞)을 이루어 갈 수 있으며, 한편 깨달음의 단계(眞)에 이른 사람은 아직 염오(染汚)한 단계(俗)에 있는 중생을 이끌어 갈 의무가 있는 것임을 주장함으로써 진속일여(眞俗一如)의 사상을 잘 나타낸다.[13]

원효는 그의 《기신론소.별기》에서 《기신론》의 성격을 중관사상과 유식사상의 지양, 종합이라고 판석한다. 즉 마음의 청정한 면만을 주로 찬탄하고 강조해 온 중관사상과 마음의 염오한 면을 주로 밝혀 온 유가사상을 잘 조화시켜 진속불이(眞俗不二)의 뜻을 밝힌 것이라 본 것이다.[14]

"마땅히 알라. 진여의 자성은 유상(有相)도 무상(無相)아니며, 비유상(非有相)도 비무상(非無相)도 또한 유무구상(有無俱相)도 아니며, 일상(一相)도 이상(異相)도 아니고, 비일상(非一相)도 비이상(非異相)도 또한 일이구상(一異俱相)도 아니다. 내지 종합하여 설하건대, 일체중생이 망심에 의지하여 생각을 분별함은 모두 상응하지 못하는 까닭으로 설하기를 공이라하니 실로 공이라고 할 만한 것이 없다. 불공(不空)이라고 하는 바는 이미 나타난 법체(法體)는 공하여 망념이 없는 까닭이다. 곧 이 진심이 항상 불변하여 깨끗한 법의 만족을 곧 불공(不空)이라고 한다. 또한 따로 취할 만한 상이 있는 것이 아니다. 생각의 경계를 떠남으로써 오직 깨달음에 상응하는 까닭이다."[15]

이미 나타난 진여법 자체는 여실히 공하여 중생의 망념이 없는 바로 이것이 진심이 항상 상주하여 변치 않는 실체라고 한다. 또한 이 여실불공(如實不空)의 자체인 여실공(如實空)은 중생의 망념분별로는 도달하지 못한다. 이는 차별적인 망념을 떠난 세계이므로 깨달아야만 서로 호응하게 된다.[16]

"마음이 생멸한다는 것은 여래장에 의지한 까닭이다. 생멸심이 있으니 이른바 불생불멸(不生不滅)이라 이른다. 생멸과 더불과 화합하여 동일하지도 다르지도 않음을 아뢰야식[17]이라고 한다."

이에 대해서도 역시 불이(不二)의 회통적인 논리로 해석할 수 있다. 비유하자면 마치 생멸하는 파도가 여래장의 바닷물을 의지해 있는 것과도 같다. 만일 생멸문이 아닌 일심진여문을 의지한다면 성인과 범부의 상대적인 세계가 끝내 단절한다.[18]

"이 식(識)에는 두 종류가 있다. 능히 일체법을 포섭하고 일체법을 만든다. 무엇을 둘이라 하는가. 하나는 각의(覺義)이고 둘은 불각의(不覺義)다."[19]

이것을 말해 본다면 중생이라고 불리는 이 식이 본래 여래장으로 이루어졌으며, 그것이 중생이 본래 지니고 있는 불성(佛性)이다. 그 때문에 각의(覺義)라고 말하였고, 그러나 지금은 무명번뇌가 장애하고 가리워 각의 의미를 모르기 때문에 불각의(不覺義)라고 말하였다.[20] 각의(覺義)란 심체(心體)가 망념을 떠났음을 말한다. 망념을 떠난 모습이란 허공계의 평등이 두루하지 않은바 없으며 법계의 일상도 곧 이 여래 평등의 법신이니, 이 법신이 본각[21]이다.

이는 일체 무명망념의 차별로 나타난 세계가 한결같은 진심으로 융합하여 진여법계와 하나의 모습일 뿐, 다시는 마음과 세계가 상대적인 의존관계의 모습은 없게 된다고 하며 이 때문에 이 법신을 의지하여 그것을 본각(本覺)이라는 명칭으로 설명하는 것이라고 한다.[22] 이를 비유하면 잠을 깬 사람이 졸면서 꿈을 꾸다가(不覺) 꿈에서 깨어나면(始覺) 바로 본래 잠을 깨어 있던 사람이지(本覺), 다른 사람이 아닌 것과도 같다고 할 수 있을 것이다.

무명의 망념은 자체의 모습이 없으며 본각의 자체를 떠나지 않는다. 그러기에 불각의 망상심만 여의기만 한다면 따로 설명할 만한 진여각성(眞覺)의 자체 모습은 없다. 이 무명불각이 바로 본각(本覺)과 분리되지 않는 상즉관계이기 때문에 중생이 일념에 본각의 광채로 되돌아가기만 한다면 즉시 본래 지녔던 본각(本覺)과 동일하며 그 본각(本覺)이 무념(無念)임을 알면 즉시 진여법신(本覺)을 증득하게 된다.

이는 항하사와 같은 덕상이 진여자체와 다르지 않기 때문에 불리(不離)라 하였고, 시작 없는 이래로 상속하기 때문에 부단(不斷)이라 말하고, 진여와 평등하여 한결같기 때문에 불이(不異)라 하며, 자성과 그 지닌 덕상이 융합소통하여 일다(一多)가 걸림 없고 이사(理事)가 교대로 사무쳐, 염법,

정법이 상대적인 둘로 나뉘지 않기 때문에 불사의(不思議)라 말한다.[23]

　"묻기를 위에서 설한 진여(眞如)는 그 체(體)가 평등하여 일체상을 떠났거늘 어찌 다시 체(體)가 이같이 여러 가지 공덕이 있다고 설하는가. 답하기를 비록 실제로 이 여러 공덕의 뜻이 있을지라도 차별의 상이 없으니 평등하고 동일하여 한 맛이다. 오로지 하나의 진여(眞如)다. 이 뜻이 무엇인가. 무분별로써 분별상을 떠남이니 이런 까닭에 둘이 아니다."[24]

　차별을 하는 것은 분별하는 망심일 뿐이고, 진여는 주관, 객관의 의존관계에서 일어나는 망상의 분별을 영원히 여의었다고 해석한다.[25] 더구나 대승불교의 중요한 정신은 부주열반(不住涅槃)이니 깨달음에 머무는 것이 아니고 그것을 회향하는 삶을 중시하고 있다.

　4. 기복신앙과의 융합

　〈신심수행분〉에 있어서의 내용은 삼보(三寶)에 대한 귀의를 먼저 말하고 있다. 붓다와 붓다의 가르침 그리고 승가에 대한 귀의를 말한다. 이것이 불교의 신앙의 대상임은 말할 나위도 없다. 물론 불교는 자력신앙을 중시하므로 자신 속의 부처님, 자기 안의 가르침, 자기 안에서 스승을 찾을 수 있지만 일반인으로 삼보에 귀의한다는 것은 내 안에 있는 삼보에 앞서 신앙의 대상으로서의 존재라고 해야 할 것이다.

　수행의 방법은 육바라밀인데, 이 《기신론》에는 선정과 지혜를 지관(止觀)으로 압축하여 오바라밀로 보는 것이 상당히 인상적이다. 보시바라밀의 설명가운데 보시를 하되 명예와 이익 혹은 공경을 얻으려 해서는 안 되며,

그 이유는 모든 수행은 깨달음으로 회향해야 한다고 설명한다. 이런 정신은 도덕적 문제점을 노출하고 있는 오늘날 모든 지성들에게도 적용될 수 교훈인 것 같다. 깨달음에 이르지 않은 한때의 명성으로 한때의 공경은 참으로 허무하지 않는가를 잘 설해주고 있다.

지계바라밀에 있어서도 만족을 아는 삶과 욕심없는 삶을 위해 두타행을 권하고 있다. 그리고 인욕바라밀에서는 칭찬과 비난, 괴로움과 기쁨 어느 한쪽에도 흔들리지 않는 그런 수행이 인욕수행이라고 제시한다. 현실이익적인 면을 제시하고 있는 것도 불교적 사고의 여러면을 종합 회통한 근거라고 할 수 있다. 《기신론》에서도 수행의 이익에 대해 빼놓지 않고 언급하고 있다. 곧 기복적 요소를 배제하지 않고 강조하는 점이다.

"첫째는 언제나 시방의 여러 보살의 호념하는 바가 될 것이다. 둘째는 여러 마구니와 악귀의 능히 공포의 대상이 되지 않는다. 셋째는 95종의 외도 귀신의 혹란이 되지 않는다. 넷째는 깊고 깊은 법을 비방하는 것을 멀리 여의고 중죄의 업장이 점점 희박해진다. 다섯째는 일체의 의심과 모든 악한 각관(覺觀)이 사라진다. 여섯째는 여러 여래의 경계에 믿음을 얻어 증장한다. 일곱째는 근심과 후회를 멀리 여의어 생사 속에서도 용맹하여 겁약(怯弱)해 하지 않는다. 여덟째는 그 마음이 부드럽고 화기애애하여 교만을 버리므로 다름 사람에게 뇌란당하지 않는다. 아홉째는 번뇌가 감손하였기 때문에 세간의 맛을 즐기지 않는다. 열 번째는 만일 삼매를 얻으면 외연의 일체 음성에 의해 마음이 놀라서 움직이지 않게 된다."[26]

이와 반대로 불이익에 대해서도 '정신비방(正信非謗)의 죄'로 그 위험을 말하고 있으며, 마지막으로 타력신앙이 정토신앙의 면도 함축하고 있음을 볼 수 있다.

"또 다시 중생이 이 법을 처음으로 배우고 바른 신심을 구하고자 하나 그 마음이 겁약(怯弱)하야 이 때문에 이 사바세계에 머물면서 스스로 언제나 여러 부처님을 만나지 못할까, 직접 받들어 공양하지 못할까 두려워한다. 두려움은 '신심이 가히 성취하지 못한다'고 이르고 의욕이 퇴전하는 자가 있다. 마땅히 알라. 여래는 좋은 방편이 있어서 심심을 섭호(攝護)한다. 이는 전일한 의식으로서 염불한 인연으로 원을 따라 서방불토에 태어나 항상 부처님을 뵙고 영원히 삼악도를 여의는 것을 말한다. 경전에서 말한 것처럼 만약 사람이 서방극락세계 아미타불에게 전념하고 선근 닦는 바를 회향하여 그 세계에 왕생하기를 발원하고 구하면 즉시 왕생하여 항상 부처님을 뵙게 된다. 그 때문에 끝내 퇴전함이 없다. 만일 그 부처님의 진여법신을 관찰하고 항상 부지런히 수습한 다음에 왕생할 수 있는데, 왜냐하면 그는 정정취에 머물기 때문이다."[27]

이처럼 《기신론》은 대승의 철학적 이론만을 논하는 것이 아니라 종교적인 면 신앙적인 면을 종합회통하고 있음을 알 수 있다. 이 점을 원효는 회통사상으로 해석했던 것이다.

III. 결론

《기신론》은 대승불교의 중요한 정신은 공사상에 터하고 있다. 그 문장 자체에는 공이라는 용어가 많이 등장하고 있지는 않지만 이러한 불이(不二)의 논리가 바로 공과 직결된다고 볼 수 있다. 다시 말하자면 공의 의미

가운데 핵심사항은 한쪽의 편견으로부터 벗어나 있는 중도의 정신이라 할 것이다. 그런데 많은 사람들은 어떤 선입견을 가지고 사물을 이해하곤 한다. 그런 편견은 진리의 세계를 인식하는데 장애가 될 수 있다. 장애 없는 마음이 공의 정신이고 불이(不二)의 사유방식이다. 이러한 회통과 융합의 논리는 깨달음에 머물지 않고 이를 나누는 대승적 실천이라고 평가할 수 있다.

《기신론》은 대승불교의 정신을 집약한 비록 논서지만 경전과 같은 위치에 있다. 한국전통불교강원에서 사교의 교과과정의 텍스트로 채용하는 것은 그 비중을 짐작케 하는 것이다.

이 《기신론》의 사상은 다름 아닌 회통사상이고 이러한 정신은 이미 붓다의 원시불교에서부터 기원한 논리다. 우리는 한국 불교를 특징 지워 말할 때 회통사상이라고 하고 그러한 논리는 원효에 의해서 강조되었고 실천되었다. 물론 원효는 《십문화쟁론》, 《금강삼매경론》 혹은 13경전의 종요를 통해 그의 회통사상을 피력하고 삶속에서도 회통적 모습을 보이고 있다. 그러나 그의 중요한 개념은 사실 《기신론소·별기》에서 근원하는 것들임을 알 수 있고 그것이 다름아닌 불이(不二)의 논리다. 다시 말해서 불이(不二)의 논리는 중관사상의 표현이요 일심(一心)의 논리는 유식사상의 표현이다.

원효는 이러한 《기신론》의 회통적 구조를 다음과 같이 분석했다.

1) 불교통합의 원리로서의 일심이문(一心二門)의 구조는 중관사상과 유식사상을 지양하는 회통사상의 표현이다.

2) 일심수행(一心修行)의 논리인 염정무이(染淨無二)의 이론은 인간의 현실적 존재를 긍정하는 논리이면서도 정(淨)의 세계를 지향하는 회통의 논리구조다.

3) 일심이문(一心二門)과 염정무이(染淨無二)의 논리는 현실적 세속세계를 긍정하는 논리이다. 대승불교의 정신이란 보살의 정신인데 이는 현실적 인간에 대한 깊은 배려이다. 진속불이(眞俗不二)의 회통의 구조가 바로 이것이다.

《기신론》은 다양한 대승불교의 쟁론들을 회통적으로 포섭했다. 그러기 때문에 대승불교를 표방하는 한국 불교에서는 이 논서를 중시했다. 《기신론》은 조선 후기까지도 주요한 강원교재로 활용된 이유라고 해야 할 것이다.

승속 회통의 대승불교사상
-한국 불교사에서의 《유마경》(維摩經)의 지위-

I.《유마경》의 세계

대승불교의 출현은 불교사 속에서 불교사상의 획기적 발전을 이룩한 사건이다. 출가수행자 중심의 엄격한 계율지상주의라기 보다는 재가의 새로운 신앙실천운동과 보살의 정신은 대승불교의 출현의 의의를 말해준다. 재가불자인 유마거사가 중심이 되어 구성된 《유마경》은 재가신앙의 사상적 근거를 제시한 것이며, 반야의 공사상을 구현하고 대승적 자비의 바탕에서 불이적(不二的)인 실천의 모습을 드라마틱하게 보여준 경전이다.

《유마경》의 범본명은 Vimalak rti-nirdesa이고 이 가운데 Vimalak rti를 한역에서는 유마라힐(維摩羅詰), '비마라힐리제(毘摩羅詰利帝)', '유마힐(維摩詰)' 혹은 간단히 '유마' 라고 음사하였다. 의역하여 '이구칭(離垢稱)' '무구칭(無垢稱)' 혹은 '정명(淨名)' 등으로 칭하기도 했다. 《유마경》의 성립 연대에 대해 대략 기원전 1~2세기로 추정된다. 중국의 번역본으로 현존하는 것은 지겸(支謙)의 유마힐경 2권, 구마라집의 유마힐소설경 3권, 현장(玄奘)의 설무구칭경(說無垢稱經) 6권이 있다. 이 번역본 가운데 실제로 《유마경》이 그 진가를 발휘하게 된 것은 구마라집(鳩馬羅什, 344~413) 역이 유포되고 나서이다. 이 번역이 나타난 후 《유마경》에 대해 많은 사람들이 이 원전을 연구하였다. 그중에도 승조는 마힐소설경주(維摩詰所說經注) 라는 주석서를 썼다. 이 번역서가 하나의 모범이 되고 후세에 오래 사용되기에 이르렀다.[1] 한역서는 있지만 그동안 산스크리트 원본은 찾을 수 없다가, 1999년 티베트에서 일본인 학자들에 의해 원전이 발견되었다.[2]

《유마경》의 내용은 대승불교의 보살사상이 중심이 되고 있다. 유마거사는 보살도인 육바라밀(六婆羅蜜)을 철저히 실천하는 재가수행자라고 할 수 있다. 재산과 재물이 한량없이 많아서 가난한 이들에게 보시하고, 속가에 있으면서도 청정한 계율을 지녀 부도덕한 이들을 이끌었으며, 인욕으로 성내는 이들을 보살폈고, 정진으로 모든 게으른 이들을 이끌었으며, 고요한 마음으로 선정을 닦음으로 모든 마음이 어지러운 이들을 이끌었고, 지혜로 무지한 이들로부터 벗어났지만 함께 감싸 안고 살았다. 유마거사와 대화하는 인물들은 붓다의 가르침을 실천 수행하는 출가한 고승들인데, 속인이면서 병든 유마거사와 대화를 통해 큰 깨달음을 얻는 장면이 중요내용으로 각색되어있다. 여기에서 주요 화두는 불이(不二)적 공(空)사상이다.

출가수행자인 고승들과 재가자인 유마거사 간에 오고간 문답을 실례로 들자면, 먼저 유마거사의 요청에 의해 고승들이 진리의 세계를 이야기한다. 사리불의 경우 좌선에 있어 몸과 마음의 근거로 작용하며 집착하는 이 현실의 미혹 속에 있으면서 능히 그 불심의 작용을 거두고 집착을 버리는 것이 좌선이 된다는 것으로 유(有)도 무(無)도 없고 얽매이는 일도 없는 공

(空)의 경지가 참된 좌선이라고 설한다. 목건련의 경우 설법에 관한 것으로 단순히 법을 행한다는 입장을 초월하여 일체의 집착을 떠난 공의 실천으로 무심 속에 있으면서 유심하게 설해야 한다는 것, 가섭의 경우 걸식에 관한 것으로 두타가 단순히 자기 혼자만을 위한 수행방법임에 그친다면 그 참뜻은 망각되는 것이니 자타가 평등 진실할 수 있는 법이 실천되어야 할 것이라고 그들의 경지를 이야기한다. 수보리의 경우 공(空)이 정화했을 때 그것은 유(有)가 되니 공(空)도 또한 공(空)한 것으로 부정돼야 하는 것으로 공(空)은 집착하지 않음을 통해 진실한 깨달음을 드러내는 것이라 할 수 있다고 한다. 우바리의 경우 계율은 형식이 아닌 마음의 문제로 다루어져야 하므로 계율은 공(空)의 정신에게 지켜져야 하고 죄를 범하지 않겠다고 집착하지도 말아야 한다고 말한다.

라훌라의 경우 출가에 대한 것을 진실한 구도자로서 출가해서 모든 공덕을 제거할 때 그것이 진실한 출가라고 한다. 부루나와 가전연 그리고 아나율과 아난과 같은 기라성 같은 불제자들이 공의 작용에 대해 유마거사에게 이야기한다.

유마경을 연구하는 기존의 많은 학자들은 《유마경》의 사상은 대승불교의 공(空)과 불이(不二) 그리고 반야사상을 잘 표현하는 것이라고 분석하고 있으며, 이 때문에 선(禪)사상과 관련이 있는 것으로 볼 수 있고 이에 대해 별다른 이의를 제기하지 않는다. 다만, 출가자 중심의 불교를 강조하는 한국 불교에서 재가불교 혹은 거사불교를 중시하는 전통이 바로 《유마경》과 연결된다는 점에서 필자는 다른 경전과 달리 현실과 이상을 둘로 보지 않는 세간의 중요성을 강조하는 것이어서 《유마경》과 그 사상에 대한 재조명이 필요하다고 본다. 붓다의 십대제자를 비롯한 저명한 고승들은 유마거사의 진리에 대한 침묵으로부터 진정한 불이(不二)의 경지를 체득하게 된다는 내용 자체가 출가위주의 불교를 벗어나 재가에서도 얼마든지 수행이 가능하며 출가와 재가가 대립된 세계일 수 없음을 말해주는 것이다. 그동안 한국에서 이루어진 《유마경》에 대한 연구는 거의 경전의 성격을 분석하는 것들이었을 뿐 《유마경》의 사상이 시대적으로 어떻게 다루어지고 있는지에 대해서는 다루지 못했다.[3] 신라의 원효 이래로 일제하의 한용운에 이르기까지 한국 불교의 전통은 재가를 도외시하지 않는 대승보살사상을 잘 표현한 《유마경》에 대해 어떻게 보았는가를 주목하여 그 맥락을 파악해 보자.

II. 시대별 《유마경》의 지위

1. 《유마경》에 대한 관심

한국에서 《유마경》에 대해 관심을 가지고 주석 작업을 한 인물은 원효 (元曉, 617~686)가 최초이다. 《유마경종요(維摩經宗要)》 1권과 《유마경약찬(維摩經略贊)》 7권이 그의 저술이지만, 현존하지는 않는다.[4] 그러나 조선시대 세조 때 유마경종요(維摩經宗要) 를 유구국(현재의 오키나와)에 보내주었다는 기록이 있는 것으로 보아 조선시대 초까지 이 저술은 남아 있었다.[5]

원효대사의 회통사상은 재가불교의 위상을 결코 낮게 보지 않고 승속을 초월했다는 점에서 유마거사의 불이정신과 상통하는 것으로 볼 수 있을 것이다. 원효의 무애행은 다름 아닌 보살행이며 대중들과 고락을 함께하면서 깨달음에 이르게 하려는 《유마경》의 정신과 일치한다. 왜냐하면 《유마경》에서는 대중의 이익을 위해서 술집이나 도박장과 같은 계율에서 금지하는 장소에 출입이 가능하다는 점에서 원효의 무애행은 유마거사와 궤를 같이 하는 데 《유마경》의 내용을 보면 다음과 같다.

"심지어 바둑과 장기 놀이하는 곳에 이르러서도 그것들을 가지고 사람 들을 제도한다. …… 여러 도시를 노닐면서 중생들을 요익케 하여서, 바른 법을 다스리는데 들어가서는 모든 사람들을 구호하여 주고, 강론하는 곳에 들어가서는 대승의 법으로써 인도하여 주며, 여러 학당에 들어가서 는 동몽(童蒙)들을 올바로 인도하여 일깨워 준다. 여러 음사(淫舍)에 들어 가서는 음욕의 허물을 보여 주고, 여러 술집에 들어가서는 능히 자기의 뜻을 세운다."[6]

석굴암 불상조성을 보면 석굴암의 감실에 유마거사의 상이 있다. 두건 을 쓰고 웅크린 자세로 탁자에 기댄 모습인데, 환자가 손에 커다란 배게를 끼고 문수보살과 문답하고 있는 모습을 잘 표현하고 있다. 이 감실에 있는 보살상은 보현보살, 대세지보살, 미륵보살, 문수보살, 금강장보살, 관음보 살, 지장보살인데 유마거사는 그중에 있다. 문수보살과 대칭으로 배치된 것으로 보아 《유마경》의 문수와의 대화에 근거한 작품이라고 할 수 있다. 여기에서 유마의 모습이 노인의 고통스런 표정과 웅크린 자세에서 나타나 는 병자로서 《유마경》의 문병의 사실을 잘 묘사하고 있다. 이로보아 신라 시대에 이미 《유마경》이 불교의 주요사상으로 잘 받아들여지고 있었고 그 것이 원효의 불이사상이나 석굴암과 같은 주문화재에도 투영되어 있음을 알 수 있다. 석굴암의 본존상에 있는 10대 제자상은 《유마경》의 제자품에 나와 있는 제자와 일치하며, 상부의 감실에 중앙에 서로 마주보게 한 것이 문수보살과 유마거사의 문답장면이라는 것은 이 석굴암의 설계가 유마변상(維摩變相)인 셈이다.[7] 신라인들이 《유마경》의 사상을 익히 소화하여 석굴암에 표현했다는 것은 주목할 만한 것이다. 해인사의 일주문 앞에 있는 895년에 건립된 길상탑(吉祥塔) 안에 넣은 법보(法寶) 기록에도 《유마경(淨名經)》이 들어있다.[8] 신라시대의 《유마경》의 위치를 가늠하는 좋은 자료라고 볼 수 있다.

2. 고려시대의 《유마경》

원효(元曉)의 화쟁사상을 높이 평가한 대각국사 의천(義天)은 원효 대사가 고구려에서 백제로 귀화한 보덕화상에게서 《유마경》을 배웠다고 기록하고 있다.[9] 의천이 유독 원효를 추앙했던 이유는 여러 가지 논쟁을 화해시키고 중생과 함께 삶을 살았던 보살행에 있었다. 원효의 위상과 더불어 《유마경》의 불이사상도 대승불교의 정신으로 이어지고 있음을 시사하는 것이다.

의천의 사상은 선교일치를 포함해서 모든 종파를 회통하는 것이고, 다음은 유교의 도가의 가르침도 궁극적으로 인정했다. 그는 세간과 출세간에 대해 둘로 보는 입장을 지양하여 불이(不二)의 관점으로 보았다. 그가 왕자로서 나라에 대한 각별한 애국심과 충성심을 지니고 있었기 때문에 세속을 떠나야할 속세로 본 것이 아니라 출세간과 똑같은 가치를 가진 것으로 보는 것은 유마거사의 불이정신 그리고 원효의 화쟁사상과 연장선상에 있는 것이라고 하겠다.

보조국사 지눌은 화엄론절요 에서 불교의 주요 경전을 다음과 같이 분류했다.

"1. 소승계경(小乘戒經) 2. 보살계(菩薩戒) 3. 반야교(般若敎) 4. 해심밀경(解深密經) 5. 능가경(楞伽經) 6. 유마경(維摩經) (以會融染淨二見 現不思議爲宗) 7. 법화경(法華經) 8. 대집경(大集經) 9. 열반경(涅槃經)."

여기서 《유마경》이 염(染), 정(淨)의 두 견해를 회통하여 불가사의한 뜻을 나타내는 가르침이라고 말한다. 그러면서 화엄사상과 《유마경》의 사상은 10가지에 있어서 다르고 한 가지는 같다고 했다. 화엄경과 《유마경》이 같은 것은 입도방편(入道方便)이 같다. 《유마경》에 말하기를 '법을 구하는 사람은 일체법에 구하는 바가 마땅히 구하는 바가 없어야 한다. 몸의 실상을 관함에 있어 부처님을 관하는 것에 있어서도 그러하다. 내가 여래를 관하니 과거에 오신 것도 아니고 미래에 오실 것도 아니며 지금 머무는 것도 아니다. 이것이 처음에 지혜의 문을 관하는 것으로 대략 입도행상(入道行相)과 같다'[10]라고 하여 공의 정신을 《유마경》을 통해 설명하고 있음을 알 수 있다.

또한 유마거사를 정명거사(淨名居士)라고 칭하고 불가사의한 신통변화를 보여서 이승(二乘)을 돌아서게 하고 생사에 처하여서 몸에 병을 나타내고 염정(染淨)이 둘이 아님을 알게 하고 보살의 대자비를 병으로 나타내어 보살이 불이(不二)의 문을 자세히 말하도록 했다고 찬탄하고 있다.[11]

《유마경》을 따로 주석하지는 않았지만 《유마경》의 위상을 두 견해를 회통하는 것으로 높이 평가함을 알 수 있다. 보조국사 지눌의 사상에 있어서 특이점은 그가 세속적인 명리를 버리고 철저하게 정혜결사를 통해 고려불교를 쇄신시켰지만, 교학에 있어서는 고려의 실정에 알맞은 정혜쌍수, 선교일치, 혹은 돈오점수를 주장했다. 특히 화엄론에 있어서 재가 거사였던 이통현(李通玄, 634~730) 장자의 이론을 원용하여 그의 회통불교의 틀에 수용하고 있다. 이통현이 생존하던 당나라에서는 여러 불교종파가 번성했지만 재가불교가 활성화되지는 않았다. 그는 오히려 주역 과 노자 등의 중국 전통사상의 교양을 바탕으로 화엄사상을 받아들이고 있었다.[12] 보조국사가 비록 재가불자이지만 화엄의 이치를 오히려 정확히 관통하고 있는 이통현 장자의 사상을 통해 원돈신해문(圓頓信解門)을 정립했다는 것은 거사불교에 대한 긍정인 동시에 보조사상의 핵심인 유마의 불이사상과 부합하는 것으로 진속불이의 정신을 보여준 일면이라고 할 수 있다.

보조는 하가산 보문사에서 대장경을 열람하다가 이통현 장자의 화엄경 여래출현품 "여래의 지혜도 이와 같아서 중생의 몸에 갖추어진 것이다. 다만 범부들이 이를 알지 못하고 깨닫지 못할 뿐이다[如來智慧 亦復如是 具足在於衆生身中 但諸凡夫 不知不覺]"[13]라는 구절을 읽으면서 기쁨의 눈물을 흘렸다고 한다. 여래의 지혜가 중생을 떠나 있는 것이 아니라 이미 중생의 몸에 있는 것인데 이를 범부들이 자각하지 못하고 있다는 이런 깨달음은 유마거사가 재가에 있으면서 보살정신으로 중생의 삶의 중시하는 그것과 같은 맥락임을 알 수 있다.

"자기 마음 안의 모든 부처님의 보광명지로써 일체 중생을 비추면 중생의 상이 곧 여래상이며, 중생의 말이 곧 여래의 말이며 중생의 마음이 곧 여래의 마음이며, 생산업을 다스림과 공학의 기예가 다 이 여래보광명지(如來普光明智)의 운용하는 상이고 작용이니 도무지 하나일 뿐 다른 것이 없다. 다만 중생의 자기 업을 따라 스스로 속아서 범부, 성인, 나와 남, 인(因)과 과(果), 물듦과 깨끗함, 성품과 상(相) 등을 보는 것이며 스스로 분별을 내고 스스로 물러나는 것일 뿐 보광명지(普光明智)가 짐짓 지음이 아니다."[14]

고려대장경에도 《유마경》은 편집되었음은 물론이다.[15] 승조(僧肇)가 주석을 달아 놓은 《유마경》에 당나라 도액(道液)이 자신의 의견을 더하여 펴낸 것을 대각국사의 의천의 신편제종교자총록에 수록된 4권 중 권3, 4의 남아있는 1책이다. 각 권의 끝에 고려 헌종 1년(1095)에 흥왕사에서 간행했다는 기록이 있어서, 의천이 간행한 속장경 판본[16]을 통해 고려시대에서도 《유마경》은 주요 경전으로 취급되었음을 알 수 있다.

그러나 고려시대의 거사불교의 대표적인 인물이라고 할 수 있는 이자현이나 이규보에게서는 오히려 재가불교를 강조하는 면보다는 재가자로서 출가자와 같은 수행을 동경하는 면이 있으며 그들이 유마거사를 수행의 모델로 삼은 것 같지는 않다.[17] 오히려 출가자이면서 재가불자의 사상이라도 그것이 진실이 있을 때 수용했던 보조국사 지눌에게서 혹은 원효의 회통정신을 계승하고자 했던 대각국사 의천에게서 유마거사의 불이정신을 확인할 수 있다.

3. 조선시대 《유마경》의 간행과 추사의 불이

조선시대는 주지하듯 억불의 시대였기 때문에 불교의 위상이 현저히 낮아진 것으로 알고 있지만 우리들의 상식과는 달리 조선시대에 있어서도 《유마경》은 계속해서 발간되고 거사불교의 중요성이 강조되었다. 17세기 (1632년)의 《유마경》 발간 기록 가운데 낙안 동화사에서 사경한 《유마경》이 있다. 이 《유마경》을 사경하면서 발원한 글은 다음과 같다.

"오로지 원컨대 불초한 사람이 졸필로 부사의경(不思義經) 한권을 서사합니다. 공덕으로 위로는 서울의 낙양성 가운데 금란방의 구중궁궐 안에 사시는 주상 삼전의 만세를 빌고 백성을 구휼하는 무강한 은혜에 보답하나이다. 두 번 허공 법계에 가득한 육도 사생들이 삼계를 벗어나 정토에 태어나고 친히 무량수불을 뵙기 발원합니다. 돈오무생(頓悟無生)자 성상 즉위 12년(1633) 사미 원기 삼가 씀."[18]

이 사경문은 매우 정제된 해서로 쓰여 있다. 조선시대 임란 이후에 쓴 사경의 전형적인 전범을 잘 보이는 수작이다. 이 사경기(寫經記)를 볼 때 조선시대의 스님이 《유마경》을 사경한 공덕으로 위로는 나라의 임금과 육도중생들이 모두 행복하기를 기원한 뜻이었음을 볼 때 《유마경》에 대한 영험을 알게 한다.

1681에 중국의 불서를 실은 배가 전라도 임자도 근처에 도착했고 이때 가져온 책 중 몇 권을 왕에게 받쳤는데 왕은 그 책들 대부분을 개원사(開元寺)[19]에 하사했다. 이 집서(集書)속에 있던, 《유마경》을 바탕으로 새로 경전을 간행하면서 초원거사(椒園居士) 이충익(李忠翊, 1744~1816)은 주해를 첨가한다.[20] 이충익은 25세에 불교에 심취하여 강화도의 마니산에 망월대에 암자를 짓고 스스로 폭포암 주인으로 자처하기도 했으며 스스로를 거사라고 했다.[21] 이충익은 해인사에 보관되어있는 유마힐경 3권도 인행하여 읽고 다음과 같이 평했다.

"《유마경》은 넓고 깊어서 엿보고 가늠할 수 없다. 마치 유마거사가 방장에 높이 누워있는 것을 목격하고는 여러 큰 제자와 큰 보살들이 뒷걸음치고 나아가 문안하지 못한 것과 같으니, 아! 기이하구나. 갑진년 늦은 봄에 호진우사(蠔津寓舍)에서 필사를 마치고 책 끝에 적는다."[22]

동사열전에 소개되고 있는 이침산(李枕山, 1827~?) 거사는 유마의 화신으로 알려질 정도로 도가 높은 인물이었다. 동사열전의 저자 법해는 그에게 준 시에서 다음과 같이 묘사한다.

尺布行裝何所有	괴나리 봇짐 속에 다른 건 없다
金剛一卷自家珍	다만 한 권의 금강경뿐
龐公事業頭頭顯	방거사의 선문답 곳곳에서 꽃피니
應是維摩小化身	그대는 필시 유마거사의 화신.

이 이침산 거사를 유마거사의 화신이라고 칭찬하고 있는데, 이 거사는 실제로 전주 봉서사에서 《유마경》을 서사하여 불자들에게 주는 등 유마거사의 불이법을 실천하고자 하였다.[23] 유마힐경 직소(直疏)[24]는 1854년(철종 5) 철원 보개산 성주암에서 발간되었다.[25] 서문을 쓴 동화축전(東化竺典)은 1850년대까지 금강산의 건봉사에서 주석했던 선지식으로 1854년 쌍월 성활이 간행한 유마힐소설경 통윤 직소에 서문을 써서 경과 판각의 의의를 부각시켰다. 동화는 쌍월 성활(雙月 性濶)이 간행한 유마힐소설경에도 서문을 쓰고 있다.

그는 함께 서발을 남긴 보월 혜소, 화은 호경 등과 쌍월 성활을 축으로 하여 교유관계를 맺었다. 이 책 가운데 화은 호경의 글에 "이 (유마)경은 우리나라에서는 일찍이 오랫동안 소와 주석이 없어서 학자들이 경전을 탐구하는데 자주 아득해져서 능히 그 끝을 규명하여 그 근원을 궁구하지 못하여 총림에서 병으로 여긴지 오래 되었다"고 말하고 있다.

이들에 의해 발간 보급된 《유마경》 주석은 오늘날까지도 안진호의 번역에 의해 한국의 전형적인 《유마경》 해설서로 읽혀지고 있다. 경전발간은 아니지만 조선후기 실학자이자 독실한 불교신자로 알려진 추사 김정희 (1786~1856)의 《유마경》에 대한 이해도 한국에서의 《유마경》의 지위를 알게 하는 중요한 단서가 된다.[26] 그의 그림 '불이선란(不二禪蘭)'은 바로 《유마경》 사상을 잘 보여주는 것이다.

"난초 그림을 그리지 않은 지 20년, 우연히 하늘의 본성을 그려냈구나. 문을 닫고 깊이깊이 찾아 드니, 이 경지가 바로 유마의 불이선(不二禪)일 세. 어떤 사람이 그 이유를 설명하라고 강요한다면 마땅히 비야리성(毘耶離城)에 살던 유마가 아무 말도 하지 않았던 것 같이 절하겠다. 만향"[27]

추사가 자기의 난초 그림의 화의를 불이선(不二禪)에 견주고 있음을 알게 된다. '불이(不二)'에 관한 구체적인 내용이 《유마힐소설경(維摩詰所說經)》 제9 〈입불이법문품(入不二法門品)〉에서 나온 말임은 물론이다. 유마거사의 질문에 대해 문수보살이 "모든 것에 있어서 말도 없고, 설할 것도 없고, 나타낼 것도, 인식할 것도 없으니 일체의 문답을 떠나는 것이 절대평등, 즉 불이(不二)의 경지에 들어가는 일이라 생각한다"이렇게 말하고 나서 문수는 당신은 어떻게 생각하느냐고 유마에게 물었다. 이 때 상황을 경(經)에서는, "유마는 오직 침묵하여 한마디도 입을 열지 않았다."

그 유명한 '유마의 일묵(一默)'은 문수보살로 하여금 자신보다 유마거사가 한 수 위의 경지에 있음을 알게 한 것이었다. 말하자면 불이(不二)의 진정한 세계는 언어로 표현할 수 없다는 것이다. 이 유마의 침묵을 굳이 표현하려 한 것이 추사가 그린 난초그림인 것이다. 추사는 단순한 그림 그리는 화가가 아니라 이미 《유마경》의 내용을 인지하고 있었으며 자신의 예술적 삶속에 그 정신을 구현하고자 했던 것을 확인할 수 있다. 추사의 애제자 허련(許鍊, 1809~1892)도 유마를 자처하여 호를 마힐이라고 한 것만 보아도 재가거사로서 유마의 위치가 조선후기의 한국의 예술가들에게 수용되고 있음을 알 수 있다.

한국에서의 《유마경》은 이처럼 출가자에게서 뿐만 아니라 재가자들에게 있어서 중시된 경전이라는 것을 증명할 수 있는 또 하나의 자료는 19세기에 한글판 《유마경》이 등장했다는 것이다. 유마소설경은 1874(同治 13년)년에 한글 목판본으로 발간된 《유마경》이다. 선암사에 소장된 유마소설경과 최근 은평구 아파트 개발단지에 남아 있던 금성당이라는 무속인들의 공간을 발굴조사하면서 역시 한글판 《유마경》 2책이 나왔다. 주로 주술적인 영험이 있다는 믿음에 따라 발간한 불서에 《유마경》이 한 축을 끼고 있다는 점에서 우리는 민중들의 염원이 깨달음 이전에 유마거사와 같은 재산과 장수 그리고 세속적 행복을 또한 염원했음을 짐작한다.

이 판은 완역은 아니고 같은 단어를 다른 표기로 다섯 번 이상 하는 등[28] 거칠기는 하지만 한자가 하나도 없다는 점에서 큰 의의가 있다. 한자음을 그대로 쓰는 경우가 많으나 간혹 아름다운 한글도 있다. 상권은 제2 〈방편품〉, 제4 〈보살품〉, 제5 〈문수사리문질품〉, 제6 〈부사의품〉으로 구성되어 있고, 하권은 제7 〈관중생품〉, 제8 〈불도품〉, 제10 〈향적불품〉, 제11 〈보살행품〉으로 구성되어 있다. 왜 이런 경전을 인쇄했는가를 알 수 있는 서문이나 발문이 없기 때문에 아쉬움이 있지만 《유마경》이 조선후기의 사회에서 불교의 사찰에서 만이 아니라 세속의 무속인들이 독송하는 종교적 권능을 가진 경전이었음을 확인해 줄 수 있는 좋은 근거가 된다.

일제치하인 1916년에 불교진흥회가 창립되는데, 여기에는 각 본산의 주지승과 각 분야의 재가신자들이 동참하여 불교의 생활화를 주장하는데, 그들의 기치는 당연히 《유마경》의 유마거사가 이상적 불자로 등장하게 된다. 이능화는 전시대의 승려를 천시하는 풍토를 개선하여 재가불자들이 모두 유마거사가 되어 승단을 외호하자고 주장한다. 그러나 유마거사의 침묵은 필요하지 않다고 하면서 적극적인 포교를 주장하고 있는 것이 특이하다.

> "本會는 如是等方便으로 對治衆生之病이라 然而古之文殊菩薩은 以無言無說. 無示無識. 離諸問答으로 爲入不二之法門하며 古之維摩居士는 以默然無言乃至無有文字로 入不二法門矣나 今之文殊菩薩과 今之維摩居士는 乃以多言多說. 多示多識. 多諸問答. 多有文字로 爲入不二法門하니"[29]

하면서 새로운 불교진흥을 위해 재가불자들이 유마거사의 역할을 해야 한다는 것을 강조했다. 승가에서 만해 한용운 역시 대승경전 가운데 특별하게 《유마경》을 중시했고 불교의 적극적인 사회참여와 승려의 결혼을 주장했다. 《유마경》의 주인공 유마힐이야말로 한용운이 지향했던 이상적 인물이라고 해도 과언이 아니다. 그는 《유마경》의 한글번역을 시도했는데 유마힐소설경강의는 《유마경》 전 3권 14품 중 제6 〈부사의품(不思義品)〉에서 중단되었지만 이러한 번역과 강의는 진공묘유(眞空妙有)한 대승 사상의 구현에 목표를 둔 집념의 일단이라고 할 수 있다.[30] 팔만대장경의 축소판이며 새로운 관점에서 불전을 재구성한 것으로 평가되는 불교대전 에서 《유마경》의 〈방편품〉, 〈부사의품〉, 〈보살품〉 등 14품 중에서 그 정수들이 16회에 걸쳐 인용하고 있다. 한용운은 세상일에 무관심한 탈속적 불교에 대해 《유마경》 해석을 통해 비판하면서 사바세계야 말로 정토를 구현하는 바탕임을 역설하고 있다.

> "중생을 떠나서는 따로 佛이 없으며, 穢土를 떠나서는 따로 정토가 없

음을 보임이다. 일체 중생의 사는 곳이 정토 아님이 없으니 兩三茅屋의 산촌이 愚者를 변화시켜 哲人을 만들고, 調伏하여 선인을 만들면 一村의 桑麻土石이 仙樹樂土로 화할지니, 어떤 땅을 막론하고 그 땅에 사는 중생이 佛智에 들어가고 善根을 일으키면 땅에 따라 정토를 이룰지라. 만약 중생의 경계를 떠나서 따로 정토를 구하면 이는 허공에 宮; 室을 건조함과 같아서 성취하지 못할 것이다."[31]

유마거사의 병이 다른 이를 깨달음으로 이끌기 위한 방편이었던 것처럼, 만해도 식민지조국의 독립을 위해서 고통을 자청했고, 쇠락한 불교의 부흥을 위해 재래의 낡은 관습을 제거하고 새로운 근대적 불교운동을 모색했다.

III. 결론

《유마경》은 중요한 대승경전으로 특히 반야 공사상과 불이사상을 잘 표현하고 있다. 승단위주의 불교는 탈속적이고 자칫 재가불교를 세속적인 것으로 무의미하게 보려는 경향이 있다. 그러나 《유마경》에서 보여주는 것은 세속과 탈속이 둘이 아님을 보이며, 그 가운데서 오히려 침묵을 통해 공의 진수를 보이기도 했다. 이 경전은 원효와 같은 탁월한 고승들이 관심을 가진 경전이었으며, 보살정신에 투철한 원효의 경우 스스로를 소성거사라고 자처함으로써 대중과 함께하는 거사불교를 중시했다. 석굴암의 여러 제자들의 상에서 문수와의 대화를 묘사한 병든 유마의 모습을 확인할 수 있다. 원효는 유마거사처럼 재가불교의 중요성을 보여주었고 화쟁사상과 불이사상으로 대승정신을 생활 속에서 보여 주었다. 이러한 원효의 사상을 높이 평가한 고려의 의천은 화쟁불교를 계승하였고, 보조국사 지눌 또한 《유마경》을 중요한 경전으로 보았다. 뿐만 아니라 재가 불자인 이통현의 화엄사상을 적극적으로 수용하고 불성은 중생심을 떠나서 존재하지 않으며 대립된 것이 아니라고 함으로써 《유마경》의 대승보살정신과 원효의 회통정신을 계승하고 있다.

억불숭유의 조선시대 때도 《유마경》은 쉬임없이 간행된 경전이다. 특히 조선 후기 추사 김정희와 같은 재가자이면서도 불교수행에 관심을 가졌던 선비들은 《유마경》에 관심을 가졌고 그 자신이 유마거사의 화신처럼 살려는 의지를 가졌으며, 19세기에도 《유마경》은 한글본으로 출판되어 보급될 정도로 중시되었다. 또한 이러한 흐름은 일제강점기의 만해 한용운에게도 이어졌으며 그가 보여준 적극적 현실참여는 당시의 다른 불자들과 비교되는데 이는 그가 《유마경》의 승속불이의 대승보살정신을 철저히 이해하고 실천하는데서 기인했던 것이다.

이처럼 한국에서의 《유마경》은 보살정신을 강조하는 사상적으로 의의가 있을 뿐만 아니라, 복을 기원하는 민중들의 신앙에서도 영험이 있는 경전으로 간행되기도 했던 것으로 보아 승가뿐만 아니라 재가에서도 매우 중시되는 경전임을 알 수 있다.

신라말의 화엄종과 회통불교

- 8세기 서역구법승(西域求法僧) 원표(元表)의 재고찰 -

I. 원표의 생애

원표의 생애에 관한 정확한 기록은 없다. 《송고승전》에 삼한인(三韓人)[1] 이라고 한 것과 《지제사지》에 원표스님이 고려승(高麗僧)[2]이라고 표기된 것은 송고승전을 집필할 당시에 우리나라의 국명이 고려였기 때문에 신라 인이라는 표기를 하지 않은 것으로 본다. 《송고승전》에 천보 연간 (724~756)에 중국으로 건너왔다고 명백히 기록되어 있기 때문에 유년시 절부터 입당한 것은 아니다.[3]

원표의 출생지는 정확한 자료는 없지만 호남 인근출신으로 추측한다.[4] 원표는 신라의 골품제에서 소외된 지방사람이었고 보림사의 인근에 기반 을 두고 있다. 원표가 입당하여 활동한 것 중에 특징은 서역으로 구법여행 을 했다는 점이며, 범본 80권 《화엄경》을 서역에서 구입하여 중국으로 가 져와 《화엄경》을 독송하고 보존했다는 것이다.

회창의 폐불 당시 고난을 겪으면서 《화엄경》이 훼손되지 않도록 보존했다. 회창의 폐불사건은 그가 신라에 귀국한 후에 일어난 것이지만, 훼불의 원인이 측천무후 때 불교가 과하게 누리던 권력과의 유착에서 생긴 불교계의 부패에서도 한 요인이 있었던 것이고, 종교적으로는 도교의 세력이 그 틈을 이용하였던 것이다. 원표의 생애에서 《화엄경》을 석실의 나무상자에 숨겨놓아야 할 정도의 위기적인 상황을 경험했을 것으로 볼 수 있다. 폐불의 위기 가운데 《송고승전》은 이후의 행적을 원표가 "하늘을 올라 가버렸다[騰空而去]"고 묘사하고 있다.

중국에서 '하늘을 날아 가버린' 원표는 실은 신라로 귀국했던 것이다. 그리고 당나라와는 달리 폐불로부터 자유롭고 오히려 당나라의 유학승을 우대했던 신라는 그가 보림사를 창건할 수 있도록 돕고 있다. 아직 선종이 알려지기 전의 화엄사상의 대가로서 그가 창건한 절이 신성한 영역임을 표시하는 장생표주의 보림사였던 것이다.

그러나 그의 저술과 그에 대한 기록은 한정적인 것이어서 인도와 서역을 구법여행하고 화엄수행을 지속하던 그의 나머지 생애에 대해서는 알 수 없다. 많은 연구자들은 보림사 인근의 천관산등의 지명으로 보아서 원표의 화엄사상이 영향력을 미쳤을 것으로 짐작하고 있을 뿐이지 실증자료는 없다.

II. 80권 《화엄경》과 원표의 화엄사상

1. 서역의 구법여행

원표가 《화엄경》을 구하기 위해 방문한 서역의 우전국은 오늘날 신강 위구르 지방에 있는 호탄을 가리킨다. 지금은 이들이 모두 이슬람교로 개종하여 원표당시의 불교국의 모습은 찾을 길이 없다. 당나라의 측천무후 때에 번역한 신역 80 《화엄경》도 바로 우전국의 실차난타[5]가 중국으로 범본을 가져와 번역하고 있다. 그런데 왜 원표는 번역이 이루어진 《화엄경》에 만족하지 않고 우전국을 방문하려고 했을까? 그리고 우전국 뿐만 아니라 인도를 방문했다고 하는 것은 과연 진실일까?

우전국의 역경승[6]들은 적극적으로 대승경전들을 번역하여 중국에 전했다. 범어경전인 《화엄경》, 《정법화경》, 《대열반경》 등은 바로 우전국에서 가져가 중국의 종파불교를 융성시켰던 것이다. 측천무후가 황제의 자리에 오르자 60권 화엄의 불완전함이 사람들 사이에 회자되자 《화엄경》의 범본을 구해 다시 번역하기를 원했다. 마침 우전에 《화엄경》 범본이 있다는 말을 듣고 《화엄경》 원본과 역경승을 함께 보내달라고 하였다. 이러한 인연으로 실차난타는 695년 낙양에 들어와 대편공사(大遍空寺)에 머물면서 80권 《화엄경》을 번역하기 시작한다. 드디어 699년에 《80화엄》이 새롭게 완역된다.

《화엄경》은 모두 우전국의 역경승들에 의해 편집되고 번역되었기 때문에 이 지역은 구법여행의 대상이 되었다. 화엄 신앙의 본 고장으로 크게 중요시 되었던 것이다. 이미 한역을 완성했는데 왜 많은 구법승들이 우전국으로 가서 《화엄경》을 구하려고 했는가에 대해서는 산스크리트어 원본을 구할 뜻이 강했을 것으로 본다. 또 인내와 고행을 통해 구도하려는 실천수행의 뜻도 강하다고 할 수 있는데 《화엄경》을 짊어지고 중국으로 가져왔다고 하는 것은 《화엄경》의 교리도 교리지만 《화엄경》 자체가 마치 탑이나 불상과 같이 신이한 영험을 지닌 대승경전이라는 의미를 가지고 있다. 당시 우전국 사람들은 불심이 돈독하여 불상과 탑을 세워 놓았다고 한다.

"이 나라 사람들은 집집마다 문 앞에 작은 탑을 세우 놓았는데, 그 중 제일 작은 것의 높이는 약 2장쯤 되어 보였고, ...불상을 그 수레 안에 세워 두 보살로 하여금 모시게 하였고 여러 천신들을 만들어 모시게 했는데 모두 금과 은으로 조각해 공중에 매달았다.[7]"

탑과 불상 그리고 보살 신앙은 대승불교의 중요한 상징들이다. 원표는 이러한 불교의 성적(聖跡)을 참배하기 위해서 그곳을 방문했다. 송고승전에는 원표가 인도에 성지순례를 다녀왔다는 내용이 없다. '서역에 가서 불적에 예배했다'[8]라고 되어 기록되어 있을 뿐이다. 서역의 우전국에 탑과 불상 그리고 보살상등이 이미 조성되어 있었기 때문에 그것을 찾아 순례한 것이지 인도를 갔다고 해석하기는 무리인 것이다. 우리나라의 자료가운데 조선 태종때 쓰여진 《보림사사적기》에서는 우전국이 아니라 월지국을 방문했다고 기록되어있다. 이 기록 역시 월지국은 서역에 속한다고 되어 있어서 인도의 성지순례는 기록되어 있지 않음을 확인할 수 있다.

"원표대덕(元表大德) 선사가 월지국(月氏國)에 있으면서 처음 창건한 것이 이른바 가지산(迦智山) 보림사(寶林寺)이다. 산과 골짜기가 깊숙하고 물은 돌아 흐르며, 구름은 꽉 끼었고 지세는 넓고 평탄하여 당료(堂寮)가 구비하고 법려(法侶)들이 무리를 이루니 아름답고 상서로운 빛을 놓아서 불림(佛林)의 별세계가 되었으며 금모래의 보배로운 땅이라 절을 보림으로 삼으니 그 이름이 진실로 옳다. 돌아와 중국을 다니다가 월지국의 산과 같은 것을 얻어 절을 세우니 규모와 일상의 분위가 월지국의 생김새와 한결같이 같았다. 산 이름을 이로써 하고 절 이름도 이로써 하였으며 회중(會衆)과 경전을 마련함도 월지국의 보림사와 더불어 같지 않음이 없었다."[9]

이 기록에 의하면 보림사는 서역의 모습을 모델로 해서 지은 것이라고 할 수 있다. 화엄의 성지라고 할 수 있는 우전국이 월지국이라고 바뀐 이유에 대해서는 본래 월지국이 지금의 현재의 중국 신강 위구르지방에서 출발했던 나라이기 때문에 서역을 의미하는 표현이라고 보면 될 것이다. 이 기록에서는 인도를 의미하는 천축은 전혀 언급이 되고 있지 않으며 월지국과 서역이 원표대덕의 구법여행지로 묘사되고 있기 때문에 인도의 가지산 보림사를 창건했다는 것은 잘못된 해석이라고 생각된다.

다만 우전국이나 월지국이 문화적, 지리적 그리고 언어적으로 인도와 가까울 뿐만 아니라 산스크리트의 원전을 보는 역경승들과 대승불교가 꽃피웠으므로 인도와 유사한 환경이었을 것임을 추리할 수 있다.

2. 중국 지제산(支提山)에서의 화엄 수행

서역의 우전국에서 원표는 자신의 구법여행의 목표인 80화엄경을 입수하고 또 심왕보살을 친견하였다고 한다. 그리고 그 심왕보살은 천관보살의 주처인 지제산에 《화엄경》을 가지고 가서 수행하라는 계시를 받았다고 한다.

"나는 서역을 주유하며 심왕보살을 친견하였는데 (보살이) 나에게 이 경을 주었다. 또한 중국의 지제산은 천관보살의 주처인데 그 장소를 찾아서 경을 짊어지고 이르렀다. 거기서 이십 리를 가니 나가용담(那伽龍潭)이 바로 내가 찾던 곳이다."

지제라는 명칭은 《화엄경》에서 유래한다. 천관보살이 거주하는 산이라는 뜻이다.

"동남방에 장소가 있는데 지제산이라고 이름한다. 옛날로부터 여러 보살들이 그 가운데 머물고 살아오고 있는데 지금의 보살은 천관(天冠)이며 그 권속과 더불어 1천명이 항상 그 가운데 있으며 법을 설한다."[10]

동시에 지제는 사람이 부처님을 모시면서 거주할 수 있는 주거공간을 말하기도 한다. 본시 지제의 원뜻인 차이티아(Citya)는 석굴암과 같이 온전히 예배의 공간이고, 사람이 사는 공간은 비하라(Vihara)라고 구분하지만 통칭 사람이 사는 석굴을 뜻하고 있다. 중국 지제산의 나라암 석굴은 높이가 10장 깊이가 50장이라고 한다. 그 석굴안에 이층건물의 암자가 있으며 원표스님의 석상도 봉안되었다고 하는 것으로 보아,[11] 지제라는 뜻이 《화엄경》의 천관보살 거주처임과 동시에 지제산(支提山)의 화엄신앙의 개산조인 원표스님이 거주했던 공간을 일컫는 것이다.

원표는 이 지제산에 있으면서 여러 자연환경의 악조건들을 극복했다. 맹수와 독충 그리고 귀신 등의 도전을 잘 극복하여 개산조가 되었다. 중국 지제산의 전설에 의하면 원표의 《화엄경》 독송소리를 듣고 그런데 어느 날 나뭇꾼이 도착하였다. 이렇게 해서 사람들에게 알려지게 되고 그 땅에 절이 세워졌다고 한다. 원표는 《화엄경》을 독실한 불자들에게 주고 이후 '하늘을 올라가 떠났다'고 묘사된다.

'하늘을 올라 떠난' 원표의 기록은 중국에서는 사라졌지만 장흥 보림사의 창건주로 다시 등장한다. 가지산 보림사가 선문구산의 선종사찰로 자리매김하기 이전에 이미 서역에 구법여행을 하여 80《화엄경》을 머리에 짊어지고 중국의 지제산에서 화엄수행을 하던 그가 귀국한 이유는 아마도 당시의 훼불에 따른 피난이었을 가능성이 높다. 그러나 귀국한 그는 피난민의 신분이 아니라 경덕왕의 지원하에 가지산 보림사를 창건하게 되었고, 이런 서역과 중국에 이은 가지산 보림사의 창건은 왕권과 지방세력의 후원 없이는 불가능했을 것이다. 그는 중국 선종의 맥을 계승한 것은 아니지만 대덕선사(大德禪師)로 표기됨으로써 최초의 가지산문이 신라대의 화엄사상의 물줄기도 수용하고 있음을 알 수 있다.

3. 구산산문 이전의 보림사와 화엄신앙

보림사의 창건주인 원표대덕은 화엄경가운데 80권 화엄경을 구하기 위해 서역을 여행하고 그것을 불교의 진수로 이해했다. 그러면 80권 화엄의 의의가 무엇이기에 그가 목숨을 걸고 서역을 여행했으며 중국의 지제산에 머물면서 경전을 조석으로 독송했는지를 알아보자.

《화엄경》은 서역의 우전국과 깊은 관련을 맺고 있는데, 번역과 동시에 《화엄경》의 편집도 우전국에서 이루어졌다고 볼 수 있다. 최초로 중국에 《화엄경》을 소개한 사람은 지법령(支法領)인데 그는 우전국으로부터 그는 우전국으로부터 3만 6천 게송에 34품이 있는 것을 보고 와서 중국에 전하였다.[12] 이것이 나중에 불타바라에 의해서 60권《화엄경》으로 번역되어 출판된 것이다.

"대방광불화엄경이란 여러 부처님의 비밀 창고이며 여래의 성품의 바
다이다....대략 반쪽의 구슬만 알려지고 온전한 보석을 볼 수 없으니 내가
그 산스크리트 원본이 우전국에 있다는 말을 듣고 사신을 보내 받들어 모

시고 가까이 여기까지 오게 된 것이다."[13]

이 서문을 쓴 측천무후는 미증유의 걸출한 여왕으로 당시에 미륵불로 받들어질 정도였는데 불교의 정토를 중국에서 이루겠다는 서원을 가졌다. 측천무후는 고승들을 우대했으며 독실한 신앙을 가졌기 때문에 국민통합을 위해서도 불교를 활용할 필요가 있었다. 우선 왕을 우상화하는 작업이 자신을 미륵불로 미화한 것이라고 볼 수 있다.

대규모의 석굴들이 조성된 것도 왕즉불(王卽佛)의 국가불교적 성격일 것이다. 운강석굴에 조성된 불상들이 모두 중국황제를 모델로 하기 때문에 국가적 성격의 불사였는데, 여기의 주불은 《화엄경》의 노사나불이다.

"중국에서는 이미 '구역화엄경'에서 말한 노사나불을 운강석굴에 조성하기 시작했다. 북위 초기 5대 황제의 초상 조각으로 주존불을 삼은 운강 5대 중심 석굴 중의 중심굴인 〈운강18동 본존불입상〉의 노사나불이 바로 그것이다. 《구역화엄경》 권2 노사나불품에서 노사나불은 몸의 털구멍으로부터 화신운(化身雲; 조화로 만들어지는 분신불을 감싸고 있는 구름)을 뿜어낸다 했는데, 이 〈운강18동 본존불입상〉의 의복 표면에는 무수한 화불이 표현되어 있다."[14]

화엄의 사상은 대승불교의 종합판이라고 할 수 있는데 이처럼 비로자나불 혹은 노사나불이 당나라에서 왕으로 묘사된다고 하는 것은 불교를 통해 왕권을 강화하는 그런 뜻이 있다고 하겠다. 원표당시의 화엄신앙의 흔적은 인근의 천관산이라는 명칭에서는 찾을 수 있다. 이것은 원표와 관련이 있는지의 여부는 알 수 없지만 그 시대에 화엄신앙이 이미 중시되었다는 것을 알게 하는 산이름이다.

연구자들 가운데는 원표가 화엄사상을 가졌기 때문에 선종인 보림사 보다는 천관산에서 활동했다는 주장을 하고 이것이 그럴듯하게 중국의 지제산에서 지냈던 것과 맞물려 있어서 혼선을 빚고 있다.[15] 그런데 화엄신앙이란 원표에 의해서 전해진 것이 아니라 이미 신라사회에 자리잡고 있었다. 예를 들면, 구례의 화엄사에는 이 시기에 주요한 화엄신앙의 유산이 남아 있는 곳이다. 《화엄경》 석경이고 하나는 745년 연기조사의 80권본 《화엄경》 사경이다. 보림사 창건은 759년이라면 이미 앞서 화엄사상이 신라전역 뿐만 아니라 보림사 인근의 호남지방에서도 주요신앙이었음을 알 수 있는 증거이다.

　　"《화엄경》 석경은 그 대상이 60화엄인데 비해 사경은 80화엄이다. 또한 조성을 발원한 이를 보면, 석경은 미상인데 비해, 사경은 경덕왕대에 황룡사에 적을 두고 있던 연기조사가 부모의 은혜를 갖고 법계중생이 불도를 이루기를 발원하여 사경한 것이다. 연기는 조사라는 호칭으로 볼 때 80화엄을 위주로 한 화엄종의 조사로 생각된다.[16]"

이런 점에서 보자면 《화엄경》의 교주인 비로자나불과 왕을 동일시한 국가적 성격과 동시에 개인에 있어서도 소원성취를 위한 화엄신앙이 신라하대까지 이어지고 있는 것은 너무 당연한 것이다. 사실 화엄의 사상은 현실을 고통으로 보는 원시불교의 해석을 벗어나, 현실이야 말로 모든 것들이 잘 어울려진 총화의 세계이며 이사무애(理事無碍)와 사사무애(事事無碍)의 조화와 원용의 관점을 제시하여 국민통합을 이끈 사상이기도 하며, 오늘날에도 불교적 가치를 대변하는 화쟁사상인 것은 두말할 나위도 없다.

여기에 수 많은 기능을 가진 보살들이 등장하여 중생들의 비원을 수행과 기도를 통해 성취한다는 대승불교의 뜻이 강한 것이다. 지제산의 탑신앙, 불보살과 화엄신중들의 등장은 고난받는 사람들에게 큰 귀의처가 될 수 있었을 것이다. 또한 경전 그 자체를 부처님처럼 신성시하는 것도 특징이 있다.

후일 왕실에서의 특혜로 인한 승가의 부패타락 그리고 미신 등의 요소가 폐불의 한 요인이 되었고 이후 외적인 기도보다는 내적인 수행을 중시하는 선종으로 선회한 것은 이런 화엄사상의 현실참여적 특성에 기인했던 것이다. 물론 화엄사상이 전적으로 국가적이거나 귀족적이라고 해석하는 것은 문제가 있다. 신라의 원효 대사나 대안은 《화엄경》의 '일체무애인(一切無碍人)을 민중적으로 해석하여 서민들 속에 들어가 불법을 펼쳐 대중친화적으로 현실에 참여했다.

원표가 경덕왕의 지원을 받았고, 당시 지방세력의 지원을 받은 것도 이런 화엄사상의 국가적 요소가 작용한 것이라고 볼 수 있다. 그러나 이후 불교의 흐름이 선종으로 교체되는 과정에서 원표의 화엄사상은 조명되지 못한 채 묻힌 것이다. 화엄신앙에 있어서 원표대덕의 특징은 경전에 대한 신앙과 수지독송이다. 그는 80권 《화엄경》을 구하기 위해 우전국을 가서 대승불교를 배운 열정적인 구도의 인물이다. 또 지제산의 석굴에 거주하면서 그곳의 개산조가 된 고승임에 틀림없다.

그가 창건한 보림사는 선종을 표방하여 격이 높아진 것이 아니라 이미 원표라는 고승에 의해 국가의 지원을 받고 지역민들의 존경을 받고 있었다는 점을 잊어서는 안되며, 시대적이 조류가 선종중심으로 흘러갔지만 보림사에 조성된 비로자나불은 다름아닌 《화엄경》의 교주임을 놓쳐서는 안 될 것이다.

III. 원표의 영향

보림사가 원표에 의해 창건되었다는 것은 884년에 세운 보조국사 체증의 탑에 기록되어 있다. 현재 보림사 경내에 세월을 딛고 서있는 창성탑에는 체증이 왕명에 의해 보림사로 거처를 정했다고 다음과 같이 기록한다.

"왕의 뜻을 전해 가지산사(迦智山寺)로 옮겨 거처할 것을 청하였다. 드디어 마지못해 석장을 날려 가지산문으로 옮겨 들어가니, 그 산은 곧 원표대덕(元表大德)이 옛날 거처하던 곳이었다. 원표대덕은 법력으로써 정치에 도움을 주었으므로, 건원(乾元) 2년(759, 경덕왕(景德王) 18년 왕이 특별히 명하여 장생표(長生標) 기둥을 세우도록 하였는데 그 표주가 지금까지 남아 있다."[17]

창성탑에는 명백하게 이 절의 이미 유래가 원표에 의해 세워진 절임을 밝히고 있을 뿐만 아니라 창성탑과 더불어 세월을 넘어 남아있는 철조비로자나불상이야 말로 화엄사상과 맥이 닿아 있는 증거 중의 하나라고 할 것이다. 구산선문은 보림사의 비로자나불을 본받아 조성한 것이기에 대적광전의 비로자나불은 뜻이 있는 것이다.

화엄사상의 첫째는 비로자나 법신불 사상이다. 이 온 누리가 바로 부처의 몸이라는 사상, 따라서 우리 자신도 그 분신이라는 사상이다.[18] 《화엄경》은 비로자나(Vairocana, 毘盧遮那, 光明遍照) 라는 이름으로 불리는 법신불을 이 우주자연 전체의 본체로 보며, 이 세계의 모든 현상들을 그 응화로 보는 사상인 것이다.

석가모니불은 역사속의 한 부처님이며 비로자나불은 역사속의 사라진 것이 아닌 진리로서의 부처님인 것이다. 비로자나불은 언제 태어났다가 언제 죽어간 또는 죽어 갈 그런 존재가 아니다. 따라서 자성 속에서 부처를 구하는 선종과 맥을 함께 하는 것이기도 하다.

"범어에 비로자나는 북방어로 말하면 광명변조(光明遍照)다. 불(佛)에 있으면 청정법신이 되고 인(人)에 있으매 본각묘성(本覺妙性)이 되나니, 화엄에 이걸로 체를 삼은 것은 바로 중생으로 하여금 묘성(妙性)을 보아 법신(法身)을 증득케 하고자 한 것이다. 범어에 문수사리는 북방어로 말하면 묘덕(妙德)이다. 불(佛)에 있으매 보광묘지(普光妙智)가 되고 인(人)에 있으매 관찰묘심(觀察妙心)이 되나니 화엄에 이걸로 용(用)을 삼은 것은 바로 중생으로 하여금 묘심을 밝혀 대지를 증득케 하고자 한 것이다."
19)

비로자나는 법신불이지만 사람에게 있을 때는 본각묘성을 의미하며, 문수사리는 보광묘지의 보살이지만 사람에게는 관찰묘심을 상징하는 것이므로 화엄과 선이 융섭하는 관계라고 할 수 있을 것이다. 화엄을 닦는 사람도 선을 닦는 사람과 마찬가지로 자심(自心)의 불(佛)이 곧 비로자나의 동체라는 것이다. 《화엄경》에서 가장 중시하는 비로자나불이 보림사의 가장 오래된 유산이라는 점에서 가지산문이 일찍이 원표의 화엄사상의 영향력 아래에 있었음을 상징한다.

가지산 판상운(迦智寺 板上韻)

百尺浮圖揷半空   백 자나 되는 높은 탑이 하늘에 솟았는데

飛樓傑閣幾千里　　　높고 큰 누각이 겹겹이 벌려 있네

尋僧野興閑彌篤　　　스님을 찾는 흥치는 한가할수록 더하고

學佛機緣老漸濃　　　불도 배우는 기연은 늙어 점점 깊어가네

揭厲屢經無盡水　　　걷고 벗고 수없는 물을 건너와서

扶持更上最高峰　　　잡으면 최고봉을 그에 올라왔네

木枕蒲圍忽放庸　　　포단에 목침을 배고 쭉 베고 누웠다.

– 김일경(金壹卿, 1305~1377)

　고려시대에 보림사를 방문한 김일경의 시이다. 철조 비로자나불만이 아
니라 높은 탑과 건물이 묘사된다. 불도를 배울 수 있는 인연까지 이야기 한
다. 구산선문의 가람이라고 해서 간화선만이 있고 예불이 없었다거나 독
경과 기도가 없었다고 생각하는 것은 하나의 오해인 것이다. 선종 가운데
이미 화엄사상이 조화를 이루는 것은 우리의 오랜 전통이었다.

보조사상의 회통적(會通的) 구조

I. 머리말

보조는 중국에서 수입된 불교사상을 있는 그대로 답습하지 않고 매우 체계적으로 재정리하고, 선가(禪家)의 병폐인 자리(自利)에 머물지 않고 이타(利他)를 강조하는 독특한 사상을 확립했다. 이는 일찍 중국불교를 회통적으로 수용한 원효의 화쟁사상의 계승이라고 할 수 있다.

주지하듯 원효(617~686)는 여러 교파와 경전들의 교의에 정통하였으며 하나의 불교를 회통하는 이론을 세우는 기반을 확립하였다. 고려의 대각국사는 교(敎)와 선(禪)의 실천을 병행하는 교관겸수(敎觀兼修)의 이상을 내세웠는데, 이것은 천태사상에 기초하였으며 교종과 선종을 회통하는 원동력이 되었다. 그러나 마침내 교종과 선종을 아우른 사람은 보조국사였다. 이 회통의 정신은 한국 불교 조계종의 중요한 교의가 되고 있음은 물론이다.

보조사상의 요체는 회광반조(廻光返照)의 정신에서 출발하는데, 원효의 화쟁론과 지눌의 이러한 정신을 비교해 볼 수 있다.[1] 그는 고려 의종 12년(1158)에 태어나 52년간 세상을 살다 희종 6년(1210)에 별세하였다. 이 시대는 불안과 변란의 회오리바람이 계속되는 어두운 상황이었다. 불교계는 참신한 신행이 결핍되었고 학문적 발전도 침체해 가고 있는 암울한 시대였다. 의종은 국가통치의 실패를 불교 신앙으로 보상하려고 하여, 맹신하는 입장이었다. 이러한 신앙은 정신(正信)이 아니라 푸닥거리와 같은 미신이었다. 이와 같이 정법의 정신(正信)이 행하여지지 못하고 혹신이 난무하여 불교뿐만 아니라 사회와 국가에도 불교의 존재는 유익하지 않았다. 의종 24년(1170), 결국 정중부의 난이 일어나 국가 사회는 더욱 혼란에 빠지게 되었다. 무인들이 모든 정치적 권력을 독점하고 중방정치를 실시하면서 여러 무신들이 세력다툼을 치열히 하여 사회는 더욱 어지러웠다.

명종 26년(1196)에는 최충헌과 그의 아우 충수가 이의민을 주살하고 정권을 휘어잡게 되는 것을 계기로 무인 정치는 새로운 국면에 들어서게 되었다. 이런 상황에서 교종에 소속된 개경 중심의 각 사원이 구세력의 대변자로서 정치에 개입하여 계속적인 투쟁을 전개하였다.

결국 불교는 왕실과의 결탁으로 정권 쟁탈전에 개입하게 되고 경제적으로는 축적된 부로 인해 타락하고 세속화되어 가고 있었다. 이러한 때에 보조는 현실을 외면하지 않고 직시하여 밖으로부터의 개선이 아닌 안으로부터의 수행을 통해 불교의 병폐를 막고 바른 믿음을 가져 정법을 구현하기 위한 사명감을 자각한다.

II. 회광반조(迴光返照)

원효사상의 핵심이 일심귀원(一心歸源)이듯 보조사상의 핵심 역시 회광반조의 마음 공부에 있다. 불교는 다양한 방식의 공부 방법을 제시하지만 그 귀결은 마음공부라고 할 수 있다. 불교의 궁극적 목표도 성불에 있다. 이 성불은 외부 세계에서 구하는 것이 아니라 내면세계에서 구하는 것이다.

부처를 구하고자 할진대 불(佛)이 곧 이 마음이니… 만일 마음 밖에 부처가 있고 성품 밖에 법이 있다고 한여 이 뜻을 굳게 고집하고자 하는 자라면, 비록 진겁이 지나도록 몸을 태우고 팔을 태우며 골을 두드려 수를 내며 피를 내어 경을 쓰며 장좌하여 눕지 않으며 대장경을 읽어 고행을 닦는다 하더라도 이는 모래를 쪄서 밥을 지음과 같아서 스스로 수고를 보탤 뿐이다.[2]

다시 말하면 자기 마음 이외에 달리 자기완성을 이룬다는 것은 불가능하다는 것을 매우 깊이 강조하고 있다. 또《수심결(修心訣)》에서 이르기를 "부처가 곧 이 마음이니 마음을 어찌 멀리서 찾을 것인가" 하고 "세존이 널리 일체 중생을 관하니 여래의 지혜 덕성이 갖추어 있다"[3]고 하여 불과 중생의 차이를 마음의 깨달음 여부에 두고 있다. 곧 자기 마음이 부처인 줄 깨달은 사람은 사람이 불(佛)이요, 아직 깨닫지 못하고 있는 사람은 중생이라는 것이다. 그는 "다만 이 마음을 알면 항하(恒沙)의 법문과 무량묘의(無量妙意)를 구하지 아니하여도 얻는다. 불(佛)은 마음을 떠나 있지 아니하며 또한 이 마음을 떠나서는 가히 부처를 이룰 수 없다"[4]고 하여 마음 이외에 어떠한 외면적인 것도 자기완성에 도움이 되지 않는다는 것을 간곡하게 말하고 있다. 문제는 어떻게 해서 자기 마음이 부처님을 깨달을 것인지가 문제이다. 그에 대해 보조는 말하기를 "땅에서 넘어진 자는 땅을 딛고 일어서야지 땅을 떠나서는 일어서지 못한다"[5]고 하였다.

자기 마음이 미혹해 있는 상태에서는 역시 자기 마음에 의지할 수 밖에 다른 방편이 없다는 것이다. 다른 방편을 가지고 앎을 구한다는 것은 자기가 자기의 눈을 보지 못하고 눈이 없다고 하는 것과 같아 부질없는 것이다. 자기의 신령한 지(知)가 이미 자기 마음에 있으니 다시 또 무슨 앎을 밖에서 구할 것인지 자문했다. 결국 불교 공부의 요체는 밖에서 구하는 것이 아니라 자신의 내면에서 진리를 구한다는 회광반조의 정신으로 요약한다. 그러나 마음이 곧 부처인 줄 알았다고 해서 그것으로 곧 모든 것이 된 것은 아니다. 그것에서 다시 공부의 필요성을 강조하고 있다.

III. 정혜쌍수(定慧雙修)

즉심즉불(卽心卽佛)이라는 단순한 깨달음에 머물지 않고 그것을 자기화하기 위해서는 수행이 필요하다. 이 수행이 곧 그의 선정(禪定)임은 물론이다. 그리고 그 선정을 위한 혜학(慧學)이 주요시된다. 이리하여 마침내 그는 정혜쌍수(定慧雙修)를 역설한다.[6]

그러면 정혜(定慧)란 어떻게 구별할 수 있는가? 지눌은 말하기를 "정(定)과 혜(慧) 두 말은 바로 삼학(三學)의 준말로서 곧 계정혜(戒定慧)이다. 계란 잘못을 막고 악을 그친다는 뜻으로서 삼악도(三惡途)에 떨어짐을 면하게 하는 것이요, 정(定)이란 이치에 맞추어 산란한 마음을 거두어 잡는다는 뜻으로서 육욕(六欲)을 뛰어넘게 하는 것이며, 혜(慧)란 법을 가리고 공(空)을 관(觀)한 다는 뜻으로서 묘하게 생사를 벗어나게 하는 것이다"[7]라고 하여 세 가지 곧 계, 정, 혜의 방법 가운데 계를 뺀 것이라고 하였다.

정혜쌍수를 현실적 인간에게 적용하기 위해 수상정혜(隨相定慧)와 자성정혜(自性定慧)의 두 가지로 구분하여 제시하고 있다. 사람 가운데는 '습중(習重)'과 '습경(習輕)'이 있는데 전자는 탐진(貪瞋) 등의 번뇌가 무거운 사람이고, 후자는 번뇌가 가벼운 것을 말한다.

자성정혜(自性定慧)란 것은 번뇌가 비교적 가벼운 '습경(習輕)'의 사람에게 맞는 수행방법이고, 수상정혜(隨相定慧)란 번뇌가 비교적 많은 '습중(習重)'의 사람에게 적용되는 수행 방법이다. 수심결(修心訣)에 말하기를 "자성문(自性門)인 즉 뜻 좇아 적(寂)하고 지(知)하여 원래 스스로 하염없어서 한 티끌도 대상(對相)지을 것이 없다. 그러니 어찌 유탕(遺蕩)의 공을 수고로이 할 것이며, 한 생각도 정이 날게 없는지라 연(緣)을 잊는 힘을 빌리지 않는다. 수상문(隨相門)은 이(理)에 칭합(稱合)해 산란을 섭(攝)하여 법을 채택해 공을 관하여 혼침과 산란을 균조(均調)해서 그로써 무위에 든다."[8]

정(定)과 혜(慧)는 그 이름이 다르나 요체는 그 당자의 신심이 물러나지 않고 끝까지 해내는 데 있다. 그러므로 지도론(智度論)에는 세상에 보통 일에 있어서도 부지런히 노력하지 않으면 그 일을 이루지 못하겠거늘 하물며 위없는 도를 배움에 있어서 선정과 혜학을 힘써야 한다고 말한다.[9]

정과 혜는 둘이 아니라 하나이다. 수레에 바퀴가 둘이면서도 하나의 역할을 하듯 정을 떠난 혜가 없고 혜를 떠난 정이 없다는 입장이다. 그렇기 때문에 보조는 정혜쌍수(定慧雙修)를 주장하는 것이다.

정(定)도 없고 혜(慧)도 없으면 그는 미치광이요 미련한 사람이다. 한 가지 문에만 치우쳐 닦으며 그는 차차 가까이는 가겠지만 만일 두 가지를 고요히 운영하면 그때에는 비로소 바른 문을 얻어 두 가지가 완전한 부처가 될 것이니 이 두 가지가 되지 않으면 안 될 것이다. 혹은 마음을 일으키지 않는 것으로서 도를 닦는다고 하는데 그는 정(定)으로 문을 삼는 것이요, 또는 마음을 살피고 마음을 관하여 마음을 찾고 밝힌다고 하는 그것은 혜(慧)의 문을 삼는 것이다. 또는 마음의 공적(空寂)함을 알고 생각이 없음을 안다고 하는데 그것은 정(定)과 혜(慧)를 겹쳐 밝히는 것이다.

보조의 체계는 다분히 변증법적이라 하겠다. 즉 정립(theses)으로서 정은 마음을 내지 않는 것이고, 그에 대한 반정립(Anti-these)으로서의 정은 마음을 내되 관조하는 것이다. 이러한 대립된 두 명제가 합립(Synthese)되는 것이 적조(寂照), 곧 정혜쌍수라 할 것이다. 변증법적 과정이란 지양(止揚)이 있어야 하는 것이므로 보조는 설명하기를 "정(定)은 내 마음의 온 작용이다. 정은 바로 혜(慧)이기 때문에 본체가 작용을 떠나지 않는다. 그 두 가지가 다 막히면 그 두 가지는 모두 없어지고 그 두 가지가 다 비치면 그 두 가지는 모두 존립하는 것이다. 본체와 작용은 서로 이루고 막히고, 비침은 걸림 없는 것이니 그러므로 이 정과 혜의 두 가지 문은 수행의 조건이며 부처와 조사의 큰 뜻이다"[10] 라고 한다.

정 없는 혜는 실천이 따르지 않는 앎과 같아 구두선에 머물고, 혜 없는 정은 이성작용이 없는 무기(無記)에 빠지게 할 것이다. 그러므로 즉심즉불(卽心卽佛)이라는 것을 깨닫고 나서 그 본래 부처의 성품과 다름없는 심성을 밝히기 위해서는 혜만으로 되지 않고 정만으로 되지 않고 오직 정혜쌍수로만 가능한 것이다. 그의 이러한 정혜관(定慧觀)은 또 나아가 돈오점수(頓悟漸修)의 견해와 연결된다.

IV. 돈오점수(頓悟漸修)

보조의 돈오(頓悟)의 이문(二門)은 삼세제불과 천성(千聖)의 궤철(軌轍)

이 되며 이것은 마치 마차의 두 바퀴와 새의 양쪽 날개와 같아서 하나만 결여되어도 안 된다고 하였다. 그러므로 불도를 구하는 데 있어서 차례를 알지 못하면 바른 깨달음에 이르지 못한다고 하면서 이르기를 "금시(今時)에 미혹해 어리석은 무리가 망령되이 이르되 한 생각 깨달을 때에 곧 무량한 묘인(妙因)과 신통변화를 따라 나타난다 하니 만일 해(解)를 지을진대 이른바 선후를 알지 못하며 또한 본래도 분간치 못함이라. 이미 선후와 본래를 알지 못하고 불도를 구하고자 할진대 모난 나무를 가져서 둥근 구멍에 맞추려는 것과 같음이니 어찌 크게 그릇됨이 아닌가. 이미 방편을 알지 못하는 고로 현애(懸崖)의 생각을 지어 스스로 퇴굴(退屈)을 내어서 불종성(佛種性)을 끊는 자가 많지 않음이 되는 것이다"[11]라고 한다.

수행방법에 있어 돈오점수가 최고의 경지이지만 그것은 비현실적으로 본다. 보조는 수행의 필요조차 없는 그러한 초인(超人)을 설하지 않고 현실 속의 인간, 곧 선할 수도 혹은 악할 수도 있는 현실의 인간을 대상으로 하기 때문에 돈오점수, 고쳐 말하면 선오후수(先悟後修)의 입장이다.

"비록 돈오점수가 최상 근기의 사람들이 들어가는 문이라 하지만 만약 과거를 거슬러 올라가면 이 다생(多生)에 이르러 듣자 곧 발오(發悟)하여 일시에 단번으로 마침이니 이것 역시 선오후수(先悟後修)의 근기이다."[12]

돈오점수라 하지만 깨닫지 않고 점수만 하여 돈오가 되는 것이 아니라 먼저 깨닫고 점수를 끊임없이 해야 함을 역설하니 일관된 돈오점수라 할 수 있다. 돈오가 바른 인식을 말한다면 점수란 바른 행위라 할 것이다. 따라서 바른 인식이 선행되지 않고서는 바른 행위가 나올 수 없는 것이다. 혹 바른 행위가 있을지라도 그것은 우연한 행위라고 보아야 할 것이다.

그렇다면 돈오(바른 인식)는 어떠한 상태인가? 보조는 말하기를 "범부가 미(迷)했을 때에 네 가지 물질적 요소로 몸을 삼고 망상으로 마음을 삼아 자성(自性)이 참 법신인 줄 모르며 자기를 신령하게 하는 그것이 참 부처인 줄 모른다. 그래서 마음 밖에서 부처를 이리저리 찾아 달리다가 홀연히 선지식의 가르침을 만나 한 생각에 광명을 돌려 자기 본성을 보면, 이 성품의 바탕에는 본래부터 번뇌가 없고 절대 지혜의 성품(無漏智性)이 저절로 감추어져 있어서 모든 부처님과 조금도 다르지 않기 때문에 돈오라 한다"[13]라고 설명하고 있다.

이처럼 보조의 체계는 먼저 마음의 성상(性相)을 바르게 인식하고 그 진리에 뒤이어지는 수행이 순서이다. 그렇기 때문에 그는 돈오 이전의 수행을 오염수(汚染修)라고 본다. 더러운 물로는 씻어도 아무런 소득이 없는 것처럼 선점수(先漸修)는 의미가 없다는 것이니, 이 깨달음 없이 수도하는 것은 목표와 방향을 잃고 행하는 것과 다름이 없어 닦을수록 의정(疑情)과 염착(染着)만 생길 뿐이다.

돈오는 점수가 따를 때 의미를 갖게 된다. 보조는 이르기를 "점수란 것은 비록 본성이 불(佛)로 더불어 다름이 없음을 깨달으나 비롯함이 없는 습기를 마침내 없애기 어려운 고로 깨달음을 의지해 닦아서 점점 훈습해 공이 이루어서 성태(聖胎)를 장양(長養)하여 오래함에 성(聖)을 이루니 고로 점수라고 이른다"[14]라고 했다. 이것은 곧 중생이 오랜 기간 동안 번뇌망상에 젖어들어 있었으므로 그 습기를 갑자기 없애기 어려운 이유 때문에 오후(悟後)에 반드시 점수가 따라야 한다는 것이다.

이런 돈오점수는 선교(禪敎)일치의 회통적 구조와 관련이 깊다. 그는 수심인(修心人)의 두 가지 병인 자고(自高)와 자굴(自屈)의 병폐에 떨어지지 않게 하기 위해서는 선교가 일치되어야 함을 강조한다. 자고(自高)는 선학자(禪學者)가 떨어지기 쉬운 병으로 단계를 밟지 않고 부처의 경지에 오르는 것만을 알아 조그만 해(解)만 있어도 분수를 지키지 못하고 자만하는 것이라면, 자굴(自屈)은 교학자(敎學者)가 스스로를 지나치게 낮추어 퇴굴하는 병임을 누누이 지적하고 있다. 즉 돈(頓)과 오(悟)만을 전부로 아는 선학자에게 점수의 용공(用功)을 권하며, 관행을 게을리 하는 교학자에게 마음의 성상(性相)을 분명히 보아야 한다고 가르치고 있다.

선(禪)의 입장을 취하면서도 교(敎)를 버리지 않고, 돈문(頓門)에 서면서도 점문(漸門)을 포용하며, 오(悟)를 강조하면서도 수(修)를 게을리하지 않는 묘합회통(妙合會通)의 정신이야말로 원효 이래 한국 불교의 전통의 재확인이며 그것은 불조(佛祖) 본래의 전통에의 복귀이다.[15]

보조는 돈오점수를 다음과 같이 비유하면서 수행의 길을 제시한다. "비유하건대, 어린아이가 처음 태어났을 때는 모든 기관이 갖추어져 있음이 어른과 조금도 다름이 없지만, 그 힘이 충실치 못하기 때문에 상당한 세월을 지내고서야 비로소 어른이 되는 것과 같다"[16]라 하고, 또한 이르기를 "먼저 깨닫고 나서 닦는 다는 뜻을 깊이 밝혀 이르기를 얼음 못이 그대로 다 물인 줄은 알지만 햇볕의 힘을 빌어서 녹여야 하고 범부가 부처인 줄을 깨달아도 법력을 길러 익히고 닦아야 하나니, 얼음이 녹아 물이 흘러야만 물 대고 씻을 수 있고 망상이 다 해서 마음이 신령스럽게 통해야만 신통과 광명의 작용을 나타낸다"[17]고 한다.

이런 점에서 보조는 깨달음 뒤의 닦음, 곧 목우행(牧牛行)을 무엇보다도 강조한다. 인간 완성에 있어서 앎이란 지식을 의미하지만, 그 지(知)에 머무르고 말 때 참된 앎이라 할 수 없다는 것이다. 참된 앎은 반드시 실천이 따라야 하며, 이러한 실천 곧 점수가 결여되었다고 했을 때 돈오는 이미 돈오일 수 없는 것이다. 그러므로 돈오점수는 불가분이라 할 것이다.

V. 화엄(華嚴)의 원용

보조사상의 회통적 구조는 새삼스러운 것이 아니라, 원효는 물론 중국 불교에서도 쉽사리 찾아볼 수 있는 관점이다. 예컨대 중국에 있어서 종밀(宗密, 780~841)의 교학을 종래는 '교선일치설(教禪一致說)'이라 하는데, 요시츠요시히데(吉津宜英)[18]는 화엄선이라고 표현하기도 한다. 그는 '교선일치설'이라는 호칭은 교와 선을 일치시켜서 거기에 또 교이기도 하고 선이기도 한 그런 입장을 포함하고 있으나, 종밀의 사상은 단순한 교선일치에서 유, 불, 도 삼교일치까지 나아가 있어서, 화엄선이라는 용어가 적절하다고 주장한다. 그러면서 그는 중국불교의 제3의 흐름이 교와 선 그리고 이의 일치를 주장하는 화엄선이라고 주장한다.

보조는 그의 선에 대한 설명을 화엄사상으로 해석하고 있다. 특히 이통현(李通玄) 장자의 화엄론을 하가산(下柯山) 보문사 시절부터 애호했다. 그는 삼주 한서(三周 寒暑)를 대장경을 열람하다가 《화엄경》 출현품에 "일진함대천경권(一塵含大千經卷)"을 설한 후 '여래지혜(如來智慧) 역부여시(亦復如是) 구족재어중생신중(具足在於衆生身中) 단제범부(但諸凡夫) 부지불각(不知不覺)'의 글을 읽고 기쁨에 넘쳐 눈물을 흘렸다고 한다.

보조사상은 이통현 장자의 화엄론의 주지를 덧붙여 보강한 것이나 특히 《화엄경》의 수증의(修證義)에 투철하여 부합한다면 이것이 곧 선문(禪門)의 견성의 취지와 합일한다고 하여 그의 화엄론관을 전개한다. 이통현의 화엄론을 인증하여 '자기무명분별지종(自己無明分別之種) 본시제불(本是諸佛) 부동지야(不動智也)'라 하고 《여래출현품(如來出現品)》을 인용하여 이르기를

"보현 보살이 자기 마음의 생각 생각 가운데 항상 부처님의 정각을 이름이 있음을 알라 하셨으니 이는 제불 여래께서 마음을 떠나지 않고 정각이룸을 밝히기 위한 때문이다. 또 이르시되 일체 중생의 마음도 또한 이와 같아서 다 여래(如來)가 정각을 이룬 뜻이 있다 하셨으니…"[19]

이통현 장자와는 달리 현수(賢首)의 화엄관은 비로법계(毘盧法界)를 깨치고 뒤에 보현행해(普賢行海)를 닦아갈 때 언제나 계속하는 한 생각을 일으켜 나아가야만 불이(佛異)의 원덕(圓德)을 일으킬 것이요, 그렇지 않으면 불가능하다고 보았다. 그러나 보조는 이장자(李長者)의 입장을 따라 종래에 이 같은 '언제나 계속하는 한 생각을 일으켜 나가야만 불과(佛果)의 원덕(圓德)을 일으킨다는 것' 그 자체가 크게 잘못된 생각이라고 비판했다.

"자기 마음의 보광명지(普光明智)는 그 양이 그대로 법계와 같고 허공계와 같아서 상(相)과 작용이 자제하여 능히 하나로도 되고 능히 많이도 되고, 능히 크게도 되고 작게도 되며, 능히 중생으로도 부처로도 되며, 능히 나타나고 숨으며, 능히 쥐고 펴며, 능히 거슬리고 순종하며, 능히 착하고 악하며, 능히 물들고 깨끗할 수 있나니 이 불가사의한 대광명의 곳집이 모든 법을 머금어서 만 가지 조화의 근원이 되는 바이다."[20]

한 생각을 일으킨다는 자체가 망상인제 망상으로는 업연(業緣)이 쌓일지언정 성불(成佛)하여 불과(佛果)의 원덕(圓德)을 이룰 수는 없다고 보았기 때문이다. 따라서 불경계(佛境界)를 알고자 하면 그 뜻을 청정히 하여 허공처럼 밝혀야 한다고 한다.

그렇다면 어떻게 하는 것이 성불(成佛)의 방향이 될 것인가? 그것은 범부가 자심(自心)의 근본 보광명지(普光明智)인 일진법계(一眞法界) 곧 본연자성에 반조(返照)하는 것이 성불해 나가는 길이라고 말하고 있다. 즉 "불(佛)은 중생의 마음속에 불(佛)이라 자기근기의 감당을 따라 다른 물건이 없다. 일체 제불의 근원을 알고자 하면 자기 무명이 본래 불(佛)인 줄을 깨달으라"[20] 하였고 또 "자기 마음 안의 모든 부처님의 보광명지로써 일체 중생을 비추면 중생의 상(相)이 곧 여래상이며 중생의 말이 곧 여래의 말이며 중생의 마음이 곧 여래의 마음이며, 생산업을 다스림과 공학의 기예가 다 이 여래보광명지의운용하는 상(相)이고 작용이니 도무지 하나일 뿐 다른 것이 없다. 다만 중생이 자기 업을 따라 스스로 속아서 범부, 성인, 나와 남, 인(因)과 과(果), 물듦과 깨끗함, 성품과 상(相) 등을 보는 것이며 스스로 분별을 내고 스스로 물러나는 것일 뿐 보광명지가 짐짓 지음이 아니다."[22]라고 한 것도 이장자(李長者)의 화엄사상과 일치한다.

중생이 분별과 퇴굴(退屈)한 마음을 내어 보광명지(普光明智)를 체득하지 못한 다는 것인데, 만약에 용맹심을 내어 자기무명(自己無明)이 본래의 순수한 불(佛)임을 깨닫고 믿는 것이 곧 제불부동지(諸佛不動智)며 이와 같이 자심(自心)의 보광명지를 깨닫고 믿는 것이 바로 초심정각불(初心正覺佛)이다. 물론 이것은 이치를 증명하여 성불하는 것이 아니라 성품을 보고 성불하는 입장이다. 이와 같이 보조사상은 정통적인 조사선과 무관한 이통현의 화엄론을 원용하여 마음 공부의 바탕을 삼고 있다. 보조의 이러한 체계는 또한 회통적 구조라고 할 수 있다.

VI. 조사선(祖師禪)의 수용과 회통성

선교일치(禪敎一致)를 주장하는 보조는 매우 독특하게 '사교입선(捨敎

入禪’의 선문이라고 볼 수 있는 간화(看話) 선법을 수입한다. 그것은 정혜 쌍수(定慧雙修)를 원칙으로 하되 만일 의리이 지혜분별을 제거하기 어려울 때에 간화의 방편으로 지견(知見)의 병을 조제하고 출신 활로를 제시한다 고 하는 뜻이다.

보조는 《간화결의론(看話決疑論)》에서 이 선문을 ‘경절문(徑截門)’이라 하여 선의 최상 방편으로 삼았다. 그러므로 보조 후에는 그 선종에서 주로 이 간화선을 실수(實修)하여 오늘에 이르렀다고도 한다.[23] 사량분별(思量 分別)을 가진 마음으로는 아무리 뛰어난 교리와 진리를 가졌다 하더라도 이것은 지해(知解)의 경로(徑路) 속에 사로잡혀 아직 공부가 남아 있다고 본다. 반면에 사량분별이 없는 마음에서는 즉 경로(徑路)를 끊고 살아간다 면 그 앞에서는 지해(知解)의 병도 바로 진리 연기(緣起)로 화하여 취할 것 도 버릴 것도 없는 경절(勁節)의 길이 되는 것이다.

《간화결의론(看話決疑論)》에서 이르기를 “이렇게 각주를 내려서 화두를 주는 고로 학자가 하루 가운데와 사의(四儀)안에 다만 화두를 붙들어 깨달 을 따름이요, 심성도리엔 도무지 이름을 여의고 상이 끊어졌다는 해(解)가 없으며 또한 연기 무애의 해(解)도 없어서 겨우 한 생각 불법의 지해(知解) 가 있으면 문득 10종 지혜의 병에 체재(滯在)하는 고로 낱낱이 방하(放下) 하고 방하하지 않음과 병에 체하고 체하지 않는 사량도 없다가 홀연히 자 미도 없고 잡을 수도 없는 화두 위에 분지(噴地)에 한 번 발한 즉, 일심 법 계가 통연히 명백한 고로 심성의 갖춘 바 백천삼매와 무량한 의문(義門)을 구하지 않되 뚜렷이 얻으리라”[24] 하였다.

경절(勁節)이란 화두에 의해 이룩되는 것이니 화두는 한 마음 찾는 공부 로써 미리 쉽사리 해결을 해 버리거나, 한 생각 해오(解悟)를 바라는 모든 사량(思量)을 놓고 꾸준히 한 생각 찾는 공부와 잇는 노력을 함께하여 교리와 사량을 불에 태워 버리는 것과 같은 것이다. 이 경절과 간화로서 마음 본래의 언어의 길이 끊어지고 마음 가는 곳이 돈멸(頓滅)한 경지를 체험할 때 힘 있는 혜명(慧命)이 솟아오르며 생각으로 헤아리지 못할 큰 힘이 살아난다. 이것이 화두의 묘미이다. 그리고 이 묘미있는 경절을 보조는 공부의 구경문으로 삼는 것이다. 이 경절문은 무심합도문(無心合道門)이라고 한다.

"조사나 종사로서 무심하여 도에 합한 사람은 선정이나 혜학(慧學)의 구속을 받지 않는다. 왜냐하면 정(定)을 배우는 사람은 이치에 칭합하여 산란을 거두는 까닭으로 인연을 잊는 힘이 있고, 혜(慧)를 배우는 사람은 법을 간택하여 공(空)으로 관하므로 유탕(遺蕩)의 공이 있지만 이제 바로 무심을 알아 부딪치는 곳마다 걸림이 없는 자와 걸림 없는 해설 자체가 앞에 나타나는 까닭에 한 티끌 한 생각이 모두 밖에서 온 것이 아니고 별다른 일이 아니거니 어찌 헛되이 공력을 소비하는 일이 있겠는가. 자신의 정(定)과 혜(慧)도 오히려 의리 작용의 자취에 걸리는 일이 있겠는가. 자신의 정(定)과 혜(慧)도 오히려 의리 작용의 자취에 걸리는 일이 있거늘 하물며 번뇌를 떠나는 문이 어떻게 여기까지 이를 수 있겠는가."[25]

이것은 정혜쌍수에 반대되는 무심합도(無心合道)라기 보다는 그것을 넘어서는 도리라고 하겠다.

"만약 말만 의지하여 이해하고 몸이 굴러가는 길을 알지 못하면 비록 종일토록 관찰할지라도 지해(知解)의 속박을 받아 쉴 때가 없을 것이다. 그러므로 다시 요즈음 승문하(僧門下)에 말을 떠나 들어가게 함으로써 지해(知解)를 잊게 할 것이니 비록 종밀 스님의 숭상한 바는 아니나 간략히 조사 선지식(善知識)의 경절(徑截)방편으로 학자를 제점한 말과 글을 이 다음에 이끌어 붙여 요사이 참선하는 이들로 하여금 몸에 빼어 나가는 한 가닥 활로를 알게 하고자 한다.”[26]

이러한 입장은 지해(知解)를 부정하는 것이 아니라 뛰어 넘으려는 입장이다. 보조 역시 조주 스님의 ‘무(無)’ 자를 높이 평가한다. 즉 “‘무’라고 하는 이 한 글자는 나쁜 알음알이와 나쁜 깨달음을 부수는 연장이다”[27]라고 하며, 그러므로 ‘있다’ ‘없다’로 알려고 하지 말고, 밑뿌리를 향해 생각하거나 헤아리지도 말고, 눈썹을 치켜세우고 눈을 깜박거리는 곳을 향해 숨는 곳을 삼으려고도 하지 말며, 말의 길을 향해 살 꾀를 찾지도 말고 일없는 갑옷 속에 떠 있지도 말며…”[28] 어떤 문자를 통해서 이해하려고 하는 노력을 금지한다.

화두는 일상생활에서 떠나지 말고 항상 들려야 한다. 그래서 기쁠 때나 노할 때나 고요할 때나 시끄러울 때나 화두를 들되, 먼저 애써 깨달음을 얻으려 하지 말라는 것이다. 만약 애써 깨달으려하면 곧 스스로 말하기를 “나는 지금 미(迷)하다” 할 것이니 미혹에 집착하여 깨닫기를 기다리면 티끌 같은 겁을 지나더라도 또한 능히 얻지 못할 것이다. 단지 화두를 들 때는 정신을 가다듬고 이것이 무슨 도리 인가하고 살펴보아야 한다.

화두로써 공부하는 길을 고덕(古德)들은 크게 두 가지로 나누어 이야기했다. 그 첫째는 참의(參意)요, 둘째는 참구이다. 이 양자는 화두하는 공부인의 순서이다. 참의란 화두의 뜻을 알아보려는 생각이요, 참구란 그 뜻의 배후에 살아 있는 기틀의 발견을 뜻한다. 보조는 설명하기를 “요즈음 화두를 찾는 이는 흔히 참구하려고만 하면서 참구를 아울러 하지 못하므로 결국 원돈문의 정해발명자(正解發明者)와 같아서 안으로 마음이 있다고 계교하고 밖으로 모든 이치를 찾다가 외상의 병에 걸리는 것이 보통이니 이렇게 되면 지해계교(知解計較)의 병만 얻고 말기 쉽다"[29]고 한다.

참구문은 의심나는 상(相)을 놓고, 놓는 다는 생각마저 부수고 일심을 증득하는 것이니 이것이 활구를 공부하는 데에서만 일어날 수 있는 것이다. 요컨대, 보조의 입장은 먼저 진실한 지해(知解)로 자기 마음의 진망(眞妄)과 생사의 본체를 명료히 결택하고 다음에 이른바 경절 활구를 참구하면 몸을 빼어낼 곳을 얻게 된다 한 것이다. 그러므로 선(先)돈오하고 후(後)점수(경절문 방편)로 득입하는 것은 변함이 없다. 따라서 조사선을 최고의 방법으로 도입하지만 이러한 조사선의 간화 경절 또한 점수의 범주라 볼 수 있다.

보조는 망심에서 벗어나 진심에 달하기 위한 방법으로 무심공덕을 강조하고 있는데, 그가 말하고 있는 무심이라 "마음의 본체가 없다는 뜻이 아니요, 다만 마음 가운데 생각[物]이 없음을 뜻하는 것이다. 마치 빈 병이라고 할 때 병속에 물건이 없는 것을 빈 병이라 하는 것과 같다"[30]라고 하므로 무심은 망심이 없다는 것이요 진심은 묘용이 없다는 것이 아니다.

무심의 표준을 마음에 일이 없고[於心無事] 일 가운데 마음이 없는[於事無心]데에 두고 있다. 그러므로 마음 가운데 일이 없고 일 가운데 마음이 없으면 저절로 비어 신령하고 묘한 것이니 마음의 참 뜻인 것이다. 그는 이러한 무심을 닦는 방법을 십종[31]으로 요약하여 제시하고 있다. 그래서 자칫하면 보조의 결론은 간화선이라는 결론에 이를 가능성도 있다. 그러나 보조사상의 구조는 결코 간화선 일변도의 이론이 아니라 대중의 근기에 맞는 방편설을 많이 채용하고 있다. 일찍이 불교의 가르침은 대중들의 근기에 적절한 방편설을 중시하였다.

간화선의 근기에 맞는 이는 간화선이야말로 더 이상 없는 깨달음으로 가는 '경절(徑節)'이지만 그렇지 못한 이들에게는 또 다른 방법이 제시되어야 한다. 그러기 때문에 보조사상의 간화선의 수용은 여러 방편중의 하나임을 알 수 있다.

VII. 결어

이제까지 살펴본 보조 사상의 회통적 구조를 요약하면 다음과 같다.

불교의 핵심은 본래 마음이 곧 부처라는 전제에서 출발한다. 자기를 초월해서 부처가 존재하는 것이 아니라 자기 내에 부처가 존재한다. "땅에서 넘어진 자 땅을 딛고 일어서라"는 보조의 비유는 마음이 곧 부처라는 뜻이다. 미혹한 마음을 가진 자는 중생이고, 그 미혹한 마음을 벗어난 자는 부처이다. 그러므로 중생을 떠나 부처가 있을 수 없다. 그런데 사람들은 이미 자기에게 완전한 불성이 갖추어져 있음을 망각하고 멀리서 부처를 구하려고 한다는 것이다. 자신 속에 있는 불성으로의 복귀를 강조하는 보조의 회광반조의 이론은 그의 회통의 지향점을 설명하는 것이다.

또한 회광반조의 수행은 정혜雙수여야 한다. 즉 선정과 지혜가 조화된 수행이어야 한다. 선정이란 두말할 필요조차 없이 중요한 것이지만, 교학적인 지혜가 덧붙여짐으로써 선정은 여실해지는 것이다. 교학적 기반이 없는 선을 바람직하지 않게 보는 것이다. 계, 정, 혜 삼학에 근거한 그의 정혜雙수 사상은 바로 선교일치의 회통적 구조의 전형적 논리다.

이러한 정혜雙수는 돈오점수이지 않으면 안 된다. 바른 수행을 위해서는 바른 깨달음이 있어야 한다. 바른 인식이 없이 바른 실천이 여실해질 수 없다. 돈오란 내 마음 안에 부처가 존재한다는 깨달음이요, 점수란 그 부처의 성품을 닦는다는 것이다. 돈오 없는 점수, 또는 점수없는 돈오는 무의미하다. 그러므로 선오후수(先悟後修)라고도 한다. 이것은 깨달음과 닦음을 대립적인 관계로 보는 것이 아니라 불이(不二)의 관계로 보는 회통적 구조의 하나이다.

그의 사상은 교학적 측면을 소홀히 하지 않는다. 원돈성불론(圓頓成佛論)은 이통현 장자의 화엄론의 입장에서 그의 선사상을 깊이 있게 해준 저술이다. 그 내용은 중생심이 곧 부동지불(不動智佛)이요 보광명불(普光明佛)이고, 번뇌하고 망상하는 중생의 마음을 떠나서 부처의 경지는 없다는 것이다. 이러한 화엄교관은 보조 사상이 이미 선교를 회통하고 있다는 시사이다.

간화경절(看話徑截)의 사상은 간화선의 중요성을 말한다. 선의 궁극적 목표가 결코 지식의 체계나 상대적 차별의 세계에 머무르는 성질이 아님을 설명하는 것이다. 선은 이론의 세계가 아닌 체험의 세계이다. 복잡한 미로와 같은 어떤 체계를 생략해 버리고 선뜻 중심으로 직진하는 경절은 다름 아닌 간화선을 통해 가능해지는 것이라고 한다. 그러므로 보조는 10종의 무심의 경지에 이르는 공부 방법을 제시하였다. 그러나 간화경절이 간화선만의 수용을 의미하는 것은 아니다. 이것은 여러 방편 중의 하나라는 점에서 결코 회통적 구조를 도외시한 것으로 보기 어렵다.

보조 사상에는 하화중생적(下化衆生的) 보살 정신과 방편설이 많아 대중에 대한 그의 각별한 애정을 읽을 수 있다. 이러한 과점에서 그가 돈오점수(頓悟漸修)를 강조한 것은 깨달음보다는 깨달음의 실천에 비중을 둔 것이라고 할 수 있다. 이런 점에서도 그의 사상은 선교일치적 사상으로 원효 이래 형성된 한국 사상의 회통적 특징을 잘 보여 주고 있다.

진각국사 혜심의 회통불교

-그의 생애와 사상사적 위치-

I. 서언

　진각국사 혜심은 고려의 최씨 무신정권들이 집권하던 시기의 수선사의
지도자로 고려시대 사상에 있어서 대단히 중요한 위치를 차지하고 있다.
당시 개경이 중심이던 시기에 진각국사 혜심은 전라도 화순출신으로 활동
범위는 오늘날의 호남과 경상남도의 일부에 국한되었지만 재세시에 이미
고려왕실의 귀의를 받았다. 그 자신은 한 번도 개경에 나아가 본 적이 없었
지만 당시의 국왕을 비롯해서 고려의 권력자들은 진각국사의 결사에 참여
하였고 늘 스승으로서 대우했다.

　그러나 수선사의 연구나 수선사를 중심으로 이루어진 연구는 보조국사
지눌을 중심으로 진행되어 오고 있으며, 그의 법맥을 이은 진각국사 혜심
의 연구는 상대적으로 미흡한 편이다. 또한 최씨 무신정권의 귀의를 받았
다는 점에서 권력지향적인 일종의 권승으로 다루기도 하며 정치사회적 배

경에 주목하여 사상사적 위치를 정확히 가늠하지 못하고 있는 형편이다.

대체적으로 연구의 상황은 간화선을 고취한 인물로 조명하거나 최씨 무신정권과 밀착한 정교융합적 인물로 보는 경향이라고 할 수 있다.

이처럼 진각국사 혜심연구는 어느 한쪽으로 보는 관계로 입체적으로 그의 입장을 보지 못하고 있으며 또, 그가 입적한 월등사(月燈寺)나 그가 활약했던 호남과 영남 일부의 사찰들에 대해 세밀한 연구는 미흡한 실정이다. 필자는 진각국사 혜심의 사상이 보조국사를 이어 간화선중심으로 되어 있다고 보는 기존의 연구와는 달리 그의 생애가 간화선을 중시했지만 대승불교경전에 바탕한 회통사상으로 보고 있다.

II. 진각국사 혜심의 생애와 시대상황

진각국사 혜심은 1178년 전라도 화순에서 향공진사(鄕貢進士) 최완과 모친 배씨 사이에서 태어났는데 그의 출생지는 현재의 화순읍 한천(寒泉 또는 跡泉) 부근이라고 한다. 이규보의 문집에 진각국사의 생애에 대한 기록이 있지만, 화순지방에서 내려온 전설을 살펴보고자 한다.

화순의 전설에 의하면 국사의 어머니 배씨는 배이방의 딸로 당시 투옥된 아버지를 위해 새벽에 미음을 쓰기 위해 차천(車泉)에 갔는데 거기에 겨울인데도 오이가 떠있어서 그것을 먹었다. 그 오이를 먹은 뒤 임신하였기 때문에 아이는 학사리의 정자나무 밑에 버렸다고 한다. 그러나 학들이 내려와 아이를 보호하므로 배이방 내외는 아이를 기르기로 했으며, 능주의 친척집에 다녀오면서 우연히 아이를 발견한 것처럼 가장하여 길렀다고 한다. 국사가 성장하면서 탁발 온 보조국사에 아이를 보고 속가에서 자라면 단명한다고 하여 일찍이 송광사에서 자랐다고 한다. 이런 연유로 화순 만

연산의 성주암에는 보조.진각 두 국사의 진영이 한말까지도 보존되어 있었고, 진각국사를 버린 정자나무도 학사리 정자나무라고 했다고 한다.[1] 이런 이야기는 어디까지나 전설로 내려온 이야기일 뿐이며, 국사의 전기는 이규보의 비문에 자세히 들어나 있다.

국사의 속성은 최씨이며 부친은 최완(崔琬)이다. 어머니 배씨가 하늘(天門)이 열리고 또 세 번이나 벼락 맞는 꿈을 꾼 뒤에 임신하여 열두 달 만에 낳았는데, 태아가 마치 가사를 입은 듯 태의(胎衣)를 갖고 있었으며 이레를 지난 뒤에야 눈을 떴다고 한다. 부친 최완(崔琬)은 향공진사로 당시 지방에서 중앙의 고위직으로 신분상승이 가능한 위치에 있었으나 일찍이 세상을 떠났다. 국사의 속명은 식(寔)이며 자는 영을(永乙)이었다. 약관의 나이인 24세에 소과인 사마시(司馬試)에 응시 급제하고 개경의 태학에 입학하였다. 그러나 다음해 모친상으로 인해 귀향하여 외가의 형인 배광한(裵光漢)의 집에서 모친의 병을 간호하였다

세속적 명리를 구하지 않고, 25세에 수선사(오늘날의 송광사)출가하여 보조국사의 제자가 되었다. 이후 보조국사의 인가를 받고 법맥을 계승하는데 의발대신 부채를 받았으며 스승에게 다음과 같은 게송을 바쳤다고 한다.

昔在師翁手裏　　옛날에는 스승의 손안에 있더니
今來弟子掌中　　오늘은 제자의 손안에 있구나
若遇熱忙狂走　　만약에 들끓는 번뇌 일어나면
不妨打起淸風　　시원한 바람 일으켜도 무방하리.

1210년(희종 6)에 보조국사 지눌이 입적하자 왕의 칙교를 받은 문도들

에 의해 제2세 수선사의 법주로 추대되었다. 이로부터 약 24년간 수선사를 이끌면서 고려왕실과 최씨무신 정권의 귀의를 받는 고려왕실의 대선사(大禪師)로 추앙을 받는다.

혜심의 저술로는 《선문염송》 30권이 있다. 여기서는 중국 선승들의 공안(公案)을 1125則(현재 1462칙은 후세에 추가됨)으로 이루어졌다. 여기에 많은 선객들의 시와 송(頌)까지 덧붙인 《선문염송(禪門拈頌)》을 편찬했다. 이 책은 나이 49세(1226년, 고종 13년)에 이루어진 것인데 이후 승과의 시험과목으로 《화엄경》과 동등한 지위에 있었고, 선교양종의 통일시대에 있어서는 《화엄경》 이상의 최고위를 점령하여 근대까지 이르렀다. 조선조에서도 세종 때 예조에서 규정된 선종, 교종의 선시(選試) 과목에 선종에는 전등록과 선문염송, 교종에는 《화엄경》, 《십지론》이 필수과목으로 있었다.

진각국사는 집권층으로부터 개경으로 올라오라는 요청을 받았지만 그의 활동범위는 호남과 영남일부에 제한되어 있었다. 그럼에도 그는 승과의 선시(選試)를 거치지 않고 대선사(大禪師)로 왕실로부터 추대되었다. 세속의 나이 57세, 출가한 지 32년만인 1234년에 병이 들어 수선사에서 월등사(月燈寺)로 옮겨 그곳에서 입적하였다. 비록 병환 중이었지만 미소를 잃지 않고 참선하는 자세를 유지했다고 한다.

衆苦不到處	중생의 고통이 이르지 못하는 곳에
別有一乾坤	별도로 하나의 건곤이 있구나
且問是何處	또 거기가 어디인지를 묻는다면
大寂涅槃門	크게 고요한 열반의 문이다.

이듬해 수선사의 북쪽 광원암(廣遠庵)에 부도를 세웠는데 왕실에서는

부도탑의 이름을 원소지탑(圓炤之塔)이라 하였다. 또한 그의 탑비는 강진 월남사지에 있는데, 당대의 문호 이규보가 비문을 찬술하였으며, 김효인(金孝印)이 글씨를 썼다. 비의 음기에는 승가의 제자들뿐만 아니라 재가의 최씨무신정권의 주요인물들이 열거되어 있어 혜심의 위상을 살필 수 있게 한다.

그가 활동하던 시기는 최충헌(崔忠獻, 1149~1219)이 무신정권을 이끌고 있었는데, 최충헌의 아들 최우(崔瑀)는 최충헌을 이어 무신정권을 이끌었다. 최우는 진각국사를 흠모하였고 그의 아들 형제를 수선사로 출가시켜 제자가 되게 하였다. 최만전(이후 崔沆)과 최만종 형제인데, 수선사에서 선사의 이력을 가지고 있지만 이후 속퇴하여 인심을 얻지 못했다. 그들의 아버지인 최우는 대장경 조판사업 등 많은 불사를 도운 당대의 실력자였다.

무신정권 이전의 왕실과 밀착되어 있었던 기존의 불교는 배척을 받았고, 개경을 떠나 새로운 결사운동을 결의한 수선사는 무신정권이 의지하는 새로운 불교의 견인차 역할을 하고 있었다. 그러나 단지 무신정권의 지원에 의해서만 수선사가 존립할 수 있었던 것은 아니다. 거기에는 지방의 토호세력이나 독서층들이 선종과 같은 새로운 스타일의 불교에 대해 우호적이고 이미 후원세력으로 성립되어 있었기 때문에 무신정권 역시 이에 호응한 것이라고 볼 수도 있는 것이다. 채상식 교수는[2] 수선사가 성립되고 성장한 것은 지방사회의 향리층과 독서층이 지지한 것에서 찾을 수 있으며, 최우가 이들을 그의 지지세력으로 포섭하기 위한 의도에서 수선사와 밀착한 것으로 보아야 한다고 말한다.

이러한 새로운 시대에 보조국사 지눌은 이전의 왕실과 권력과 밀착하여 귀족적 입장을 견지한 불교와는 달리 승가구성원의 직접적인 승풍을 진작코자 했다. 그것이 다름 아닌 수선사의 정혜결사운동이라고 할 수 있다. 이

전의 불교가 밀교적인 공덕신앙 위주의 기복신앙이었다면 보조 지눌이 지향하는 것은 마음수행을 강조하는 것으로 탈속적인 결사운동이라고 할 수 있다.

보조국사를 이은 진각국사의 수선사는 더욱 더 최씨정권의 원찰로서 기능을 갖게 된 것은 부인할 수 없는 역사적 사실이다. 그러나 최씨정권은 고려의 왕을 실각시킬 수는 있었지만 역성혁명을 한 것은 아니었기 때문에 당연히 왕을 정점으로 하는 고려왕실과의 관계가 이어짐으로써 왕실의 귀의를 받게 된 것은 당시의 하나의 당연한 추이였다. 수선사는 지방의 독서층에서부터 왕실에 이르기까지 정혜결사와 선종적 경향의 새로운 불교가 주도한 광범위한 수행 결사운동이었음을 알 수 있다.

III. 혜심의 회통사상

1. 한국 간화선의 태두

진각국사 혜심의 사상이 무엇인가를 거론할 때 하나의 선입관은 불립문자의 선종으로 특히 간화선의 사상을 들고 있다. 그도 그럴 것이 그가 편찬한 《선문염송》이 우리나라의 화두선의 실참을 위한 교과서가 되었기 때문이다. 그의 스승인 보조국사의 선사상은 간화선만을 강조한 것은 아니었다. 정혜쌍수(定慧雙修)라는 보조의 주장자체가 선종과 교종의 일치를 주장하는 것이지 선종수행만을 강조했던 것은 아니다.

혜심은 단지 서적만을 편찬한 것이 아니라, 실제의 삶에서도 사람들에게 화두를 들게 했고 그 자신도 늘 화두를 들어 선을 생활화했었다. 그는 세간과 출세 간 선과 악, 유(有)와 무(無)등 일체의 법을 한꺼번에 놓아 버리라고 한다. 그 다음에 항상 마음을 텅 비워서 한 물건에도 집착하지 않고, 또 집착하지 않는다는 생각도 하지 말고 무심하면 도에 부합하며 자신의 본래 성품에 갖추어져 있는 공덕이 저절로 나타나 조금도 부족이 없을 것이라 하였다. 여기에서 집착하지 말고 '놓아라' 라는 말은 조주의 '방하착(放下着)'의 화두로 '무(無)' 자[3]와 더불어 늘 권유했던 화두이다. 최우에게 보낸 편지에서도 마찬가지로 집착을 벗어나 '방하착' 하라는 내용을 권유하고 있음을 알 수 있다.

"세상의 즐거움은 오래가기 않고 사람의 목숨은 무상하다는 것을 당연히 아셔야 합니다. 항상 꿈과 허깨비와 허공의 꽃과 같은데 왜 그것을 붙잡으며 괴로워합니까, 득실시비를 일시에 놓아 버려야 합니다." "크게 놓아라. 크게 놓아라. 본래 한 물건도 없다. 본래 한 물건도 없다. 하늘위에도 미륵불이 없고, 땅 아래에도 미륵불이 없다."[4]

본래 한 물건도 없다[本來無一物]라는 말은 육조 혜능에서 유래한 것이다. 선과 악을 구별하여 악을 배척하고 선을 닦는다는 입장과는 달리 본래 선과 악이 없다는 것으로 무심하면 그것이 바로 선이라는 입장이다. 보조국사는 이를 '심중무물(心中無物)'이라고 달리 표현하고 있는데 역시 마음에 어떤 집착을 두지 말라는 뜻이다. 이에 대해 혜심은 한 걸음 더 나아가 민중들의 신앙의 대상인 미륵불마저도 하늘과 땅에 없다고 하여 철저히 무집착하여 무심의 경지에 이르도록 화두를 들어야 한다고 하는 것이다. 이는 단지 이론이 아니라 그 자신의 수행이며 또 승속을 막론한 대중들에게 권유하는 그의 간화선인 것이다. 이러한 무심수행은 임금인 강종 대왕에게 올리는 법어에도 마찬가지다.

"안으로 무심하다면 밖에 일이 없습니다. 일없는 일이 이것이 큰일이며, 무심한 마음이 이것이 진실한 마음입니다. 이른바 무심이라는 것에서 무심은 무심도 없으며 무심이 다함도 없습니다. 이것이 진실로 무심입니다. 무사라는 것의 무사는 무사도 아니며 무사가 다함도 아닙니다. 이것이 진실로 무사입니다."[5]

혜심은 분명 한국 간화선의 태두라고 할 정도로 중요한 선의 저술을 편찬했으며, 집착심 없는 마음을 유지하기 위해 화두를 실천 수행했다. 그럼에도 그의 간화선을 융합사상이라고 한 것은 이 모든 것들이 문자로 기록되어 있다는 사실에서이다. 그의 간화선은 불립문자(不立文字)의 선이 아니라 여러 경전과 조사어록에 바탕한 것으로 후학의 길잡이가 되었다는 점에서 문자와 회통적인 선종이라고 할 수 있다.

2. 대승보살의 정신

진각국사의 혜심의 저술 가운데 《금강경》에 관한 것이 있다. 《금강반야바라밀경찬(金剛般若波羅蜜經贊)》[6]으로 명명된 이 책에는 주로 금강경의 공덕을 이야기 한 것이다. 그런데 그는 서문에서 금강경의 금강이란 일체의 장애와 네 가지 마악(魔惡)를 타파하는 도구라고 했다. 그것은 해탈을 방해하는 것인데 첫째는 번뇌의 마구니이며 둘째는 오음(색, 수, 상, 행, 식)의 마구니이며, 셋째는 죽음의 마구니고 넷째는 하늘의 마구니라고 한다.[7]

이 책에서는 금강경의 공사상을 설하기 보다는 금강경을 독송한 공덕이 얼마나 수승한가를 여러 사례를 통해 소개하고 있다. 그 중요한 공덕 가운데 죽지 않고 오래 살았다는 영험이 많이 소개되는데, 예컨대 죽었다가 다시 살아난 것은 평소에 금강경 독송을 했다는 이야기며, 어떤 사람은 120세까지 살았으며 재난을 피했다는 이야기들이다. 말하자면 자영의 재해로부터 귀신의 재앙으로부터 또 전쟁의 참화로부터 보호받을 수 있다는 영험담을 주로 담고 있다.

이제까지 혜심은 오로지 간화선만을 내세우고 그것만이 해탈의 길이라고 주장한 것으로 알고 있지만, 《금강반야바라밀경찬》에서는 경전을 독송하는 공덕이 얼마나 신령스러운지 그런 사례들을 수집해서 엮어 놓았다. 아마도 이런 종류의 서적은 경전의 연구나 화두의 실참에 앞서 누구가 쉽게 할 수 있는 독송을 통해 재난을 피하고 행복을 부르는 소박한 신앙이 무시할 수 없는 것임을 말해 주는 것이다. 금강경의 진수가 기복신앙에 있지 않고 깨달음에 있다는 것을 잘 알고 있었지만,[8] 동시에 하근기를 위한 방편을 위해 이러한 글도 모았다는 것은 그의 회통적 사상을 보여주는 것이라고 할 수 있다.

채상식[9] 교수도 이에 대해 혜심의 사상에서는 선사상외에도 《법화경 보문품》, 《화엄경 보현행원품》, 《범서대장신주(梵書大藏神呪)》 등을 수용하고 있는 태도를 발견할 수 있다고 하면서 그가 선사상만을 견지하였다기보다 넓은 의미에서 실천공덕신앙과 밀교적 요소도 수용하고 있었다고 주장한 바가 있다. 진각국사의 어록에도 이러한 타력신앙의 내용을 어렵지 않게 발견할 수 있으며, 관세음보살의 위신력을 이야기하고 있다.

"중생이 곤액을 당하고 몸에 한량없는 고통을 받을 때 관세음보살의 신묘한 지혜의 힘이 능히 세간의 고통을 벗어나게 한다."[10]

《유마경》에 대해서도 유마거사가 비야리성에 살면서 따로 어느 곳에서 가서 유마거사를 찾겠는가? 오직 유마거사를 정명(淨名)이라고 하는 것은 아니라 내가 또한 하늘의 성인이 되어 함께 짝을 이루는 것이다. 순수하게 구도의 마음을 실행하면 곧 관세음보살이 나타나고 언제나 대비(大悲)한 뜻을 움직이니 곧 미륵이 하생하고 모두 진리의 문을 깨닫는 길에 닿는다.[11] 맹목적인 타력신앙보다는 내가 유마거사가 되고 내가 관세음보살이 되고 또 미륵이 되는 중생을 제도하려는 그런 보살의 자비심이 필요하다고 부연하고 있다. 어느 사람에게는 맹목적인 독송과 염불이 필요하겠지만 또 어떤 사람들에게는 그 스스로 실천수행하는 보살행이 필요하다는 것이다.

　"《화엄경》의 계송에 말하기를 일체의 지혜를 구하고자 하면 위없는 깨
　달음을 속히 이루어야 한다. 응당 깨끗하고 아름다운 마음으로 보리의 행
　을 닦고 익혀야 한다."[12]

출가수행자는 자신 만을 위해 수행하는 것이 아니라 중생들의 이익을 위해 수행하는 보살이어야 한다고 강조하고 있다. 그의 사상이 간화선을 중심으로 전개되어도 출가의 정신이 단지 자신의 깨달음을 구하는데 머무는 것이 아니라 중생들에게 이익을 주고 한없는 자비심으로 생명을 사랑하고 다른 사람도 깨달음에 이르도록 해 주는 것이 진정 출가의 정신이라고 본다는 점에서 그의 사상은 대승보살사상에 투철한 것이다.
　"출가자란 자기 자신의 한 몸을 위하여 홀로 해탈을 구하는 것이 아니
　라, 일체중생의 번뇌를 끊게 해주고 계율을 어기는 자로 하여금 깨끗한
　계율에 안주하도록 해주고, 능히 생사에 흘러 도는 자를 교화하여 해탈하

도록 하며 네 한량없는 자비희사의 마음으로 생명 있는 존재들을 널리 이롭게 하며, 중생으로 하여금 열반에 들게 하는 것이다. 이것이야 말로 출가인 것이다."[13]

어록에서는 《화엄경》도 적지 않게 인용되고 있는데, 그 내용은 반야 불이(不二)에 근거한 평등사상이 많다.

"《화엄경》에 말하기를 보살의 세상을 마무리하는 법은 일체가 모두 꿈과 같아 어느 곳에 머무는 것도 아니고 머물지 않는 것도 아니다… 이것은 마치 꿈속에서 여러 가지 다른 모습들을 본 것과 같다. 세상도 이와 같은 것이다. 꿈과 더불어 차이가 없다… 이와 같이 모두 알게 되면, 꿈처럼 모두가 평등하다."[14]

이런 보살의 마음과 평등 불이(不二)의 마음을 가진 자는 잘 살기도 하지만 그 깨달음으로 인해 죽을 때도 심경이 편안하다고 한다.

"무릇 사람이 임종을 할 때, 오로지 오온이 공(空)함을 관찰하고 사대(四大)가 무아(無我)임을 관찰해야 한다. 진실한 마음을 상(相)이 없다. 가지도 오지도 않으며, 살아있어도 성품이 살아 있는 것이 아니고, 죽어서의 성품이 죽은 것도 아니다. 담담하고 자연스럽게 원적(圓寂)하니 그 심경은 똑 같은 것이다."[15]

그는 간화선만을 강조한 것이 아니라 수많은 대승경전을 인용하여 보살행을 말하며, 그 공덕을 말하고 반야 불이(不二)의 평등을 설하는 것이다. 그러면서 번뇌망상을 제거하기 위해서 간화선이 필요하다는 것을 설하는 것이지, 오로지 간화선만이 대승불교의 진수라고 다른 사상을 배척했던 것이 아니다.

3. 유불(儒佛) 회통사상

진각국사 혜심은 고려시대 사마시(司馬試)에 합격할 정도의 유교적 소양을 일찍이 익혔기 때문에 유가를 통해 그의 교양이 먼저 형성되었다. 개경의 태학에 들어가 과거시험을 준비할 정도의 능력을 갖춘 그에게 있어서 유교는 애초부터 배척의 대상이 아니었다. 그러나 특별하게 유교의 저술을 남기지는 않고 단지 불교적 깨달음을 통해 유교의 세계가 불교의 세계와 다르지 않음을 말하고 있다. 20대에 개경의 태학에서 인연을 맺게 된 최홍윤은 수선사의 결사에도 참여하는 등 진각국사의 생애에 있어서 중요한 인물인데 서로 주고받은 편지 가운데 진각국사의 유불회통사상을 알 수 있는 단서가 있다.

"제가 옛적 선생님의 문하에서 있었는데, 이제 선생님이 저의 결사의 모임에 참여하게 되었습니다. 선생님은 불교를 믿는 유생이시고, 저는 유교를 신봉하는 불자입니다. 서로 손님이 되고 주인이 되었습니다. 서로 스승과 제자를 번갈아 하니 예로부터 된 것이니 지금 시작된 것이 아닙니다."[16]

최홍윤은 불교를 믿는 유생이고 자신은 유교를 신봉하는 불자라는 말이다. 불교와 유교가 서로 배치되는 것이 아니라 공존하며 상호보완적인 관계가 될 수 있음을 말하는 것이다. 진각국사는 왜 그런가의 이유를 설명하면서 논어의 대목중에 사무(四毋)의 가르침을 보면 왜 유불이 지향하는 바가 같음을 알 수 있다는 것이다. 그러면 참고로 논어에서 말하는 사무(四毋)를 살펴보자.

"공자께서 끊어버린 일이 네 가지가 있으니, 자의대로 하는 일이 없었고, 기필코 하는 일이 없었고, 고집하는 일이 없었고, 자기를 내세우는 일이 없으셨다."[17]

무의(毋意)란 어떤 선입견이나 고정관념과 같은 마음을 갖지 않는다는 것으로 공정한 태도라고 하겠다. 무필(毋必)은 반드시 기필코 하겠다는 강박관념이 없다는 뜻이다. 무고(毋固)는 고집스럽거나 완고하지 않다는 뜻이며, 마지막으로 무아(毋我)는 자기중심이 아니라는 뜻으로 해석한다.

혜심이 이해하는 유교는 주자학적 절대주의적 권위주의적 유교가 아니라 이처럼 자기를 비우고 배우려는 공자의 유교를 존중했던 것이다. 그러면 진각국사의 어록의 말을 다시 한 번 음미해 보자.

"공자가 무의(毋意), 무아(毋我), 무고(毋固)를 말했다. 무진거사는 이를 해석하여 말하기를 무의(毋意)라고 하는 것은 반드시 진실한 뜻이 존재하는 것이며, 무아(毋我)라는 것은 반드시 진실한 내가 주재하는 것이 있으며, 무고(毋固)라고 하는 것은 반드시 진실로 고집해야 할 것이 존재하는 것이다. 무필(毋必)은 반드시 진실로 필연적인 것을 수호할 것이 있는 것이다."[18]

이 점은 간화선에서 무(無)와 같은 것이다. 번뇌망상을 제거하기 위해서 무(無)를 화두로 드는 것은 나를 버리는 것이 아니라 진정한 나를 찾기 위해서라는 것이다. 공자의 정신도 이와 같은 논리다. 도를 구하기 위한 것은 역시 나를 찾기 위해 비본질적인 것들을 제거하고 버려야 한다는 것이다.

진리를 구하는 자세는 자신을 비우고 배우는 자세가 기본이라는 점에서 공자의 구도의 정신과 제자와 더불어 논의하는 탐구의 정신에 대해 진각국사는 불교의 정신과 통하는 것으로 보았다. 더구나 어머니에 대한 효심과 나라에 대한 우국충정은 그에게 있어서는 상식이었으며 의문의 여지가 없는 가치였다. 다만, 권력에의 의지나 세속적 명리에 관심을 두지 않았기 때문에 그는 불교적 수행에 몰입했던 것이다.

그는 속세를 떠나 수행결사운동을 주도했지만, 그것이 세속과 단절된 은둔적 결사는 아니었다. 그는 많은 당시의 독서층들의 귀의와 참여 속에서 이루어진 것이므로, 승과 속을 둘로 나누어 보지 않았으며, 선과 교를 나누지 않듯 당연히 유교와 불교의 가르침이 상통한다고 보았던 것이다.

IV. 결론

진각국사의 혜심은 고려시대에 보조국사 지눌의 정혜결사를 이은 고승이다. 조계산의 깊은 산에 위치한 수선사(修禪社)는 고려불교의 쇄신을 결의한 수행결사의 도량이었다. 복잡한 개경을 떠나 깊은 조계산이 터를 잡아 선문을 이룬 것은 말할 나위도 없이 수행중심의 불교로 가기 위한 결의라고 할 수 있다.

보조국사의 법맥을 이은 진각국사 혜심은 최충헌에 이은 고려 무신정권의 귀의를 받아 승속을 막론하고 귀의하는 큰 도량을 이루었다. 강종(康宗)과 최우(崔瑀)를 비롯한 권력자들 문도들의 신뢰를 받았던 스님은 권력을 추종한 것은 아니었다. 그의 법문은 한결같이 이 세상은 한순간의 꿈과 같이 무상한 것이라는 가르침이고 탐, 진, 치를 벗어나서 언제나 무심의 경지에 있는 선정의 삶을 강조했다.

스승 보조국사는 일찍이 간화선을 중시하여 무심을 강조했는데, 무심이란 마음이 없다는 말이 아니라 마음에 잡념이 없다는 '심중무물(心中無物)'을 강조했다. 따라서 수선사의 결사정신을 이은 혜심스님은 중국의 간화선에 대해 종합정리하여 《선문염송》 30권을 편집하여 여러 가지 공안을 소개하였다.

무심무사(無心無事)를 중요시했지만, 약관의 나이에 사마시(司馬試)에 합격하여 국립대학인 태학(太學)에서 공부할 정도로 유교경서에도 해박했기 때문에 선을 수행하고 산중에 은둔했지만 대중과의 소통을 중요시했다. 그렇기 때문에 '불립문자(不立文字)'라는 선의 정신에 중심을 두면서도 당시의 독서층과 지도자들을 위하여 쉼 없이 저술을 편찬 발행했던 것이다. 오늘날 한국의 간화선의 전통은 고려후기 수선사(修禪社)의 간화선의 연장이라고 할 수 있다. 근래 한국의 선문화는 효봉 스님을 비롯한 선승들이 조주의 '무(無)'를 화두로 수행했으며 역시 조주의 '방하착(放下着)'도 사량분별의 놓는 화두로 중시되어왔다. 이러한 수행은 진각국사의 가르침에서 지속적으로 강조되었던 화두였던 것이다.

혜심의 간화선은 마음에 복잡함을 두지 않는 무욕과 무심의 경지를 당연히 값진 마음가짐으로 보았지만, 그렇다고 해서 다른 수행방법을 배척하지는 않았다. 대승경전을 통해 자신의 이론을 전개하며 보살행도 출가자들이 행해야 할 덕목으로 보았다. 중생과 생명에 대한 무관심이 아니라 중생의 고통을 벗어나도록 해주는 것이 출가수행자의 당연한 자세라는 것이다.

그는 세속의 가치를 중시하는 유교와 같은 가르침도 배척하지 않았을 뿐만 아니라 공자가 추구한 도가 불도와 크게 다르지 않으며, 논어를 인용하여 공자의 학문의 정신은 무의(毋意), 무아(毋我), 무고(毋固) 그리고 무필(毋必)로 선의 가르침과 둘이 아니라고 보았다. 무의(毋意)란 어떤 의도를 갖지 않는다는 것이며, 무아(毋我)는 이상이 없다는 것이며, 무고(毋固)란 고착된 생각이 없다는 것이며, 무필(毋必)이란 반드시 어떻게 하여야 한다는 그런 얽매인 생각이 없다는 것을 인용하면서 이처럼 자신을 늘 비워서 늘 배움의 자세를 견지하는 것이 공자의 정신이자 또한 선의 정신이라고 갈파했던 것이다.

간화선을 몸소 삶속에 실천하고 또 대중들에게 권장했던 선사(禪師)로서 간화선을 익혀 살지만, 다른 가르침을 배격하거나 공덕신앙을 무의미한 것으로 보지 않았다.

Ⅲ.조선시대의 회통불교

조선 중종대 왕실의 불교의례

-기신재(忌晨齋)를 중심으로-

I. 불교의례로 궁중과 민간에 행해져

조선 중종대는 조선의 유교적 의례가 점차 뿌리를 내려가면서, 소위 사림파의 조광조와 같은 인물이 개혁정치의 전면에 나서서 도학정치를 펼쳤으며 유교적 관혼상제의 의례가 점차 토착화되어 가는 시기라고 볼 수 있다. 상대적으로 오랜 전통의 불교는 공식적인 국가의례에서 밀려날 뿐만 아니라 불교와 승도(僧徒)의 사회적 위신을 땅에 떨어지는 억불의 절정기라고 해도 과언이 아닐 것이다.

그럼에도, 민간에서는 물론 궁중 내에서는 유교적 상례가 정착되지 못하고 여전히 사적으로는 불교의 의례가 행해졌다는 것은 유교의례가 그 당시의 왕실과 민간에 정착되지 못했음을 말해준다. 그것은 유교의 종교의례로서의 한계를 말해주는 것이고 동시에 정책적인 탄압에도 불구하고 불교가 가진 종교성의 생명력을 대변해줄 수 있는 사례이기도 할 것이다.

이 글은 조선왕조실록에 기록된 중종실록을 중심으로 당시의 궁중의 불교의례를 알아보았다. 당시의 기록은 유교적 교양을 바탕으로 한 관료들의 입장에서 쓰인 것이기 때문에 불교의례는 대단히 부정적으로 기록되었고, 불교의례를 수호하고 지키려는 편의 입장을 대변해주는 자료는 매우 열악하다. 그러나 부정적인 기록가운데도 왜 불교의례가 유지되어야 하는지 근거가 있으며, 그 실마리를 통해 억불의 절정기에 궁중 내에 불교의례가 생존하는 이유를 파악할 수 있을 것으로 본다.

더구나 중종비 문정왕후는 명종대에 승과를 부활시킴으로써 후일 조선불교의 부흥의 기틀을 마련한 지원자였다는 사실은 억불의 절정기이자 그리고 주자가례를 권장하고 유교적 의례를 토착화하려던 중종대에도 오히려 유교적 상례가 아닌 불교적 기신재 등이 민간은 물론 궁중 내에서는 불교의례로서 행해졌다는 것은 주지의 사실인 것이다.

이 글은 당시에 비교적 오래까지 유지되었던 기신재를 중심으로 그 내용과 종교적 의의 등을 살펴보고자 한다.

II. 조선 중종대의 불교의 위치

1. 억불숭유(抑佛崇儒)

조선초기부터 정책적으로 불교를 반대하는 것과 개인으로 불교를 신앙하는 것은 별개의 문제였다. 조선 성종때까지도 국가에서 공식적으로 불교의 의례를 수용하고 있었다. 불교의 수륙재를 유교의 가묘제와 함께 공식 제의로 한 것은 성종조까지도 가묘제 보급이 논란이 되고 있는 것은 불교적 풍습이 사대부들에게 깊이 침투해 있었음을 보여준다.

성리학적 이념으로 단일화된 사유체계를 지니지 않았던 조선 초 사대부들은 공인으로서는 불폐(佛弊)에 대해서 배불론을 전개하였지만, 사인으로서는 종교로서의 불교신앙과 여말이래의 불교적 예제(禮制)를 그대로 수용할 수 있었던 것이다.[1]

중종은 연산군에 의해 자행된 파불(破佛)을 수용하는 입장이었지만, 즉위 원년에 기신재를 복구하고 능침사 위전(位田)의 환급 등을 통해 연산군시대에 비해 완화하는 듯했다. 그러나 그의 정권의 출발부터가 재야 사림파의 강력한 지원하에 이루어진 것이며 중종 스스로 유교적 이상정치의 구현의 의지를 가지고 있었기 때문에 불교에 대한 완화는 제한된 것이었다. 신료들의 심한 반발과 폐지 주장은 강력한 것이었으며, 그에 굴하지 않고 이루어진 것이기 때문이다. 중종의 논리는 불교에 대한 신앙이나 우호에서가 아니라 '조종이 행해오던 일을 지금 폐지할 수 없다'는 것이었다.

중종대는 연산군대 심각한 파불을 계승했고, 유교적 이상 정치를 추구하는 중종의 소양과 유교의례의 입장에서 보자면 중종대는 아직도 유교적 의례가 뿌리를 내리지 못한 상황이었다. 《주자가례》는 교화의 강조에 의해 사대부뿐만 아니라 일반민에게까지 퍼져 나갔으나 아직도 한계가 있었다. 관혼상제의 의례가운데 관례는 거의 행해지지 않았으며 혼례는 사대부 계층에서 친영(親迎)이 비로소 행해지기 시작하고 제례는 비교적 행해지고 있었으나 집에 따라 각양각색이었다. 상례도 어느 정도 행해졌던 것으로 보이나 기묘사화 직후에는 관혼상제가 제대로 거행되지 않았다는 사실로 보아 주자가례에 의해서 행해지던 것이 약간 해이해지지 않았나 생각되고 가묘(家廟)도 역시 세우지 않는 자가 존재하였다. 민간신앙적인 생활관습도 계속 지속되어 음사(淫祀)를 숭상하며 부모의 상장(喪葬)에 유밀과(油蜜果)를 많이 쌓아 놓고 손님들을 모아 노래를 부르며 시신(屍身)을 즐겁게

해주는 영철야(靈徹夜)라는 것이 행해졌으며 향도(香徒)도 강하게 존재하였다.[2]

주자가례에 의한 유교적 질서를 확립해가기 위한 가장 강력한 시책으로 계속적 시행을 명한 가묘(家廟)를 짓는 일이 명종과 선조 때인 16세기 후반기까지도 아직 완전히 이루어지지 않았음이 확인된다.[3] 유교적 가례가 귀족이나 서민이나 한결같이 아직 뿌리를 내리지 못하고 민간신앙적인 또는 불교적인 의례가 지속되고 있었음을 보여준다. 말하자면, 당위는 유교적 가례의 정착이었지만 현실은 불교적 의례가 그대로 지속되고 있었던 전환기임을 짐작할 수 있다.

2. 왕실과 사대부가의 사적인 신앙

불교는 공적으로는 공인되지도 못했고 언제나 억제되고 이단시되었으면서도, 개인적으로는 또한 신앙되는 미묘한 입장에 있었다. 봉선사와 봉은사가 중요한 불교사찰의 기능을 하고 있었고, 스님들은 궁중의 내수사(內需司)를 출입하면서 동궁(東宮)을 위해 불공을 드렸다. 동궁이 후원자였고 불교를 좋아하고 스님들을 존중했다.[4]

경진(敬震) 스님은 세자를 대신해서 사신(捨身)하는 사람이라고 자칭했다. 부처님에게 사시(捨施)함에 경진은 대사(代捨)의 명칭을 사용했다는 내용은 양무제의 불사를 떠오르게 한다. 보담(寶湛) 스님 역시 스스로 권선(勸善)하고 왕실의 가족들의 귀의를 받았다. 이것이 궁중내의 사시와 불교 숭봉(崇奉)의 일단을 엿보게 하는 내용이다. 사신의 내용은 머리를 깎고 가사입고 손가락을 태우고 목을 지지는 등의 내용이 있었다. 중종은 이에 대한 고발에 대해 "내지(內旨)와 동궁의 대신이라고 사칭하며 어리석은 백성들을 속였으니, 참으로 경악할 일이다"고 했지만,[5] 두 스님들을 처벌하지는 않는다.

학조(學祖) 스님[6]은 당시에 불도들의 귀의를 받았으며, 승가에서 승왕(僧王)으로 신뢰받은 승려인데, 사대부가에서도 다투어 맞아들였음을 엿볼 수도 있다.[7] 이때의 스님들은 일반인의 옷과 관(冠)을 빌어 입고 도성문을 출입했지만, 때로는 승복차림으로 출입하고, 반궁(泮宮) 곁에까지도 당당하게 출입기도 했다. 왕실에서 재물을 보시하고 스님들에게 음식을 대접했는데, 내전(內殿)이나 동궁(東宮)에서 베풀고, 내수사(內需司)의 아전들이 불사에 참여하고 내척과 귀족들에게까지도 확대되어 융성한 수륙재(水陸齋)를 지냈는데, 이때 범패(梵唄)와 불전을 꾸미는 깃발들이 화려했다. 사대부가에서도 윤만천이라는 사람은 연등불사를 크게 벌였으며, 여염 사이에 부처님에게 공양하고 스님들을 공양하는 일이 빈번했으며, 여러 절에 식량을 공양하고 향불을 올리지 않는 일은 단절되지는 않았음도 알 수 있다.[8]

왕실과 사대부가에서 수륙회(水陸會)를 베풀어 복을 비는 일은 사적인 것임은 물론이다. 그러므로 수륙재(水陸齋)는 대비(大妃)를 비롯해서[9] 불교의 사원은 양반귀족들의 기복적 신앙의 원찰(願刹)로서의 역할을 나름대로 수행하고 있었음을 짐작할 수 있다.[10]

왕실의 불교적 상례라고 할 수 있는 기신재는 연산군대에도 승과를 둔 연유일 정도로 왕실에서는 중시했다.

중종대의 불교의 위상이란 당시의 집권자들이 논리적으로 혹은 정책적으로 폐불을 시행하면서 반대했고, 한결같이 '이단(異端)', '음사(淫祀)', '이교(異敎)', '좌도(左道)', '사도(邪道)' 등으로 몰아가는 일은 지속되면서도[11] 기신재와 같은 제례가 오랜 전통으로 유지되고 있었기 때문에 비록 스님들의 위상은 일을 하는 부역자로 한편에서는 현저히 저하되었을지라도 한편으로는 왕실이나 사대부가 혹은 민간에서 불교의 종교성은 유지되고 있었다.

III. 기신재(忌晨齋)의 내용

기신재는 '기신(忌晨 기일 새벽)에 재 올리는 일'이 원래의 뜻이다. 고려 왕조 때 흥왕사는 나라에서 역사를 감독한 관리까지도 모두 작(爵)과 상사(賞賜)를 더해주었는데, 바로 기신재(忌晨齋) 때문이었다. 부처님을 공양할 때에는 선왕과 선후의 신주를 먼저 욕실에 보내어 목욕을 시킨 후 뜰에 꿇어앉아 예불한다.[12] 하늘에 계신 조종(祖宗)의 신령으로 하여금 목욕하고 예불하도록 하는 뜻이다. 부처님과 스님들께 공양을 올린 다음 제사를 지내는 것이다.

이 의례는 부처님에게 먼저 예를 올려 결과적으로 왕이 부처님보다 하위로 이해되며, 그 구체적 양상은 왕의 영혼이 모셔진 것으로 믿어지는 신주가 깨끗한 상태로 되어서야 비로소 불상 앞에 신주가 놓일 수 있었던 것이다. 신주는 정문으로도 못 가고 옆문을 통해서야 불상 앞에 갈 수 있고, 먼저 부처님에 공양을 올리고 나서야 왕에 대한 제사를 지낸다.

그리고 왕의 이름을 부르는 일이 기신재 때 있다는 내용이 보인다. 여기서는 유학자들에 의해 왕조의 최고통치권자인 왕이 부처님과 스님보다 낮은 위계로 상정되는 일이 집중적으로 공격되는 것임을 알 수 있다.

기신재를 지내기 위해서는 기일이 되기 전날 저녁에 스님들을 불러 선왕과 선후의 영혼을 불러들이는 의식을 거행하고 신주를 모신다. 중종조의 제사 장소는 봉선전(奉先殿)이며, 저녁마다 스님들이 돌아가신 대왕과 왕후의 혼을 높은 소리로 부른다. 이때 조종(祖宗)의 위판(位板)을 뜰 아래에 놓고 예불한다. 소문(疏文)에는 '부처님을 받드는 제자 조선 국왕…' 이라고 한다. 이미 선왕과 선후의 능침이 있어서 기신(忌晨)에는 문소전(文昭殿)과 연은전(延恩殿)에서 행한다.[13] 기신재의 장소는 궁중 내의 문소전과 연은전이고 궁궐 밖에서는 봉선사이고 제사를 올리는 제주는 현재의 국왕이다.

이때 장소는 왕릉일 경우도 있다. 국가가 묘전(廟殿)과 능침(陵寢)을 세워 공경히 제사함에 있어서 기신(忌晨)에 향사(香使)를 보내 선왕의 영(靈)을 모시는 것이다.[14]

신주는 판자로 만들어 백평상(白平床)이나 백의자(白椅子) 위에다 놓고 지전(紙錢)으로 사방을 모두 두르고 여러 스님들이 둘러서 징과 북을 두드리며 그 신주를 맞이한다. 불상은 상단의 법당에 있고 신주는 아래 방에 있다. 스님들이 재를 주재하며 비용은 왕실의 내수사(內需司)에서 장리해서 비용을 마련한다.[15]

기신재의 대축(大祝)은 관료가 하는데, 전에 먼저 스님들에게 공양을 올리며, 재에는 상당(上堂), 중당(中堂), 하당(下堂)으로 구성하고, 그 공양이 끝난 다음에 어실(御室)에 제사하고 일정한 때가 없이 이르기도 하고 늦기도 하다.[16] 이처럼 기신재는 주로 왕실에서 돌아가신 왕을 제사하는 불교적 의례이다. 돌아가신 왕과 왕후의 신령의 상징인 신주를 깨끗하게 하여 그 신령들이 예불하게 하고, 스님들이 부처님 대신 그 공양을 받고 그리고 나서 비로소 현재 왕의 제사를 흠향하는 형태다. 억불숭유의 시대에 이러한 불교의례가 존속되고 있었고 쉼 없이 성토의 대상이 되었음은 물론이다.

Ⅳ. 기신재의 종교적 의미

1. 효와 명복의 기원

연산군 때 없어진 기신재를 복원한 중종에 대해 관료들은 기신재 폐지를 주장하고 대비를 비롯한 내전에서는 이의 유지를 굽히지 않는다. 중종의 대비는 불교는 조선개국 초기부터 역대 왕들이 국가와 왕실을 위해 내려온 전통으로 함부로 폐지할 수 없다고 거부한다. 나라의 정책이 유교를 이념으로 하고 있지만, 적어도 궁중내의 왕실에서는 조상과 국가비보를 위한 신앙이 여전했음을 보여준다. 물론 대신들의 반대는 줄곧 음사로서 중지할 것을 상소하는 것이 지속된다.

> "내가 이단을 옳다 하는 것이 아니고 숭신을 하는 것도 아니다. 우리나라 산천이 험조(險阻)하기 때문에 조종 때 이것을 세워서 진정하였던 것이고 또 유교(遺敎)가 있으므로 지금 나는 예전대로 하려는 것뿐이다. 만일 조금이라도 폐되는 일이 있다면 내 어찌 감히 주상께 말하겠는가? 지금 들으니 조정이 다 안정되지 못하고 인심이 한결같이 평안하지 못하다고 하니, 이것이 어찌 내가 듣고 싶어 하는 일이겠는가? 내가 여자이기는 하지만, 어찌 의(義) 아닌 줄을 몰라서 세우려는 것이겠는가? 다만 조종의 옛일을 가볍게 폐지할 수 없기 때문인 것이다."[17]

여기서 대비는 불교를 굳이 이단이 아니라고 항변하지는 않고 있지만 국가와 백성을 위한다는 명분을 분명하게 제시하고 있으며 역대 왕실의 전통이라고 하여 사찰건립에 대한 반대를 일축한다.

기신재 등의 불교의례가 왜 지속되어야 하는가도 같은 맥락으로 주장한
다.

"양종(兩宗)은 개국 초기부터 있었고, 내불당(內佛堂), 원각사, 정업원
(淨業院) 역시 세종 세조께서 세운 것으로 조종(祖宗)의 유교가 정녕하다.
또 정희(貞熹) 황후께서 세종, 세조의 유교를 성종대왕에게 부탁하여 후
세 자손으로 하여금 이 뜻을 알아서 조종의 뜻을 상하지 않게 하시었는
데, 이것은 우리나라 산천이 험조(險阻)하기 때문에 사사(寺社)를 세워 진
압하기 위한 것이었으니, 도성을 중히 여겨서인 것이다. 자손으로 숭상하
지 않더라도 영영 폐지함은 불가하다. 폐왕이 무도하여 인가를 철거하고,
사사(寺社)를 헐었지만, 지금 폐왕의 혁파한 것을 따르고 조종의 유교를
좇지 않는다면 역시 불효일 것이다. 하물로 주상이 숭상하기 위해서도 아
니고 창설하는 것도 아니며, 다만 국가 도성을 위하여 예전대로 하자는
것일 뿐이다."[18]

오랜 전통을 단절시킨다는 것은 국가에도 좋지 않고 또한 불효 불충한
일임을 주장하고 있다. 또한 이것이 조선왕실의 오래된 전통임을 들어 그
폐지를 수용하지 않았다.

"…태종조에 기신재를 폐지하였는데도 이제 다시 세웠다면, 태종을 본
받지 않는다고 말하더라도 되겠으나, 그 유래가 이미 오래되어 태종께서
도 혁파하지 못하셨고, 세종께서도 '기신재는 선왕과 선후를 위한 것이니
차마 갑자기 혁파할 수 없다' 하셨는데 이 말씀이 《국조보감(國朝寶鑑)》에
분명히 실려 있고 성종조에 대간도 혁파하기를 청하였으나 윤허되지 못

하였으니, 이 삼종(三宗)께서는 다 동방의 성주(聖主)이신데도 가벼이 고치기를 어려워하였는데, 어찌 나에게 이르러서 죄다 고칠 수 있으랴?"[19]

그러나 지속적이고 극렬한 반대로 인해 중종은 대신들의 지속적인 반대로 기신재를 폐지한다고 선언했지만,[20] 그로부터 2주일 후에 다음과 같이 기신재를 유지하는 명을 내린다는 사실에 주목할 필요가 있다.

"기신재의 설행은 선조를 모독하고 예에 어그러지므로 이미 명하여 혁파하였으나, 문소전과 연은전의 각위(各位) 외의 선왕과 선후의 기신에 거행하는 제사는 폐지할 수 없다. 중국의 제도를 상고하건대 기일에는 능침에서 거행하는데, 정과 예에 합당하니, 문소전과 연은전의 각 위 외의 선왕과 선후의 기신재는 중국의 예에 따라 각각 능침에서 설행하라."[21]

이것으로 보아 일단은 능침에서 행하는 기신재는 유지되었음을 알 수 있다. 그런데 왕실에서의 불교사찰은 왕릉 등의 근처에 존재하면서 재실(齋室)의 기능을 수행하고 있었음을 알 수 있다.

"능실(陵室) 곁에 재사(齋社)가 있는 것은 옛날부터이다. 예컨대 건원릉(健元陵)과 현릉(顯陵)에는 개경사(開慶寺)가 있고, 재릉(齋陵)에는 연경사(衍慶寺), 후릉(厚陵)에는 흥교사(興敎寺), 광릉(光陵)에는 봉선사(奉先寺), 경릉(敬陵)과 창릉(昌陵)에는 정인사(正因寺)가 있으며, 영릉(英陵)을 여주로 옮기고 신륵사를 재사(齋社)로 고쳤다. 사대부들은 묘 곁에 재암(齋庵)을 지었다."(《慵齋叢話》 권2)

이를 보면 공식적으로 불교를 숭상함이 아니라고 하면서도 조상의 명복을 불보살에게 빌기 위한 것이 바로 기신재였음을 알 수 있다.

물론 절이 아닌 '재궁(齋宮)'이라고 하여 명복을 빌었지만 이는 사실상 사찰이다. 양반과 호족들은 입이나 글로는 극력 불교를 배격하였지만 자신의 부모가 돌아가시면 그 묘가 있는 산 아래 재궁(齋宮)을 만들고 재전(齋田)을 붙이고 불단을 만들어 승려를 불러 아침저녁으로 독경하고 향을 올리며 망자에게 회향했던 것이 빈번했다.[22] 이렇게 보자면, 당시의 스님들은 겨우 호패를 받을 수밖에 없는 낮은 신분도 있었고, 동시에 한양 부근의 사찰의 스님들은 이와 같은 의례 위주로 불교의 명맥을 유지했음을 알 수 있다.

2. 기타 기복(祈福)

인수왕후가 병이 들자 왕에게 도승(度僧) 공불(供佛) 중수사찰(重修寺刹) 그리고 물쇄사사전민(勿刷寺社田民)을 청했다. 이에 대해 왕은 병 치료를 위해 이를 허락한다. 유교는 질병이나 죽음으로부터의 공포를 달랠만한 종교적 내용이 빈약하다. 따라서 인간이 어떤 한계상황에 있을 때, 종교적 구원을 요청하는데 바로 그러한 내용은 철학적인 것이 아니라 바로 기복적인 것임을 알 수 있다.

민간에서는 여전히 오랜 버릇에 젖어, 혹 10년 동안 부처를 받들면 풍년을 맞을 수 있다고도 하고, 정릉과 원각사를 회복하면 태평을 가져올 수 있다고 믿고 있었다. 스님들이 활동하여 사람들을 만나고 백성들이 절을 찾아가며 향, 떡, 차, 과일을 공양하며 번당(幡幢)의 그림들로 장엄하기도 했다. 보시를 하고 승려들에게 공양했다.[23]

《중종실록》에 거론된 저명한 스님은(물론 요승으로 묘사됨) 학조(學祖)와 혜명(惠明)이 있었는데, 주로 연산군 초기에 극락과 지옥의 형상을 만들어 놓고 사족(士族)과 척리(戚里)의 부인들을 이끌어 화복(禍福)의 응보라는 말로 설법했다. 그리고 그들의 주로 포교대상은 궁궐이었는데 때로는 머리를 기르고 옷을 바꿔 입고서 궁금(宮禁)에 들었다고 한다.[24] 이런 점에서 공적으로는 기신재를 수행하여 선왕과 선후의 명복을 빌고, 사적으로는 궁중 내의 개인들의 기복적 신앙으로 불교는 수용되었음을 알 수 있다.

V. 탄압 속에서 지속된 불교의 기신재

조선조 중종대는 연산군의 폭정아래 행해졌던 불교에 대한 탄압이 더욱 극심해지고 불교의 의례를 대신해서 《주자가례》를 근간으로 한 유교적 의례가 정착되어 가던 때이다. 성리학적 의리사상이 지배층의 세계관과 가치관이 되고, 또한 일반 백성들도 그런 유교의 윤리적 의미뿐만 아니라 의례로서의 유교적 관혼상제를 받아들일 수 있는 시기였다.

불교는 승과의 폐지로 더욱 절망적인 상황으로 몰리고 불교도 및 불교적 가치체계는 이단시됨으로써 점차 공적인 역할은 위축된다. 그럼에도, 불교적 신앙은 왕실은 물론 민간에서 행해지는데 그것은 철학적인 내용이 아닌 기복적인 신앙이다. 말하자면 질병과 죽음의 존재인 인간실존에 대한 불안과 공포가 마지막 불교의 사회적 역할을 수행하는 내용이었다. 그러므로 왕실에서는 끝까지 능침의 기신재는 살아남았으며, 왕실과 사대부가에서도 사적으로는 종교적 의례를 멈춘 것은 아니었다.

그러므로 중종대에 유교적 가례가 완전히 정착되어 오직 유교적 의례만이 남고 불교의례는 단절되었다고 보는 것은 잘못된 것이다. 중종의 뒤를 이은 명종대에선 바로 승과가 부활되고 그 승과 출신에서 조선불교를 부흥시킨 고승대덕이 또 배출됨으로써 한국불교의 전등(傳燈)은 지속되었던 것이다.

이는 승과의 부활이 불교를 부흥시켰다는 것이 아니라 그만큼 불교의 종교적 구원의 사상이 유교가 채우지 못한 부분을 충족시켰던 것이다.

율곡의 불교관

Ⅰ. 들어가는 말

율곡 이이는 한국의 대표적인 성리학자이며, 유교를 초월해서 현대의 일반 한국 국민들에게까지 존경받는 위인 중의 한 사람으로 자리하고 있다. 조선시대에는 유교를 국시로 삼음으로써 불교를 배척하고 사교(邪敎)로 취급했으며, 승려들은 천민으로 취급받았다. 유학자들은 오로지 성리학적 가치만이 추구되고 그것이 국민적 윤리로 자리 잡았다고 생각하여 불교를 연구하거나 수행하지 않았다. 그러나 이이는 대표적 성리학자이면서도, 십대의 젊은 나이에 불교의 경서를 열람한 것에 그치지 않고, 직접 금강산에 들어가 1년간 수행한 경력을 가지고 있다. 이러한 출가수행은 당시 관리로서 혹은 관리에 뜻을 둔 둔 사람에게는 일종의 금기시된 행동이었지만, 이이는 입산수도를 마다하지 않았다. 물론 과연 이이가 머리를 깎았는가에 대해서는 많은 논란이 있다. 이이 자신이나 그의 제자들은 출가의 사실에 대해 분명한 언급을 하지 않고 있지만, 대체적으로 출가를 하지 않았을까 추정된다. 왜냐하면 예나 지금이나 입산이란 용어는 출가와 같은 의미이기 때문이다. 한국사학자 이병도 씨는 이이가 가정의 일로 인하여 생긴 심란한 마음을 달래기 위해 입산했으며, 그의 철학에는 불교적 흔적이 보인다고 평했다.[1] 그리고 일본의 학자 다카하시 도루는 조선시대의 유생 중 율곡 이이와 노수신이 불교를 연구한 보기 드문 선비들이라고 했다.

분명한 사실은 금강산에서 1년을 지냈다는 것이다. 그리고 그는 다시 세상으로 나와 과거에 응시하고 관리로서 나라에 봉사하였으며, 성리학의 가치를 펼치는 수많은 저술을 통해, 자신이 한때 불교에 빠졌지만 다시 유교의 가치로 회귀했음을 고백했다.

이이 사후 그가 문묘에서 석전의 대상으로 올랐을 때 이를 반대하는 사람은 이이의 금강산 입산수도가 유교의 상징적 흠모의 대상으로 적합한지에 대해 시비를 걸었다.[2] 그러나 이이의 학을 이은 김장생 혹은 송시열은 이이가 금강산 입산의 경력에도 불구하고 전형적인 유교의 인물에 일말의 흠도 없다고 주장하며 오히려 이이의 해박한 식견과 지혜를 보여 주는 것으로 변호하기도 한다.[3]

이이가 대표적인 유교의 선비이면서도, 왜 출가를 원했으며 불서를 읽었는지에 대해 주목해 보아야 하는 이유는 배불(排佛)의 시대에도 불구하고 불교가 수행한 역할을 알아보기 위해서이다. 유교나 성리학은 인간에 대해 개인이라기보다는 공동체의 일원으로서의 개인인데 반해, 이이가 젊은 시절 접한 불교는 인간에 대한 관점이 실존적 개인에 대한 관심이었다. 다시 말해서 그는 어머니와의 사별을 통해 인생의 허무에 직면하여 절망하고 있을 때, '도대체 인간이란 무엇인가?' 라는 근본 의문에서 출발하여 불서를 열람하고 거기에 심취하였다. 그리고 그 독서에 그치지 않고 금강산 입산수도의 길을 택했다는 것은 시험 삼아[4] 출가하는 것이 아니라 어쩌면 자신의 모든 것을 걸어야 할 만큼 중대한 결심이었을 것이다.

　분명 진리에 목말라 있던 이이에게는 오직 성리학만이 진리가 아니었다. 그는 노불(老佛)에 대해 관심을 가졌고, 또 주자학의 이(理)만을 절대적인 가치로 보지 않았다. 그는 비록 주희의 말이라도 재음미하고 재검토했으며 무비판적으로 수용하지 않았다. 이것이 이이의 진지하고 성실한 학문의 자세였다.

學道卽無著	도를 배움에는 '집착'이 없어야 하니
隨然到處遊	인연 따라 이르는 곳에 노닐 뿐이네
暫辭靑鶴洞	잠시 청학동 하직하고
來玩白鷗州	백구주에 와 구경하노라
身世雲千里	내 몸은 천리 구름 속에 있고
乾坤海一頭	하늘과 땅은 바다 끝에 있네
草堂聊寄宿	초당에 묵어가는 무심한 하룻밤
梅月是風流	매화를 비추는 달 이것이 풍류로다.[5]

　여기에서 청학동은 노장철학을 말하고 백구주는 유교를 말한다. 그는 편견과 고착적인 교리가 아닌 진리를 구하고자 했던 것이다. 그에게는 맹목적인 우상숭배적 진리는 무의미했다. 그러나 아쉽게도 이이의 후학, 곧 김장생과 송시열로 이어지는 정통 성리학은 오히려 성리학을 완벽한 학문이라고 자부했고, 더 이상 수정과 보완을 필요로 하지 않았다. 스승 이이의 불교적 경험은 성리학과 무관한 것으로, 그리고 불교에의 입문이 한때의 과오처럼 취급되었기 때문에 진지한 논의를 할 수 없었다.

이이는 불교관련의 논문과 저술을 남기지 않았다. 다만 승려들과 나눈 시와 그가 바라 본 불교의 일면들이 여기저기 흩어져 있을 뿐이다. 이이의 환속 이후의 불교에 대한 태도는 이교(異敎)였음이 분명하다. 다만, 주목해 보고자 하는 것은 '척불의 시대에 불교의 무엇이 그를 입산에 이르게 했을 까, 입산의 기간에 어떤 불서를 읽고 또 어떻게 수행 했는가'이며, 또한 '그러한 수행의 경험이 그의 성리학에 어떤 영향을 미쳤을까'를 알아보고 자 한다.

II. 이이 당시의 불교 상황

이이는 불교에 관한 저술이 없다. 그렇지만 관리로서 혹은 유학자로서 의 이이는 많은 승려들과 시문을 나누었다. 당시 조정에서의 불교는 문정 왕후 덕에 승과가 부활되는 등, 열악한 상황이라기보다는 일종의 부흥기 라고 할 수 있었다. 물론 유교적 예교가 지배이념으로 자리 잡고 있었기 때 문에 불교의 상황은 더 이상 좋아질 수는 없었다.

그러나 이이가 생존할 당시, 사찰은 유지되고 있었고, 395개의 사찰을 국가에서 공인하였다.[6] 선교양종도 부흥되었다. 문정왕후의 촉망을 받았 던 보우(普雨, 1509~1565)는 당시 불교의 지도적인 인물로, 1551년(명종 6)에 판선종사(判禪宗事)가 되었다. 그리고 판교종사(判敎宗事)에는 수진 (守眞)이 임명되었다. 선종은 봉은사에서, 교종은 봉선사에서 각각 종무를 집행했는데, 봉은사는 명종의 조부인 성종의 선릉 옆에 있던 능사를 중창 하여 개창한 것이다. 선종과 교종에 각기 승과가 부활되었고, 3년에 한 번 곧 식년(式年)의 승과가 행해졌으며, 도승법(度僧法)이 부활되어 승려들이 도첩을 받게 되었다. 이후 5회의 승과를 통해 청허 휴정, 사명당 유정 등이 배출되고, 이들은 차후 조선불교의 중흥을 이끌게 된다.

궁중 내에는 내원당이 있었으며, 문정왕후는 정업원의 터에 인수원(仁壽院)이라는 비구니 사찰을 세웠다. 이곳은 훗날 왕의 후궁이나 궁녀들이 왕이 죽은 후에 서로 의지하면서 살아갈 안식처였다. 그리고 같은 비구니 사찰로 자수원(慈壽院)[7]도 있었다. 명종대에는 궁중뿐만 아니라 전국적으로 내원당이 나타나, 명종 9년에는 70여 개의 사찰에서 400여개의 내원당이 등장한다. 여기는 금표를 세워 유생들도 함부로 드나들지 못했다. 내원당의 승려 수는 내수사에서 정했다.[8] 명종 20년 문정왕후가 세상을 떠나자 20일 뒤 보우를 탄핵했으며,[9] 1565년 보우는 제주도로 귀양을 가 죽고, 명종 7년에 승과는 폐지되었다. 그렇지만 이이가 살던 시대는 문정왕후의 숭불로 인해 조선왕조에 있어서 불교중흥기라고 할 수 있다.

III. 이이의 불교관

1. 대승불교관

이이가 애호했다는 불교의 대승경전인 《능엄경(楞嚴經)》은 여래가 수행한 비밀한 법으로서 여러 불경 가운데 최고의 경전이라는 뜻이다. 조선조의 불교 강원 과정인 사교과(四敎科)에서는 《금강경》, 《원각경(圓覺經)》, 《기신론(起信論)》과 더불어 《능엄경》을 교재로 채택했다. 《능엄경》의 우수함에 대한 하나의 반증은 주희가 주문만이 불교적인 것일 뿐, 그 내용은 중국에서 보완되었다고 하는 비판에서 알 수 있다.[10]

《능엄경》에는 마음을 주로 다루고 있다. 진정한 자기가 아닌 것을 망상심, 혹은 식(識)이라고 한다. 식은 분별하는 마음으로 분별심이다. 이 식을 부수고 나면 참된 자기의 마음이 나오고 참된 마음을 찾으면 깨달음이다.

　　네 마음은 본래 아름답고 밝고 깨끗하다. 네가 스스로 혼미하고 답답하여 본래 아름다운 것을 잃어버리고 윤회하면서 항상 나고 죽는 가운데 빠져 있다.[11]

《능엄경》은 사람의 마음이 본래 아름답고 훌륭한 것이지만, 사람들은 스스로 미혹하여 스스로 자신의 마음을 상실해 버리고 고통 속을 윤회하고 있음을 설파한다. 이것은 사람의 본 마음이 선하다는 이치와 일치한다. 멀리서 마음을 찾는 것이 아니라 본래 내가 가진 아름다운 본성을 되찾는다는 이론이 바로 《능엄경》의 논리라고 할 수 있다.

　　성(性)이 참되고 원융하여 다 여래장이라 본래 생멸이 없다. 본성 또한 참된 것이고 원만해서 여래장이라는 것이다. 비유하건대 사람이 자기의 옷 가운데 여의주를 매달아 놓았는데, 스스로 알지 못하여 노숙을 하고 사방으로 걸식을 하고 다니는 것과 같다. 헤매고 비록 실로 가난하지만 구슬을 잃어버린 것은 아니다. 지혜로운 자가 그 구슬을 가르쳐 주니 마음 따라 원하는 바, 큰 부자가 되었다. 신령스런 구슬은 밖에서 얻는 것이 아니다.[12]

이 《능엄경》의 비유는 인간은 바로 성인의 경지를 지니고 있지만, 자각하지 못하고 범부로 산다는 것이다. 알고 보면 성인과 범부가 둘일 수 없다는 이야기이다. 이이는 《능엄경》을 즐겨 보았다고 하는데, 아마도 이 마음의 정체에 대해 잘 인식했을 것이다. 그러므로 그의 《격몽요결(擊蒙要訣)》

에서는 마음가짐을 아주 중요하게 생각한다.

"초학자는 먼저 뜻을 세워 반드시 성인으로써 스스로 기약할 것이요,
조금이라도 스스로를 비하하여 물러나고 위축되는 생각이 있어서는 안
된다."[13]

"인성은 본시 선하여 고금(古今)과 지우(智愚)의 구별이 없거늘, 성인은
왜 홀로 성인이 되고 나는 왜 홀로 중인(衆人)이 되는가. 진실로 뜻이 서지
못하고 앎이 밝지 못하고 행함이 독실치 못한 까닭이다."[14]

이것이야 말로 모든 사람들이 성인이 되는 것에 뜻을 두어야지 자포자
기해서는 안 된다는 것이다. 인간은 고귀하고 훌륭한 본성을 가지고 있다.
다시 말해서 그것은 불성(佛性)이 바로 내 안에 있으며 요순과 같은 성인이
내 안에 있는데, 사람들이 그것을 망각하여 스스로에게 구하지 않고 밖에
서 구하고 있음을 안타까워한다는 것이다.

많은 불서 가운데서 이이가 애호했다는 《능엄경》의 사상은 결국 불교의
진수와 대승불교 철학의 정수가 성불에 있다는 데 귀결한다. '중생이 곧
부처'라는 교설이야말로 이이에게는 가장 매력적인 불교의 철학이었다고
볼 수 있다.

다음으로 이이에게 영향을 준 대승불교의 철학은 《화엄경》의 사상이라
고 추정할 수 있다. 본시 성리학이 발생할 당시 화엄학과 선학이 중국에서
정점을 이루고 있었기 때문에 성리학 자체가 《화엄경》의 사상과 관련이 있
었다. 특히 화엄철학 가운데서 법계연기(法界緣起)는 이 세상을 사(事)와
이(理)로 보고 사(事)와 이(理)사이의 걸림 없음과 사(事)와 사(事)사이의 걸

림 없음을 보는 것이 연기의 특징이 된다. 법계에서 이(理)는 궁극적 경지, 비인격적 각도에서 이해되고 공(空)이나 무(無)의 부정적 표현이 사용되며, 사(事)의 면은 우주간의 인간을 포함한 삼라만상으로 해석된다. 이것이 사법계(事法界)이다.

이(理)가 철학적 용어로 된 것은 불교가 융성했던 당나라 시대부터이다.[15] 화엄에서는 이(理)는 한계를 지을 수 없고 사(事)는 한계를 지을 수 있는 것이라 하였으며, 한계를 지을 수 없는 이(理)는 두루 하나의 사물마다 있다고 생각하였다. 아라키 겐고(荒木見悟)는 이렇게 말한다.

사(事)와 이(理)는 같은 것도 아니고 다른 것도 아니기 때문이다. 다르지 않으므로 완전히 같으며, 같이 않으므로 분.무분의 구별을 어지럽히지 않는다. 즉 사(事)와 이(理)가 둘로 나뉘는 것은 '바다와 물결의 관계'와 같다.[16]

애초에 성리학은 《화엄경》의 영향을 받았다. 곧 '하나이면서 여럿이고 여럿이면서 하나이다. 뜻과 맛이 적멸해 다 평등하고, 같다 다르다 라는 뒤바뀐 생각이 멀리 떠난다 '一卽多多卽一, 意味寂滅悉平等, 遠離異轉倒相'[17]라고 표현되는 말이 있다. 이것이 법계연기의 핵심이다. 주희도 이 이른바 화엄사상과 관계를 인정했다.

"현각(647~713)의 하나의 성에 원만하게 통하고 하나의 법이 일체의 법을 두로 포함한다. 하나의 달이 모든 물에 나타나고 모든 물에 비친 달이 하나의 달에 수용된다."[18]

이이의 성리학은 이(理)와 기(氣)를 이분화하여 이(理)를 귀한 것으로, 기를 천한 것으로 나누는 방식이 아니다. 그는, 이기는 이물(二物)도 아니고 또 일물(一物)도 아니라고 하면서, 일물(一物)이 아니기 때문에 일이이(一而二)요, 이물(二物)이 아니므로 이이일(二而一)이라고 했다. 이것이 바로 화엄의 원융사상과 일치하는 논리이다. 이이의 이통기국(理統氣局) 역시 화엄철학의 이사무애(理事無礙), 통국무애(通局無礙)를 연상하게 한다.[19]

화엄에서는 심(心)의 문제도 다루는데, 이이의 화두였던 '모든 것은 하나로 돌아간다. 그 하나는 어디로 돌아가는가'[萬法歸一 一歸何處]를 화엄에서는 만법이 마음으로 돌아간다고 한다. 외적인 모든 존재는 오직 마음뿐인 줄 모르면 망상분별이 생기지만, 일체가 유심(唯心)임을 깨달으면 일체의 존재는 공(空)한 것이라고 본다.

물론 이이의 성리학은 주자학에 바탕을 둔 것이지 화엄의 이사관(理事觀)이나 《능엄경》의 불성에 근거했다는 직접적인 자료는 없다. 또한 대승의 보살사상이나 정토사상 혹은 유식이나 중관사상에 대한 직접적인 언급이 전혀 없으므로, 그의 불교철학에 대한 이해는 오로지 성리학에 투영된 불교사상이라는 한계가 있다.

2. 선불교관

이이가 쓴 불교에 대한 내용의 글은 스님들과 교유한 시[20]와 단편적인 글뿐이어서 그의 불교관의 전모를 보기에는 부족한 감이 있으나, 스님들과 나눈 시에서 볼 때, 우리는 그가 우선 불교적 가치를 세속적인 것을 탈피하는 것이라고 느끼고 있음을 알 수 있다. 그리고 그는 기복적인 불교신앙을 불교의 가장 낮은 수준으로 보고 있다. 따라서 그에게 있어 불교는 한

마디로 선불교라고 할 수 있다.

"내가 어린 시절 선가의 깨달음의 법에 망령된 뜻을 두고, 도로 들어가는 빠르고 묘한 법이라 생각하여 '모든 것은 하나로 돌아간다. 그 하나는 어디로 돌아가는가?' 라는 것을 화두로 삼아 수년간 생각했다. 그 뜻의 깨달음을 얻지 못하고, 돌이켜 구하기를 그것이 진실하지 않음을 알았다."[21]

이 글은 이이가 참선수행을 하다가 그 수행이 부질없는 것임을 깨달았다는 말이다. 선불교에 대한 그의 입장을 잘 나타내고 있다. 우선 이이는 '수년간 생각했다' 라는 표현을 하고 있다. 우리는 그의 입산을 1년이라고 알지만 소시에 그는 참선의 화두 들기를 오랫동안 했음을 알 수 있다. 그리고 그의 선은 돈오돈수(頓悟頓修)의 선으로 전형적인 조사선(祖師禪)이며 그 화두는 '만법귀일 일귀하처' 였다. 선의 화두에는 수 많은 공안(公案)이 있는데, 그는 이 공안을 선택하여 선에 몰입했다. 이로 보건대, 이이가 생존했던 당시의 선은 대체적으로 돈오를 중시한 화두선이였음을 가늠할 수 있다. 비록 진정한 깨달음을 얻지 못하고 오히려 그릇됨을 깨달았다고 말하지만, 여기에는 당시 선불교의 수행 내용의 코드가 들어 있다.

五臺山下月精寺	오대산 아래 월정사
門外淸溪不息流	문 밖 맑은 시냇물 쉬지 않고 흐르고
可笑衲僧迷實相	가소로운 스님 진실에 혼미하여
只將無字謾推究	오직 무자 화두만 부질없이 찾는다.[22]

이러한 그의 선에 대한 몰입은 밥 먹고 잠자는 일을 잊어버릴 정도의 강

도 높은 집중이었다는 점으로 미루어, 단순히 시험 삼아 참선을 했던 것이 아니라, 본격적인 공부였던 것으로 보인다. 그는 화두를 하는 이유를 다른 것이 아니라 외부로 흩어진 마음을 안으로 모아 마음을 비우고 밝게 하기 위함이라고 봤다. 그런데 사람들이 이런 의도를 미리 알아버리면 방심하고 전념하지 않기 때문에 화두를 방편으로 삼아 몰입하게 한다. 이이는 오랜 화두선을 통해 '무소득(無所得)'의 결론을 얻었다. 이것이 그가 수년을 몰입하고 침식을 잊으며 깨달은 귀결이다. 여기에서 그는 환속을 결정한다. 그의 화두는 '만상귀일 일귀하처'였는데, 그가 얻은 마지막 결론은 마침내 '무소득'이었을 뿐이다. 여기에서 이이는 선악을 뛰어넘는 자유로운 경지를 맛보았을지 모르나, '무소득'에 계속해서 머물 필요가 없음을 깨달았다.

"일찍이 깊은 경지에 이르러 고요히 앉아 생각에 몰입하여, 밥 먹고 잠자는 일을 잊은지 오래되었다. 하루는 문득 생각하기를, 불교가 그 무리들에게 생각을 증감하지 못하도록 경계하는 것이 무슨 뜻인가를 생각했다. 그 경계한 뜻의 까닭을 생각해 보니 대개 그 공부가 다른 기묘한 것이 아닌, 단지 마음이 달려 만드는 길을 끊어 버리고자 하는 것이다. 정신을 집중하여 고요히 앉아 허명한 경지를 만들기 위해 화두를 방편으로 세우고, 수련하게 하는 것이다. 또 사람이 먼저 이 뜻을 알면 수련이 정밀해지지 않을까 걱정하였다. 마침내 얻을 바가 없기 때문에, 또 이를 금하도록 한 것이다. 드디어 그 공부의 잘못을 의심하고 다시 성현의 책을 이에 깨닫고 짐을 싸서 집으로 돌아왔다."[23]

이렇듯 이이는 불교의 가르침이 유교의 가르침에 비해 더 이상 자신에게 중요한 것이 아님을 고백하지만, 그의 시에서는 참선의 경지에 대한 맑고 밝은 이미지를 결코 잊지 않는다. 세속으로 되돌아왔으면서도, 이런 선적인 무아의 사상은 노자 《도덕경》의 허심에 대한 해석인 '마음을 비워야 개인의 사사로움을 버리고 다른 사람의 선함을 받아들일 수 있어서 학문의 진전이 있고 실천에 성과가 있다'[24]라는 글에서도 엿볼 수 있다.

　선학에 대한 구체적 글이 없으므로 이이의 시어에 투영된 선의 내용으로 그의 선관의 일단을 살펴보기로 하자.

　(중략)
　　禪房坐蒲團　　방석을 깔고서 선방에 앉는다.
　　灑落魂夢淸　　시원한 영혼은 꿈마저 맑구나
　　晨磬發深省　　새벽 경쇠소리에 깊이 성찰한다,
　　澹澹吾何營　　담담함을 내가 어찌 표현하랴.[25]

　"선방에 앉아 있으면 시원한 마음이 꿈에서도 맑다'는 표현은 선수행의 경험이 없이는 할 수 없는 말이다. 그리고 그는 '새벽 종소리에 속세의 일을 반성하고, 마음이 차분해진 것을 어떻게 표현할 것인가'라고 말한다. 더 이상 표현할 수 없는 우리는 말로 표현할 수 없다고 한다. 선의 말 중에 '언어도단(言語道斷)'이라는 말은 '언어로 표현하기 어렵다'는 말이다. 이이는 담담한 심정을 언어로 표현할 수 없는 경지를 체득했다고 볼 수 있다.

　(중략)
　　徘門忽見入定僧　　문 열고 홀연히 선정에 든 스님을 보니
　　鍊得神形瘦如鶴　　수련하여 단련한 몸, 학과 같다.

欣然見我不相語	반기듯 나를 보고 서로 말은 않지만,
淨掃禪床留我宿	깨끗이 선상 치우고 머물게 한다.[26]

여기서도 선승에 대한 찬탄과 침묵의 고요함이 느껴진다. 서로 말을 나누지 않지만 통하는 그것을 선어(禪語)에서는 이심전심(以心傳心)이요 불립문자(不立文字)라고 한다. 말 없이 반기고 참선에 집중할 수 있도록 배려를 하는 이 시의 속에서 이이는 이미 선객이다.

이이의 불교관은 정책적으로는 당시의 보우와 같은 스님을 비난하지만, 그의 선정에 대한 태도는 긍정적이다. 학과 같이 수려한 스님의 모습은 바로 선에 몰입해 있는 스님의 이미지이다. 여기에서 속세의 찌든 속인과 엄연히 구별되고 있다.

(중략)

鈴齋簿牒閒	관사의 사무가 한가할 때면
幾叩淸平寺	몇 번이나 청평사를 찾을 것인가
自嗟絆風塵	이 몸은 풍진에 매인 몸이라
空懷遠遊志	속절없이 원유의 뜻 가져만 볼 뿐
何當入醒扃	그 언제 선방문 열고 들어가,
共對蒲團睡	방석에 앉아서 졸아 볼건가.[27]

이이가 청평사 가까이에 부임한 관리에게 준 시이다. 이이는 자신을 속세에 얽매인 몸이라고 표현하고, 정말 진정으로 하고 싶은 것은 선에 몰입해서 간혹 졸아 보기라도 하는 것이라고 말한다. 비록 이이는 불교의 한계 때문에 하산하였지만, 이 시에는 세상의 명리를 떠난 탈속의 가치에 대한

동경이 들어 있다. '이 몸은 속세에 매인 몸'이라는 자책 속에 한편으로는 그런 얽매임으로부터 벗어나고 싶다는 희망이 들어 있다.

採藥忽迷路	약 캐다 홀연히 길 잃고
千峯秋葉裡	천봉을 휘감은 단풍 속에 들었네
山僧汲水歸	스님이 물 길어 들어가더니
林末茶煙起	숲 속 끝에서 차 연기 일어난다.[28]

역시 스님의 모습은 세상의 욕망을 달관해 버린 깨끗한 이미지이다. 깊은 가을 산과 도를 닦는 스님 그리고 물 길어 차를 다리는 연기는 선정에 들어가기를 꿈꾸는 그의 마음의 일단이 잘 표현되었다. 차의 이미지는 조주선사 이래로 선의 이미지와 상통한다. 세상에서는 선악과 시비 혹은 정통과 이단을 겨루는 다툼이 그치지 않는다. 조주 선사는 찾아오는 손님들에게 간략히 선을 말한다. 그것은 '끽다거(喫茶去)' 다시 말해서 '차나 한 잔 하시게'인데, 복잡한 이론, 교묘한 책략이 허무한 것이라는 선의 의미가 들어 있다. 이이의 '숲 속의 차 연기'는 그래서 탈속적 선의 가치를 찬탄하는 시어이다.

山月斜移萬木陰	저녁달 기우니 나무 그림자도 움직이고
溪風吹雜六絃音	계곡 바람 불어와 거문고 소리에 섞인다.
香煙銷盡長廊靜	향 연기 사라지고 행랑은 고요한데
兀對高僧坐夜深	고승과 밤늦도록 마주 앉았네.[29]

이이의 불교를 보는 눈은 세상사를 모두 잊고 깊고 고요한 산중에서 차

를 마시며, 고요히 마음을 집중하여 고아한 마음을 유지하고 사는 것이다. 여기에서 '좌(坐)'는 선을 의미한다. 밤새워 앉아 있다는 말은 밤새워 화두에 몰입했다는 이야기이다. 이이는 선에 대해 쓴 어떤 내용의 저술도 없지만, 이렇듯 이이의 시어는 시험 삼아 불가에 입문한 것이 아니며, 그런 탈속적 선에 대해 향수를 가지고 있음을 잘 표현해 주고 있다.

3. 유불회통관

이이가 불서 중에서 가장 즐겨 읽은 경전은 앞서 언급한 《능엄경》 이성의 본체를 규명하는 데 있다. 그가 불서에 관심을 가졌던 것은 기복신앙이 아니라 마음공부였다. 불교의 가장 정교한 면이 이러한 마음에 기초한 것이며, 윤회화복 혹은 기복은 조잡한 것이라고 평했다.

> "신이 살피건대, 불씨의 설은 정미한 것도 있고 조잡한 것도 있습니다. 조잡한 것은 다만 윤회응보의 설로서, 죄와 복을 확장시키고 우매한 백성을 유혹 협박하여 그들로 하여금 공양을 분주하게 시킬 뿐입니다. 하지만 그 정미한 것에 있어서는 극히 심성을 논하였는데, 이(理)를 마음으로 인정하여 마음을 만 가지 법칙의 근본이라 하고, 마음을 성(性)으로 인정하여 성을 보고 듣는 작용이라 하며, 적멸을 종지로 하여 천지만물을 환망이라 하고, 세상으로부터 벗어남을 도모하여 윤리도덕을 질곡이라 하였습니다."[30]

이이는 불교의 윤회설이나 인과응보의 종교적인 면보다는 심성론에 가장 큰 관심을 가졌고, 불교의 심성론에 있어서 마음을 중시한 것을 불교의 정교한 일면으로 파악한다. 이 점에서 보자면 불교와 성리학의 공통적 관심사는 심성에 관한 것이며, 심성수양의 면이라고 볼 수 있고, 우선 이이의 불교는 유교적 주제로부터 크게 벗어나는 것이 아니라 유교공부를 심화하기 위한 것으로 볼 수 있다.

이이가 불교에도 심오한 심성론이 있음을 알고, 선문(禪門)의 양기(養氣)를 터득하려는 것이 입선(入禪)의 동기요 선에 대한 태도였으며, 이이의 입선은 곧 마음공부 하나로 집약이 될 뿐이라고 평하는 사람도 있다.[31] 말하자면 세상의 허무에 절망해서 출가한 것이 결코 아니라 수양을 위해서 출가했다는 것이다. 이러한 주장이 예나 지금이나 대체적으로 이이의 불교관을 보는 시각이라고 볼 수 있다.

"그가 산에 들어가서는 또한 유도(儒道)로써 선에 맞게 하려는 것이었습니다. 그러기에 친구들에게 쓴 이별을 알리는 편지에서 이르기를 '기(氣)라는 것은 사람들이 다같이 어든 것이지마는, 이것을 잘 기르면 마음에 부림을 당하고, 잘 기르지 못하면 기에 부림을 당한다. 그러니 기가 마음에 부림을 당하면 한 몸의 주인이 되어서 성현을 기약하게 되지만, 마음이 기에 부림을 당하면 칠정(七情)을 통제할 수 없어서 우광(愚狂)함을 면하기 어렵다. 옛사람 중에 기를 잘 이가 있으니 맹자가 그 분이다. 공자가 말하기를 '지혜로운 자는 물을 좋아하고 어진 자는 산을 좋아한다.' 고 하였다....그러니 어진 자와 지혜로운 자의 기를 기르는데 산과 물을 버리고 어디서 구하겠는가? 하였습니다."[32]

입산의 동기가 논란이 되지만, 인생이 허무와 절망에서 입산했다기보다는 어떻게 하면 마음의 깨달음을 얻을까에 대한 수양의 방편으로 불서를 읽고 입산을 선택했으며, 그 가운데 하나로 금강산과 같은 좋은 자연환경에서 기를 기르른 것은 유교의 심성수양과 괴리가 있는 것이 아니라는 것이다. 그것이 공자와 맹자의 가르침에 어긋나지 않음을 말해 주고 있는 자료이다. 그러나 다음의 노승과의 대화를 보면 이이는 단순한 성리학자의 의견이라고 보기 어려운, 불교와 유교가 둘이 아니라는 입장을 더 선명하게 한다.

금강산 암자에서 노승과의 대화 가운데, 이미 선수행에 몰입했던 이이는 선의 경지를 유교적 지식과 연결함으로써 그의 불교적 수준을 잘 보여 주고 있다. 금강산의 작은 암자에서의 대화 내용은 다음과 같다.

> 율곡: 불교는 오랑캐의 가르침이어서 중국에서 시행될 수 없소이다.
> 노승: 요임금은 동쪽 오랑캐며, 문왕은 서쪽 오랑캐인데, 이 또한 오랑캐라고 할까요?
> 율곡: 불교의 경지는 우리 유교만 못한데, 하필이면 유교를 버리고 왜 불법을 구하려고 하나요?
> 노승: 유교 또한 '마음이 곧 부처'라는 가르침이 있는가요?
> 율곡: 맹자는 성선(性善)을 말할 때 반드시 요순을 말했소. 어찌 마음이 부처라는 말과 다르겠소?

여기에서 노승은 불교의 가르침 중 가장 내세울 만한 가치인 부처를 자기 안에서 구하는 '마음이 곧 부처'라는 말을 유교의 경지에서 이야기할 수 있는가, 유교는 신분과 위계질서에 얽매여 평등사상이 없지 않는가에 대한 의문을 제기한다. 이이는 주저하지 않고 유교의 본질은 성선(性善)인데, 그 요지는 누구나 요순과 같은 성인이 될 수 있다는 것이며, 요순과 같은 성인을 향해 수양하는 것 그리고 그런 인간 본성의 존귀함을 신뢰하고 갈고 닦는 것 이것이야 말로 '마음이 부처'라는 그 말과 같다고 한다.

   깨달음에 이르는 길이 다름 아닌 성인을 기약하고 공부하는 것과 같다는 설명을 통해 이이의 불교관의 일단을 볼 수 있다. 요순과 같은 성인이 되는 것과 깨달음에 이르는 길은 다름이 없는 것이다.[33] 계속해서 대화를 들어 보도록 한다.

   율곡: 다만 우리 유교가 진실이 있는 것이요.
   노승: (긍정하지 않은 채, 오래 있다가) '색도 아니고 공도 아니다'라는
      말은 유교에서는 어 떻게 말하나요?
   율곡: 이 또한 앞의 경지와 같소.
   노승: (빙그레 웃음)
   율곡: '솔개가 하늘에서 날고 물고기가 물에서 뛴다[鳶飛於天 魚躍於
      淵]'라는 말이 있는데 이것은 공인가요 색인가요?
   노승: 색도 아니고 공도 아닌 것이 진여의 본체, 어찌 이것이 족히 비견
      될 수 있겠습니까?
   율곡: (웃으며) 이미 언설이 있으니 하나의 경계인데, 어찌 본체란 말이
      요. 유가의 궁극적 진리는 말로 전할 수 없고, 불교 또한 문자 밖
      에 있지 않을까요?

   '마음이 부처다'에 이어지는 그 다음의 대화는 색과 공에 관한 것이다. 무엇이 색이고 무엇이 공이냐에 대한 논란에서 노승이 색도 공도 아닌 것이 진리의 모습이라고 말하는 데 대해, 이이는 그것도 진리의 모습은 아닌데, 그 이유는 이미 언설로 표현했기 때문이라고 하면서, 불교의 진리가 불

립문자이듯 유교의 진리도 언설만으로는 표현할 수 없다고 한다. 그러므로 진리의 입장에서는 같은 것이지만, 언설로 표현될 때는 대립이 나올 수 있음을 말한다.

노승은 놀라서 이이의 손을 잡고, "그대는 속된 유생이 아니시군요. 저를 위해 연어(鳶魚)구절에 대해 시를 풀어 주시오"라고 부탁을 했다. 이이는 시를 한 구절 지어 주었다. 노승은 읽어 보고 옷 속에 집어넣더니 몸을 돌려 벽을 보고 좌선에 들어갔다. 이이는 그곳을 나왔고, 그가 어떤 스님인지는 알 수 없었다. 3일 후에 가보니 작은 암자는 그대로였지만 스님은 가고 없었다.[34]

이 대화는 언뜻 보면 유교와 불교의 대립으로 보일 수 있다. 그러나 문제의 핵심은 정통인가 이단인가의 이분법이 아니라 진리의 입장이란 무엇인가의 차원에서 이루어졌다는 것이며, 이런 대화에서는 유불간의 간격을 찾기 어렵다. 그의 진실은 호교적 입장을 넘어서 있다고 보는 것이 필자의 생각이다. 그에게 있어서 중요한 핵심은 유교냐 불교냐의 교조적 교리가 아니라 그것을 넘어선 진실과 진리가 무엇인가이다.

魚躍鳶飛上下同	고기 뛰고 솔개 나는 것 위아래 같다
這般非色亦非空	이것은 색도 아니고 공도 아니다
等閑一笑看身世	무심히 웃고 나를 보니
獨立斜陽萬木中	홀로 해 저문 숲에 있구나.

IV. 맺음말

이이는 한국유학사에서 불후의 성인으로 추앙받고 있는 인물이다. 그러나 그는 주자학을 맹목적으로 수용하는 그런 태도가 아니라 비판과 성찰을 통해 진리의 세계를 인식하고 그것을 실천하려고 하였다. 이이의 시대가 비록 문정왕후로 인한 불교중흥의 시기였다고는 하지만 성리학이 주를 이루던 시기였다. 그럼에도 그는 불서에 관심을 가졌고 어머니의 상을 마치고 금강상 입산을 결행했다. 그만큼 그에게 주어진 실존적 고뇌는 절박한 것이었으리라.

그는 금강산의 수행을 통해 불교적 깨달음을 얻지는 못했지만, 인간의 본성이 부처와 같고 요순과 같다는 사실을 철저히 인식했다. 적어도 이이는 맹목적이고 무비판적으로 주자학을 찬탄하거나 불교를 비하하려는 뜻은 없었다. 예나 지금이나 자신의 성찰에 바탕을 두지 않고 자신의 사상을 광신하거나 다른 사상에 대해서 배타적인 경우가 많음에 비추어 볼 때, 이이의 진리탐구자세는 언제나 자기성찰과 진정한 '위기지학(爲己之學)'에 바탕을 두었음을 우리는 입산과 환속의 과정 속에서 충분히 읽어낼 수 있다. 또한 선수행을 통해 마음을 고요하게 하고 본성을 맑게 하는 경험을 했기 때문에, 그런 산속에서의 선적 분위기를 애호했다.

이이가 살던 시대는 불교가 부흥되는 시기였지만 주류는 유교의 성리학이었다. 일반적으로 불교가 배척되던 시대에 홀로 불교를 찬양하기는 실로 어려웠을 것이다. 그러나 행간에 보이는 그의 선에 대한 애호와 인간의 본성은 평등하고 고귀하다는 생각은 불교와 유교는 차이가 없다는 인식을 분명히 하고 있음을 알 수 있다. 당시 불교계의 핵심 인물인 보우에 대해서 이이는 가차 없는 비난을 하지만, 《율곡전서》에서 불교의 교리를 폄하하거나 비판하는 글은 찾기 어렵다. 오히려 우리는 그의 성리학의 이론 속에서 유불회통적 사유를 찾아낼 수 있다. 물론 그것은 성리학이 불교철학과 상호 영향을 주면서 빚어진 유사성에 기인한 것이기도 하다.

이는 이귀기천(理貴氣賤) 혹은 이기이원(理氣二元)이 아닌, 이와 기를 대등하고 융합적인 관계로 보았다. 따라서 이이의 철학에는 불교적 회통의 사유의 흔적이 보인다. 이것은 성리학에 반하는 것이 아니라, 실상 성리학이 본래 불교와 노장의 사유체계를 수용하는 과정에서 나타난 것이기도 하다. 그에게는 특정인물이 진리의 근거가 될 수 없었고, 그보다는 진리로서의 타당성의 유무가 더 중요했다. 말하자면 주자절대주의에 대해 좀 더 자유로웠다는 점이다.

그러나 이이를 불교수행자라고 하는 것은 무리다. 그는 편견 없이 불교와 노장철학을 공부하기는 했지만, 그 자리에 머문 것은 아니었으며, 오히려 비판적인 자세를 취했다. 그러한 공부과정을 거치면서 그는 비로소 유학의 차원을 깊게 할 수 있었다.

박세당의 유불회통적 불교관

17세기 박세당(朴世堂, 1629~1703)의 시대는 그를 사문난적으로 공격한 김창협(1653-1722)도 400여 수의 스님들과의 교유시를 남겼으며, 박세당과는 달리 척화파에 속하는 신익성도 척불정책에 상소문을 낸 처능대사(處能, 1619~1680)를 그의 집에 머물게 했다. 그러므로 이 당시를 암울한 척불의 시대만으로 보는 것은 문제가 있다.

박세당은 자신이 머문 수락산의 석촌동에 석림암이라는 절을 복원하는데 공헌했고, 그곳의 스님들과도 좋은 관계를 유지하면서 교유시를 남겼다. 특히 매월당 김시습의 삶을 동경하였던 그는 매월당의 유불회통적 자유정신을 답습하여 불교를 포용하고자 했다.

교유시에 나타난 그의 불교관은 기복적인 경향을 찾기 어렵고, 대부분 탈속적이며 선불교적이다. 그는 명리를 탐하는 삶을 비웃었고 세속적 삶으로 벗어난 선적인 태도를 높이 평가했다. 또한 자비와 인연 등의 관념을 긍정적이었으며, 불성에 대해서는 이를 적극적으로 수용하고 있다.

그는 인간중심의 유교적 인식으로부터는 벗어나지 못해서, 호랑이에게 자신의 몸을 보시한 석가모니의 전생담에 대해서는 받아들이지 못했다. 이런 점에서 박세당의 불교관은 유교의 입장에서 불교의 면을 수용하는 것으로 윤회와 정토신앙에는 미치지 못한다. 다만 그는 무조건적인 척불을 비판했으며, 자기수행과 탈속적인 불교의 가치를 받아들였다.

Ⅰ. 박세당 시대의 불교의 위상

박세당은 많은 스님들과 시문을 나누고 불사를 도왔지만, 조정에서는 불교는 매우 열악한 상황이었다. 공식적으로 국가정책은 배불이었으며 스님들은 도성출입이 금지되고 궁중내의 사원도 철폐령이 내려져서 불교의 역할은 위축되었다. 당시 궁중 내에 두 비구니 사원이 있었는데, 외부에서 들어온 비구니가 아니라 선조의 후궁이었던 박상궁이 나이 들어 비구니가 되어 자수원(慈壽院)에서 거주했다. 또한 인수원(仁壽院)에서도 궁녀들이 비구니가 되어 살았는데, 40세 이하의 비구니는 결혼시키고 늙은 비구니는 환속하도록 조치를 취했는데, 이때 자수원에서는 여러 성인들의 위판이 있었는데 이를 묻게 하기도 했다.[1]

현종의 자수원, 인수원 혁파에 대해 처능[2]은 전국 스님을 대표하여 '간폐석교소(諫廢釋敎疏)'를 올려 강력하게 항의하였다. 처능이 이 소를 통하여 성리학적 지배세력의 배불론을 반박하면서 자수원과 인수원은 선후(先后)의 내원당이요 봉은사와 봉선사는 선왕의 외원당이니 이를 폐지하는 것은 선왕 선후에 대한 도리가 아닌 것이라고 비판했다.

처능의 상소에도 불구하고 두 비구니 사원이 궁중내에서 철거된 것은 11년이 지난 현종 15년 때였다. 문제는 궁중 내에서는 두 사원이 되었지만,

궁중 밖의 송도의 화장사(華莊寺)에서 왕대비를 위한 왕실가족의 수륙제가 있었다.[3] 또한 경기도 성부산 봉국사를 창건하여 일찍 죽은 명선 명혜공주의 명복을 빌기도 했다.

박세당이 머물던 수락산의 스님들도 많은 유생들과 교유를 나누었던 대목이 서계집에 보인다.[4] 박세당을 호되게 몰아붙였던 김창흡 역시 가족적 비운의 시기에는 불교에 심취된 것으로 보아 당시의 유생들도 불교적 세계관을 개인적으로 받아들이고 있었음을 알 수 있다. 당시 승가에는 무용(無用, 1651~1737)[5]이 활발히 활동했고 그의 스승은 침굉 현변과 백암 성총이며 그의 후학은 영해 약탄 등으로 당시 승가는 활발하게 활동하고 있었다.

유림의 종장이라 할 수 있었던 송시열도, 그의 학문적 연원인 이율곡을 문묘에 종사하는 일이 율곡이 입산하여 불도를 수행했다는 이유로 반대하는 상황에 처했을 때, 불교적 경륜이 율곡을 문묘에 배향하는데 문제되지 않는다고 대변했다. 당시의 불교 상황은 겉으로는 궁중내의 사원 등이 철폐되고 스님들이 도성출입이 금지되는 상황이었지만, 지방에서 혹은 내면적으로는 쉬임없이 불교적 신앙이 남아있을 뿐만 아니라 수행의 풍토가 유지되었고, 출가수행자들이 불교의 전통을 이어가고 있었다. 박세당의 시대는 오히려 점차 주자학적 교조주의가 흩으러지고, 자유로운 사상의 탐구가 확대되어 가고 있었다.

II. 유불회통(儒佛會通)의 실마리

조선시대는 억불숭유의 시대로 오로지 유교가 주류에 있었을 뿐, 유교의 입장에서 유불회통이란 없었고, 억눌린 불교의 입장에서는 유교와 불교가 둘이 아니라는 주장은 많았으며, 유교의 입장에서 불교를 포용하려는 노력은 많지 않았다는 것이 세간의 상식이다. 그러나 면밀히 살펴보자면 조선조에도 유불회통적 전통이 남아 있었으며, 노장철학과 불교가 유교지식인들의 손을 완전히 떠났던 것은 아니다. 그것은 매월당 김시습의 경우가 그렇고, 율곡 이이의 경우도 어렵지 않게 유불회통적 사유를 찾아볼 수 있다.[6]

17세기 탈주자학적 경전주해를 행하고 노장철학서를 주석한 박세당의 경우는 오직 성리학적 가치만이 제일이고 더 이상의 진리는 없다는 식이 아니었기 때문에, 당연히 불교나 도교를 배척하지 않았다. 그는 서로 상통할 수 있는 점을 부인하지 않았던 것이다.

유불의 벽이 없이 교유했던 중국 여산 백련결사의 중심인물 혜원(慧遠, 334~416)을 높이 평가하고 그가 유생 도연명(陶淵明, 365~427)과 아름다운 우정을 맺은 것에 대해 박세당 자신도 당시의 선사들과 그와 같은 격조 있는 교류를 희망했다.

遠師駐錫廬山寺	혜원선사 여산의 절에 머물고
陶令投簪栗里村	도연명 율리촌에 은거했네
已出方中結蓮社	선사 이미 방중에서 나와 백련결사를 했고
還從世外億兆源	도잠은 다시 세상 밖에서 도원경을 그리네
紅塵渺渺浮宦路	세상티끌 아득히 벼슬길에 들떠 있고
白雪蕭蕭閉洞門	흰눈은 스산하게 동문을 막았네
送過虎溪相顧笑	호계 넘다 돌아보며 웃는데
道情閑意向誰論	도의 정과 한가한 뜻 뉘와 논의할까.

혜원 선사가 유생인 도연명과 우정을 나누었지만, 30년 동안 산을 나오

지 않았기 때문에 헤어질 때는 호계(虎溪)를 넘지 않았는데, 어느 날 이야기에 몰입하다가 호계를 넘자 깜짝놀라고 미소를 지었다고 한다. 이런 고사를 아는 박세당은 자신이 스님들과 교유하는 것은 마치 혜원이 도연명이나 다른 이교도들과 융화했던 것과 비교한다.

박세당은 인생의 사표로서 매월당(梅月堂) 김시습(1435~1493)을 추모하고 그의 정신을 이어받고자 했다. 그는 충청도 홍산현(충남 부여)의 무량사에 모셔져 있는 김시습의 초상화를 보러가기도 했다. 그때 그가 무량사에 초상화를 모신 유적을 보면서 느낀 글에서 김시습에 대한 사모의 감회가 잘 나타나고 있다.

不讀梵經不坐禪	불경도 안 읽고 좌선도 안했는데
出家因似在家年	출가의 인연이 재가의 해와 같다
狂歌痛哭非無賴	미친 노래로 통곡하고 의지하며
孤月寒梅夙有緣	외로운 달, 찬 매화와 인연 맺었다.

藤蔓籠階草覆逕	칡넝쿨 계단엔 우거진 풀 길을 덮고
深林秋晚斷人行	깊은 숲 늦가을 인적이 없다
巖栖寂寞對遺跡	바위틈 적막만이 남은 자취 마주하고
招憶空懷千古清	공허한 마음 천년의 맑음을 회상하니
空山落日客心哀	빈산, 지는 해에 나그네 마음 쓸쓸하다
黃葉蒼苔遍古臺	가을 낙엽, 푸른 이끼 낡은 대에 깔려있고
浮世萬緣已了何	허무한 세상 여러 인연 끊고
何須到此更徘徊	언제 다시 여기 와서 거닐어 볼까.

무량사를 다녀와서 그는 그의 거처인 수락산 석촌동에 매월당 영정을 모신 사당을 건립하고 자금을 모으면서 이런 내용의 글을 썼다.

"이산은 유자(儒者)나 불자(佛者) 구분됨이 없이 함께 노닐며 우러러 봄으로써 그 만분의 일의 기상을 얻은 것이다. …장차 산의 서쪽 기슭에 건물을 창건하고 홍산의 초상화를 전하여 그 가운데 안치할 것이니 부자(夫子)가 남긴 정신이 이 산에서 영원히 끊어지지 아니하고 그윽한 사람과 빼어난 선비들이 놀면서 여기에 온 사람들이 그림을 잃어 의지할 바가 없어서 한탄하고 근심함이 없도록 하고 무량사의 그것처럼 사모할 것이다."[7]

그는 이 사업을 개인의 일이 아니라 당시 뜻있는 사람들과 함께 함께 하여 김시습이 거처했던 옛터에 사우를 만들었고, 양주의 선비들과 소를 올려 '청절사(淸節祀)'라는 사액을 받았다. 1680년(숙종 6), 마침내 동봉 아래에 영당이 완성되었고(현재의 노강서원 자리임) 1686년에는 무량사에서 이모한 초상화를 봉안하여 봄 가을로 향사를 행하게 되었던 것이다. 1700년(숙종 26)에는 양주 사람들의 청액운동은 이듬해인 1701년(숙종 27)에 조정으로부터 '청절사'라는 편액을 받게 된다. 이것은 박세당이 세상을 떠나기 2년 전의 일로 마무리된 추모사업의 하나이다.

김시습 추모사업이 순조로웠던 것만은 아니었다. 아주 가까운 사이였던 처남 남구만은 김시습을 위한 제문부탁을 거절하였는데, 그 이유는 김시습이 머리를 깎고 스님이 되었다가 다시 환속하고 또 만년에 입산한 인물로 평상적인 성정을 가진 인물이 아니기 때문이라고 했다. 세칭 '통석삼교(通釋三敎)'라고 했지만 서원에 모시기에 합당치 않은 인물로 제문쓰기를 사양했다.

박세당은 이런 비판에 대해 괘념치 않았고, 오히려 김시습이 유불선 삼교를 포용하고 그가 출가수행한 사실에 대해 하등 이상하다고 느끼지 않았고 그를 숭배했다. 이런 점에서 보면 박세당은 오로지 주자학만을 불변의 진리로 간주하지 않고 다양한 사상을 포용하여 새로운 가치관을 모색하려 했던 선구적 실학자이다. 그가 김시습이라는 인물을 남다르게 추모했던 것은 유가적 절개를 통해 만고의 선비정신을 보여주었을 뿐만 아니라 불교나 도교의 자유로운 사상적 편렵을 시도했던 자유롭고 부드러운 포용적 태도라고 볼 수 있다.

　박세당은 불교에 대해 호의적이었다. 물론 그의 시대를 벗어나서 완전히 자유로울 수 없었기 때문에 배불의 내용이 있긴 하다. 여기서 불교를 이단이라 하고 악취와 같은 것이라고 하지만 불교의 무엇이 그릇된 것인지는 말하지 않는다. 오히려 유교 자체의 부패와 탁한 선비들에 대해 질타하는 내용이 더 많다. 그래서 이글이 그의 불교에 대한 부정적 사유를 대변하기에는 무리가 있다.[8] 그는 정통과 이단을 이분화하는 사유에 부정적이다. 무조건 유교의 가르침이 옳고 무조건 불교나 노장철학의 가르침을 이단으로 배격하는 것을 옳게 보지 않았다.

　　"공자가 일찍이 말하기를, '사람으로서 어질지 못한 자를 너무 미워하
　　면 어지럽다' 하였으니, 비록 이단이라 할지라도 공격하는 것이 지나치면
　　도리어 해가 되는 수도 있을 것이다."[9]

　말할 나위도 없이 조선 후기에 들어와 학자 관료들 사이의 예송과 이단 논쟁은 심각한 국가적 위기이기도 했다. 박세당은 그러한 정통과 이단이라는 개념이 실재로는 자신의 이익을 옹호하려는 파벌싸움으로 비추었기

때문에 권력에 연연하지 않고 자연과 일치하는 은거의 생활을 꾸렸던 것이다. 이런 초탈한 자세는 당연히 노장철학은 물론 불교도 수용할 수 있는 여지가 있었다.

그가 수락산에 들어와서 매월당의 사당인 청절사를 창건하기 이전에 석림암 중건의 불사를 도왔다. 그는 김시습이 이 산에 머물 당시에 융성했던 흥국사(興國寺)와 은선암(隱仙庵)을 상기하면서, 당시 '성전(聖殿)'이라 불리웠던 절에는 몇 사람이 있었고, 후대에 중건된 은선암에 16~17인의 스님들이 기거하고 있었는데, 그 가운데 석현(錫賢)과 치흠(致欽)에게 사찰의 건립을 권유했고, 이에 치흠은 숙고 끝에 채운봉의 서남, 향로봉의 북쪽에다 암자의 건립을 계획했고 박세당은 이에 호응하여 중요한 시주자가 된다.

석림암기에서 "수락산은 천지와 더불어 병립하여 그 빼어남이 예나 지금이나 다를 바 없지만, 세상에 이 산을 사랑하는 이 없었는데 오로지 매월당만이 감상하였거늘, 그 사람 떠난 지 이미 300년, 세상에 또 다시 그를 이을 사람이 있겠는가?"[10] 라고 기록했다.

그 당시에 이런 불사에 대한 그의 심정을 피력하는 서신에서 박세당은 불사를 돕는 것이 유교의 뜻에 반하지 않음을 말한다. '힘을 모아 그 일을 먼저 하니, 또 누군가 말하기를 그 말단이면 안 된다고 한다. 단지 스님들을 배척하고 만다면, 이는 사람을 막는 것이다. 선의 문을 위함은 이단을 물리치는 것이라고 할 수 없다.'[11] 그에게 있어서 불사를 돕는 것은 이단을 돕는 것과는 무관하게 오는 사람에게 자선을 베푼 것이라는 것이다. 이어서 이러한 자선은 공자나 맹자의 정신과도 같은 것이라고 하여, 말을 잇는다. 공자가 말하기를 예전의 과오를 기억하지 않는 것은 더불어 선으로 나아감이라고 했다. 맹자는 오는 자를 막지 말라고 했다. 훗날의 선비가 또한 이적(夷狄)에 있으면서 선으로 나아간다고 하는 이야기는 성현께서 사람의 접대를 후하게 하는 것이며 사람과 더불어 선의 뜻을 위함이 본래 스스로 이 같은 것이다. 지금사람들처럼 각박하고 좁고 편협한 시각은 마치 원한 맺힌 적을 만드는 것 같다고 했다.[12] 박세당은 불사를 돕는 것은 인간의 일을 돕는 것이며, 인간을 후하게 접대하는 것은 성현의 가르침에 어긋나지 않을 뿐만 아니라 지나친 척불은 너무 편협하고 각박하다고 오히려 비판하고 있다.

그가 시를 나눈 스님은 27명이다.[13] 대부분은 석림암과 인연 있는 스님들이고 금강산 여행에서 만난 스님들이다. 스님들에 대한 호칭은 다양하다. 장로(長老)나 노사(老師) 혹은 상인(上人), 선사(禪師), 사(師), 용상(龍象)이라는 존칭을 쓰는 경우도 있고, 그냥 승(僧), 산승(山僧) 혹은 산인(山人)이라고 쓰는 경우도 있다.

III. 박세당의 불교관

1. 탈속적 가치와 선(禪)불교

박세당이 노장철학의 주석서는 집필했으면서도 불교에 관한 내용은 시와 사찰창건기 등 단편적인 글뿐이어서 그의 불교관의 전모를 보기에는 부족한 감이 있지만 그런 한계가운데서 불교관의 일단을 살펴볼 수 있다.

당시 대부분의 서민이나 왕실에서 기복적인 불교신앙이 이어졌다면 박세당의 경우는 기복적인 불교가 아닌 선불교에 가깝다. 그는 이 세상을 진세(塵世), 부세(浮世), 홍진(紅塵) 혹은 진계(塵界)라고 표현하고, 그에 대비되는 불교의 세계를 묘도(妙道), 대도(大道), 공문(空門), 절진(絶塵), 이속

(離俗)으로 표현함으로써 그의 시에 나타난 가치는 속세의 명리(名利)를 벗어난 탈속적 가치의 세계임을 표현하고 있다. 세상사에 연연하는 마음을 진인(塵人), 속사(俗士) 명리객(名利客)으로 말한다.

浮世爲皆妄	뜬 세상 모두 허망하나
空門事亦眞	불교의 일은 진실하다
爾能離毁譽	그대 능히 영욕을 떠날 수 없고
吾欲斷根塵	나도 감각 욕망 끊고 싶다
纏縛違天性	번뇌는 천상에 위배되고
逍遙得佛身	소요는 부처의 몸 얻는다
唯應急流退	오직 급한 물길을 나와서
不負點頭人	고개 끄덕이는 사람 되지 않으리다.[14]

박세당은 속세는 미망의 세계이고 불교는 진실의 세계라고 말한다. 영욕을 떠나서 욕망을 끊고 번뇌는 천성(天性)에 위배되므로 한가하게 소요하면서 성불하리라고 말하는 그에게 불교는 속세의 명리(名利)를 떠난 안식의 피난처이다.

선에 관한 저술이 없이 단편적으로 표현되는 그의 언어에서 보건데, 우선 남종과 북종의 중국의 선불교에 대해 혐분(嫌分)으로 표현한다. 견성의 세계에서 남북이 무슨 상관이겠는가라고 묻는 그에게 있어서 17세기 한국의 당파적 분당이 연상된다. 그는 서인(西人)의 소론(少論)에 속하지만 사실상 정치적으로 권력을 떠나 자유스런 입장에 서고자 했다. 깨달음의 견지에서 보자면 궁극의 진리에서는 남종과 북종의 구별은 무의미한 것이다. 견성의 세계는 지금 현재의 달빛을 말할 뿐이라고 하여 그가 체득한 선의 경지를 노래한다. 금강산의 아름다운 달밤에 선사와 함께 나누는 그의 선적 취향은 세속의 권력을 벗어나 삼매에 있으며, 이미 선종의 정통과 이단마저도 초탈한 선객의 무심의 경지를 느낄 수 있다.

求詩倦謁公卿宅	시를 구하려 애써 고관 댁 찾는 것 싫고
見性嫌分南北宗	견성에서는 남종 북종 가르는 것도 미워한다.
只說仙山今夜月	다만 신선의 산에서는 이 달밤만을 말할 뿐
夢中依舊照千峰	꿈속에서도 의구하게 천봉우리를 비춘다.[15]

물론 박세당은 본격적인 불교에 빠져버린 것은 아니다. 스님들과 나눈 시에서는 선의 공함을 함께 나누었지만 혼자 쓴 '불교'라는 시에서는 많은 영웅들이 불교에 매료될 수 있음을 은근히 경계하기도 했다.

竺教初來無許巧	불교가 처음 들어올 때 정교함이 없고
唯談地獄與天堂	오로지 지옥과 천당을 이야기했을 뿐
穿鑿大道名禪寂	대도에 천착함이 선의 고요함이라 하는데
盡誤英雄墮渺茫	모든 잘못된 영웅들이 그 아득함에 빠졌다.[16]

박세당은 불교의 진면목을 기복이 아닌 선불교에서 발견했고, 스님들과 나눈 시에서는 자신이 처한 세상을 속세로 그리고 선의 세계는 이상으로 그림으로써 척박한 17세기 불교계가 여전히 지식인의 관심 속에 살아남아 있었음을 확인시켜 준다.

문제는 박세당이 스님들과의 교류에서만 이런 불교의 세계를 이야기한 것이 아니라, 지인의 죽음앞에서 자신의 허무한 감정을 선적인 공(空)으로 표현하고 있다는 점이다. 여기에서 우리는 세속에 연연하지 않고 비교적 탈속적인 박세당의 면을 알 수 있다.

伊跖伊顏同一幻	이 발바닥 이 얼굴이 똑같은 환상
爲榮爲辱豈關身	영욕의 됨됨이 어찌 나와 관련있으리
百年未半泉臺永	백년에서 반도 못되게 살다 황천길에 오르니
萬事俱空毁譽眞	모든 것 공하나니 영욕이 진실할까
綠水紅蓮悲末路	푸른 물 붉은 연꽃에 마지막 가는길 슬프네
玉堂金馬着何人	영화로운 벼슬 누가 집착하는가
何奴稚小嚴親老	노비도 어린이도 늙으신 부모도
交友相看血滿巾	친구들 서로보고 피눈물이
	수건에 흥건하구나.[17]

이것은 윤지만의 죽음을 애도하는 만사인데, 여기에 '만사구공(萬事俱空)'이라는 용어는 인생의 허무를 자각하면서 그가 실감한 제행무상의 한 표현이라고 할 수 있다. 명리(名利)를 벗어나 그가 수락산 석촌동에 머물 수 있었던 것은 적어도 이런 선적 차원을 삶속에서 잃지 않고 있었다는 이야기다.

2. 자비와 인연법

박세당은 불교의 정신을 선으로 이해하면서도, 또한 자비와 인연법에 대해서 정확히 이해하고 있다. 석촌동에 머물면서 박세당은 석림암의 이모저모에 대해서 소상하게 알고 있고, 그곳 스님들과 왕래했는데, 주지 스님인 해안이 너구리 두 마리를 기르는 것에 대해 전생에 인연이 있는 것으로 표현하고 있고, 그것을 아름다운 일로 인식한다.

小狸小狸兩小狸	작은 너구리 작은 너구리 두 마리 작은 너구리
長老爲爹狸爲兒	스님이 아버지되고 너구리가 아기 되었네
前緣後緣緣緣已	앞 인연 뒤 인연 인연되었으니
定三生債負誰能	삼생에 정해진 빚을 누가 짊어지는가.[18]

스님의 밥을 얻어먹고 스님의 옆에서 재롱을 떨며 놀다가 느닷없이 쥐도 잡고, 밥상위의 반찬도 훔치는 말썽 꾸렁이 너구리에 대해 관대한 스님이 아무래도 전생의 인연이 있는 것으로 여기고 있다. 그러나 그는 석가모니불의 전생에 있었던 호랑이에게 몸을 바친 일화에 대해서는 이해하지 못한다. 오히려 그러한 것은 어리석지 않는가 반문한다.

捨身餇虎亦何爲	몸을 보시하여
	굶주린 호랑이 먹이로 준 것 또한 무어냐
利獸害人眞自癡	짐승 이롭고 사람 해로우니
	참으로 어리석구나.[19]

배고픈 호랑이에게 몸을 던져 보시한 석가모니불의 전생담의 일화를 알고 있었지만, 그것을 거룩한 행위로 찬탄하기 보다는 어리석은 일로 간주한다. 그의 생명관은 인간의 생명이 짐승의 생명보다 소중한 인간중심이며 전생의 일화보다는 현실을 중시하는 현세중심의 가치로 전형적인 유가의 가치관이다. 그러면서도 그는 자비와 인연법에 대해서는 긍정적으로

수긍하고 있어서 흥미롭다.

3. 불성(佛性)

박세당은 불성(佛性)이라고 해서 특별한 것이 아니고 발 참된 인성(人性)이라고 한다. 그래서 불도를 수행하면 결코 그것이 사람에게 도움이 되는 것이지 해롭지 않음을 말한다.

幻泡浮生促	아지랑이 거픔같이 덧없는 삶은 빠르기만
畢世念相守	온 세상사람 서로 지키려고만 하네
誰云寂空體	누가 적공(寂空)의 본체를 누가 말하는가
常道不可有	영원한 도는 있을 수 없는데
佛猶同人性	부처도 또한 인성(人性)과 같구나
恩豈爲身垢	그 은혜가 정해진 것 속이기 어려운데
如來試往叩	부처가 슬쩍 가서 공부했을까.[20]

또한 박세당은 천성(天性) 혹은 진성(眞性)은 불성(佛性)과 같은 개념으로 본다. 번뇌망상은 천성에 위배된다고 이해한다. 그리고 번뇌를 벗어나 자유로운 경지가 되면 부처의 몸을 얻는다고 했으니 다름 아닌 불성을 얻는 것으로 받아들이고 있는 셈이다.

纏縛違天性	번뇌는 천성에 위배되고
逍遙得佛身	소요는 부처의 몸을 얻으니.[21]

그는 석림사에 머무는 스님에게 보낸 시에서도 당초의 진성(眞性)이 시끄러운 환경에 사라지고 고요한 환경에 막히지 않는다고 말하면서, 인간에 내재한 불성을 천성으로 파악하는 것이다.

三十年前來掛錫	삼십 년 전 와서 머물더니
前緣多在此山中	전생 인연이 이 산중에 많구려
去留初不迷眞性	가고 머문 당초엔
	참된 성품 미혹되지 않았으니
喧寂曾何礙道風	시끄러움과 고요함이 합쳐진들
	어찌 도풍(道風)이 막히리
空界自將塵界異	불교의 세계는 스스로 속세와 다르니
雙林應如石林同	사라쌍수의 숲이 응당 석림암과 같다
早花晚葉隋時好	이른 봄의 꽃과
	늦가을 낙엽이 계절 따라 좋구나
清賞能招谷口翁	아름다운 감상에
	이 늙은이를 초대할 수 있으리.[22]

그는 불성을 거창한 깨달음의 경지로 보지 않고 인간의 천성으로 보며, 때로는 스님의 성품을 불성이라고도 한다. 다정다감한 성격의 소유자인 스님에게 보낸 시 가운데 한 불성가운데 웃음과 성냄의 감정이 묘하게 섞였다고 다소 장난스런 글을 남긴 것에서도 그런 이해를 엿볼 수 있다.

禪師多笑復多嗔	선사께서 웃음 많고 성냄도 많네
嗔似秋容笑似春	성낼 때는 가을 같고 웃을 땐 봄날

| 一佛性中嗔笑相 | 한 불성가운데 성냄과 웃는 모습이 있으니 |
| 畵工巧妙合傳神 | 화공의 기교가 신령스런 전함에 부합하구나.[23] |

불성이란 엄청난 것이 아니라 그에게는 자연스런 인간의 본성이다. 그러므로 성내고 웃는 천진한 모습 그 자체를 불성으로 본 것이고, 그런 감정의 어울림도 또한 불성을 떠난 것이다.

IV. 박세당 불교관의 의미

박세당이 생존한 17세기 현종 숙종대의 불교계는 궁중내의 사찰까지 폐찰되는 불교계 최악의 상황으로 알려지고 있다. 그러나 이런 상황에서 나라의 고위관리를 지내고 유학자인 박세당이 수락산 석촌동에 머물면서 인근의 불교사찰을 유람하면서 시를 쓰고 많은 스님들과 교유했다고 하는 것은 불교의 생명력을 잘 보여주는 것이다.

이것은 비단 박세당만의 특별한 교유가 아니라, 당시의 수많은 지식인들이 공유하였던 일종의 문화이기도 했다. 불사를 돕는 일이 공자맹자의 정신에 어긋나지 않다고 서신을 보낸 척화오신(斥和五臣)중의 한 사람인 신익성의 집에서 처능 선사가 오랜 세월 공부했으며, 박세당과 가까이 교유한 이경석, 최석정 혹은 박세당을 비판했던 김창흡 등 까지도 스님들과 교류했던 사실을 통해서 당시 유생과 스님의 교유가 특이한 사항은 아니었다.

당시 나라의 정치 주도세력이라고 할 수 있는 서인(西人)에게 있어서 정신적 지주는 율곡과 우계였는데, 특히 율곡이 주자학의 사표로서 문묘에 배향되는 과정에서 그의 금강산에서 불교수행이 문제가 되었지만, 많은 논란 속에도 문묘배향이 확정되었다. 당시 주도세력인 노론의 경우도 그렇지만 소론에 속했던 박세당의 경우는 주자를 비판했다는 명목으로 사문난적(斯文亂賊)으로 몰리는 우환을 당하지만, 그의 노장철학연구나 불교에 대한 우호적 태도가 비난받지는 않았다.

박세당의 불교관에서는 기복불교의 면은 거의 찾아 볼 수 없고, 그의 단편적인 글에서 들어난 불교는 세속을 초월한 선불교의 묘리였으며, 그것은 박세당이 꿈꾸는 은둔적 깨끗한 삶과도 일치했다.

그는 불교의 인연설을 자연스럽게 받아들이고 있으며, 그에게 있어서는 성리학적 인성과 불성의 차이란 없는 것이며, 대립적인 사유로부터 벗어나는 초탈의 경지를 선으로 인식했고, 그것은 속세의 명리(名利)를 떠난 선의 정신 바로 그것이었다.

호랑이에게 몸을 보시하는 불교의 전생이야기 같은 점에 대해서는 왜 금수가 인간의 가치보다 높은 가를 상식적으로 이해하지 못했다. 그런 점에서 그는 윤회의 사상까지 받아들이지는 못했던 것이다. 또한 공과 참선을 이해하기는 했지만 그 스스로 참선을 수행한 것 같지는 않다. 인욕을 벗어나 대자연과 더불어 사는 탈속적인 가치를 긍정했던 것은 분명하면서도 이를 '외유내불(外儒內佛)'이라고 말할 정도는 못된다. 그 전의 시대에 비해 보다 자유로운 학문적 탐구를 했다고 말할 수 있고 불사에 기여한 바가 크지만, 불교신앙에 독실했다고는 보기 어렵다. 윤회에 대한 신앙 혹은 정토신앙에 대한 언급이 없다. 그에게는 불교에 대한 호감이 있기는 하지만, 그것은 탈속적 선불교 정도에 국한된 것이다. 노장철학에 관심을 두고 주석작업까지 한 그에게는 너무도 당연한 수용이었던 것이다.

박세당의 불교관의 의의는 새로운 가치관을 창출해 내지 못하고 경직되어가고, 진리의 입장이 당파적 사유에 얽매인 지식인들에게 보다 자유로운 사고의 틀을 제시하는 것이라고 할 수 있다. 그것은 박세당이라는 인품이 가진 정직성과 철저성에 바탕을 두고 있다. 노장철학이나 불교나 유교와의 교류 속에서 상호발전을 한 것인데, 그의 시대는 그런 회통적 소통이 이루어지지 않았다. 따라서 그는 매월당 김시습의 유불회통적 사유를 계승하고, 사회적으로 소외계층인 불교의 인물들에 대해 편견을 갖지 않았다. 그는 이러한 사상적 포용과 교류가 공자의 정신에 어긋난 것이 아님을 확신했다. 경직된 주자학을 탈피하여 공자의 본래정신으로 돌아가고자 했던 그의 확고한 신념에서 이것은 가능했던 것이다. 그는 불사에 적극적이었으며, 스님들을 동정하고 인정하고 또한 시를 통해서 그의 불교적 세계관을 펼쳐 보인 점에서 탈주자학적 사상의 지평을 더욱 확대했으며 이후 조선 후기 실학적 다양성을 통해 그의 유불회통정신은 이어지고 있다.

19세기 대둔사 학승들의 유교경전 이해

I. 들어가는 말

조선시대 지식인의 정신세계는 유교와 불교의 이념을 주체화한 인물들에 의해 주도적으로 형성되어왔다. 한국인의 정신세계와 문화의 심연을 올바로 이해하기 위해서는 이들의 삶의 논리와 방식을 분석할 필요가 있다. 19세기를 전후한 조선 사회는 전통적 가치와 질서가 점차 지배적인 영향력을 상실해가고 있었다. 이 같은 시대상황의 극복을 위해서는 자유정신과 창조적 지성의 발현이 요청되었으며, 조선조 후기 지식인을 대표하는 승려와 유학자는 갈등과 대립의 긴장관계 속에서도 필연적으로 상호교류의 과정을 통해 스스로의 정신세계의 확장과 변용의 과정을 겪으며 새로운 정신문화의 형성을 시도한다.

공통의 문제의식과 지향점을 갖는 이들 유교와 불교의 지식인들은 종교적·이념적 장벽을 넘어 새로운 정신세계의 구축과 실현을 꿈꾸며 자연스럽게 만남의 장으로 향하게 된다. 그 무대의 중심이 된 곳은 해남의 대둔사(大芚寺, 대흥사)였다.[1] 19세기 당시 대둔사에는 완호(玩虎)를 수반으로 하는 초의(草衣), 호의(縞衣) 일파와, 아암(兒庵)을 수반으로 하는 수룡(袖龍), 기어(騎魚)의 일파가 있었다.[2] 대둔사에서는 이들 학승들과 정약용, 김정희, 홍석주, 신위 등을 비롯한 여러 유학자들의 폭넓은 교류가 이루어졌다. 대둔사에서 펼쳐진 이 같은 교류는 유교의 정신세계에 대한 불교 지식인들의 이해에 큰 변화를 초래했으며, 그들의 삶과 정신세계에도 필연적으로 많은 변화를 가져온다.

II. 조선조 후기의 사상적 · 문화적 배경과 대둔사

1. 19세기의 사상적 · 문화적 배경

18세기 말엽을 거치며 조선사회는 봉건사회가 해체되면서 바야흐로 격변의 시대에 돌입하였다. 변화의 조짐은 정치, 사회, 경제, 문화 등 제 방면에 걸쳐 전통적 질서가 붕괴되면서 드러나기 시작하였다. 이러한 변화는 19세기에 들어 더욱 가속화되며 이 시기의 상황은 '당쟁의 격화와 외척의 득세, 이로 인한 왕권의 약화와 통치 시스템의 무력화, 새로운 가치이념의 등장과 사상적 · 문화적 충돌에 따른 가치의 혼란, 신분질서의 해체' 등으로 묘사된다.[3]

이같은 정치 · 사회적 상황변화를 배경으로 하는 전환기에 있어 사상 · 문화적 측면에서도 현실적 대응방안의 모색과 새로운 질서의 구축이 필연적으로 요구되었다. 시대사조의 급격한 전환기에 있어 지식인의 대응양식은 애써 그것을 외면하거나 아니면 적극적으로 수용하는 것이다. 18세기 후반 이후 조선사회의 사상적 상황은 변화된 현실을 직시하여 새로운 사회 건설을 지향하는 것이었으며, 그 이념적 기반이 되었던 것은 청조고증학을 수용한 북학이었다.[4] 추사를 비롯한 당대 신지식의 기수들은 새로운 학문과 사상을 수용하여 노쇠한 조선왕조의 구문화 체계를 극복하고 새로운 문화를 전개하려고 시도하였다. 이러한 노력은 실사구시를 추구하는 새로운 사상·문화운동으로써 학문, 종교, 예술 등의 다양한 분야에서 시도되었으며, 경제, 정치구조의 반성에까지 이르렀다. 지역적, 신분적 차원에서의 개방적 교류와 정통 주자학 위주의 폐쇄적 풍토에서 탈피하여 북학과 서학 등 다른 이념과 전통까지도 수용하는 자유로운 학문 풍토가 형성된 것이다.[5]

조선시대 불교계의 사상적 전개는 기본적으로는 선(禪)을 중심으로 한 것이었다. 조선조 후기에 이르면 강력한 숭유억불정책으로 인해 불교계는 활력이 급격히 떨어져 초·중기에 비해 불교내부의 사상적 전개는 부진함을 면치 못한다. 여기에 시대사조의 변화 상황에 대한 불교계의 대응 역시 미온적인 상태를 벗어나지 못함으로 인해 사상적으로도 주도적 역할을 상실하게 된다. 19세기 조선 후기 불교계의 사상적 동향으로서는 선의 수행을 중심으로 하면서도 교학적으로는 화엄교학을 탐구하고 실천적으로는 염불의 수행을 겸하는 것이 특징이다.

승려들의 유불겸학 풍조 역시 이 시기의 한 특징을 이룬다. 이러한 사상적 분위기는 개인적인 차원에서 이해될 수도 있겠으나 당시의 사상계 전반의 동향과 무관하지 않다. 즉 대내외적인 격변기에 불교내부의 사상적 폐쇄성을 극복하고 사회적 연대성을 회복하기 위해 노력하던 당대 승려들의 고뇌와 열망의 산물인 것이다. 한편 이러한 외적 변화에 대한 사상계 내부의 대응과정은 분명 고통이면서 동시에 새로운 가능성을 잉태한 것이었다. 이 시대는 바야흐로 격동기이면서 동시에 역동기였다.

2. 19세기 대둔사의 사상·문화적 배경

조선조 말기의 불교계는 선종이 중심이었으며 특히 서산 휴정 이후로 선을 강조하는 경향이 더욱 짙어졌다. 즉 이 시기 불교계는 서산계의 편양파와 소요파, 부휴계의 벽암파 등이 주류를 이루고 있었다.[6] 전라도 지방, 특히 대둔사는 이러한 흐름의 중심에 있었다. 그것은 서산대사와 그의 제자들을 중심으로 한 선맥이 대둔사를 중심으로 형성되는 것에서 비롯된다. 이어 대둔사에서 12 대종사(大宗師)와 12 대강사(大講師)가 배출되었으며, 본고에서 다루고자 하는 초의와 범해가 각각 13대 종사와 13대 강사의 대둔사의 맥을 잇고 있다. 조선불교사의 일대 사건으로 일컬어지는 백파와 초의의 삼종선 논쟁도 바로 이곳을 무대로 전개되기도 하였다.

그러나 18세기 중엽을 지나면서 대둔사에서는 선교의 일치 내지 조화가 시도되었다. 이 시기에 이르면 이념적 지향에 있어 선(禪) 일변도의 폐쇄적 전통에 수반하는 부정적 요소들이 표면화되면서 이의 극복을 위한 노력으로 화엄사상을 중심으로 한 이론불교(敎)와의 접합이 시도된다. 연담, 백파 등을 중심으로 한 당대 고승들은 선 우위의 입장에 서면서도 화엄에 대한 연구에 적극적이었으며, 대둔사에는 이들 선교 양종의 많은 고승대덕들이 주석(駐錫)하게 된다.[7]

대둔사는 또 유불교류의 중심무대로 등장한다. 다산과 추사를 비롯한 당대의 수많은 지식인들이 대둔사를 거점으로 하여 승려들과 지적교류를 확대해가고 있었던 것이다. 이는 아마도 대둔사의 지정학적, 정치적 특성과 무관하지 않을 것이다. 즉 다산과 추사의 유배지인 강진, 제주도와의 지리적 근접성 및 유배지로서의 해남지방의 정치적 위상, 아울러 정조(正祖)에 의해 서산대사의 표충사가 대둔사에 세워져 이 절이 다른 사찰과 달리 유교적 가치와 상치되지 않은 사풍(寺風)을 지닌 곳이었다는 점 등이 주목된다.

아울러 대둔사가 위치한 해남은 지정학적으로는 변방에 속하지만, 당시의 사회경제적 변화의 바람은 이 지역이라고 예외는 아니었다. 상공업의 발달로 인한 상품의 생산증대와 교역의 확대라는 사회경제적 상황의 변화와 이에 따른 인구이동이 활발해지고, 이러한 변화가 해남을 비롯한 변방 지역에도 파급된 것이다. 포구 상업의 발달에 따라 해남, 강진, 나주 등은 전라도의 포구도시로 성장하여 인구가 3~4천 명에 이르게 되며, 사회 전반에 걸쳐 새로운 제도와 질서가 요구되기에 이른다.[8] 이같은 상황에서 대둔사 역시 당시의 사회 전반에 걸친 격변의 현실과 이로부터 초래되는 위기의식으로부터 면제될 수 없었을 것이다.

Ⅲ. 19세기 대둔사를 중심으로 한 유불(儒佛)교류

조선조의 억불정책은 불교와 유교의 갈등·대립을 심화시켜 조선시대 불교와 유교는 기본적으로 적대적인 관계가 지속되었다. 이로 인해 유학자에게는 승려들과의 교유(交遊)나 불서의 연구가 거의 금기시 되었으며, 승려들 역시 소극적인 태도를 취하게 되어 서로의 관계는 소원할 수밖에 없었다. 그러나 18세기 말에 접어들면서 두 진영간의 활발한 교류와 연구가 이루어지기 시작한다. 그 직접적 계기는 위에서 살펴본 이 시기를 중심으로 급격하게 전개된 시대의 전반적 변화상황에서 찾을 수 있을 것이다.

즉 18세기 조선의 사상계가 조선왕조의 국시로 천명된 성리학이 이미 말폐 현상을 드러내기 시작하여 점차 그 영향력이 상실되어 가는 상황에서 청조문화의 유입과 북학의 수용 등이 적극적으로 이루어져 사상계 전반에 걸쳐 일대 변화의 조짐들이 노골화된다. 이러한 과정에서 성리학을 중심으로 한 유학의 도그마에서 벗어나 다양한 학문들에 대한 자유로운 탐구가 가능해져, 특히 실학자들을 중심으로 불교에 대한 관심이 증대되었다. 불교계 역시 자의반 타의반 소극적이고 은둔적이며 폐쇄적인 태도로 일관하던 기존의 상황에서 벗어날 것이 요구되고 있었다. 즉 선 일변도의 폐쇄적 전통에서 교학에 대한 관심이 증대되어 대둔사에서도 연담 유일 등에 의한 화엄학의 연구와 화엄강회(華嚴講會)가 열리게 된다. 또 불교탄압의 현실적 상황 극복을 위한 유교와의 이념적 동질성 확인의 필요성은 여전히 강하게 요구되고 있었다.

불교와 유교의 교류는 어떠한 것이 되어야 하며, 상대에 대한 올바른 이해의 조건은 무엇인가. 적어도 호교적 차원에서 공격적이거나 방어적인 태도는 한계를 가질 수 밖에 없다. 이를 위해서는 순수하고 진지한 지적 호기심에서 출발할 필요가 있다. 19세기 대둔사를 중심으로 한 교류는 이러한 조건을 일정부분 충족하고 있다고 할 수 있다. 과연 그 교류의 내용과 결과는 어떤 것일까.

1. 아암혜장과 다산 정약용

아암혜장(兒菴 惠藏, 1771~1811)은 〈연파대사비(蓮坡大師碑銘)〉과 〈동사열전(東師列傳)〉에 의하면 전남 해남 출신으로 어려서 대흥사에 출가하였다. 그는 월송 재관(月松再觀)의 구족계를 받았으며 춘계 천묵(春溪天默)에게서 학문을 익혔다. 27세 되던 해인 정조 22년(1798)에는 장암 즉원(晶

岩(卽圓)의 법을 이었다. 30세에는 대둔사에서 《화엄경》 강회를 열자 모여든 사람이 100여 명이었다고 한다.

그는 많은 불경 중에서 《수능엄경》과 《기신론》을 즐겨 읽었으며 불경은 물론 외전을 매우 좋아하였던 것으로 알려진다. 그 가운에 특히 《주역》과 《논어》 등의 사상을 깊이 연구하고 사색하였으며, 기윤(朞閏)의 수(數), 율려(律呂) 의 도(度), 그리고 성리서(性理書) 등을 연구하여 그 뜻을 밝히니 유학자라도 그의 학문을 따를 수 없었다고 한다.

아암이 교류한 유학자 가운데 대표적인 인물은 다산 정약용이다. 19세기 대둔사를 중심으로 한 호남지방에서 이루어진 승려와 유학자의 교류 가운데 가장 의미 있는 사건이라 할 수 있는 아암과 다산의 만남은 아암이 34세 되던 순조 5년(1805) 가을에 이루어 졌다. 당시 아암은 일시 강진의 백련사에 머물게 되었는데 강진에는 다산이 유배생활을 하고 있었다. 정약용으로서는 처음으로 마음을 터놓고 깊은 교분을 맺은 사람이 바로 아암이었다.

이들의 대화는 역리에 관한 문답으로 시작되었다. 아암은 유가의 경전인 《주역》을 20여년 동안 연구하여 역학에 대한 이해가 깊었으며 다산 역시 역리에 밝은 대학자였으므로 그것은 자연스러운 것이었다. 이들의 교유는 이후에도 지속되어 두 사람은 차와 시를 주고받으며 두터운 정의를 나누었다. 다산이 18년간의 강진 유배 생활 동안 많은 학문적 업적을 이룰 수 있었던 것 역시 아암의 도움이 컸던 것으로 알려진다. 다산 또한 아암을 위하여 많은 시를 지어 답하였으며, 사찰의 불사는 물론 특히 사지(寺誌) 등의 편찬에도 적극적으로 참여했다.

한편 아암은 신미년(1811) 가을에 40세의 나이로 입적하였으나 수룡 색성, 철경 응언, 침교 법훈, 기어 자굉, 일규 요운 등 그의 제자들은 다산의 지도를 받으며 교유를 지속하였다. 다산은 특히 그들 가운데 색성을 아꼈던 것으로 보인다.

> 혜장 스님의 많은 제자 중에 색성이 가장 뛰어났네.
> 이미 화엄교를 마치었고 아울러 두보 시를 익혔구나.
> 새싹 찻잎을 불에 잘 말려서 진중하게 외로운 유배객을 위로하네.[9]

다산은 색성이 차를 보내온 것에 감사하여 그에게 불교뿐만 아니라 유교 서적을 보내어 유교적 교양을 익히도록 자상한 지도를 한다.

> "인간세사는 심히 분망한데 그대는 매양 동작이 느리고 무거우니 서사(書史) 속에 있어도 근적(勤績)이 매우 적으니라. 지금 그대에게 《논어》를 내려주니 지금부터 시작하여 마치 왕공(王公)의 엄한 조칙을 받드는 것처럼 하여라. 시각을 다투어 뒤에는 장수(將帥)가 있고 앞에는 깃발이 펄럭이듯이 황급하게 내달아라. 마치 호랑이와 교룡이 핍박하듯이 한순간 한순간 감히 쉬거나 느리지 않도록 하여라. 단지 의리를 깊이 추구할 때에는 반드시 마음을 모아 정연(精研)하면 마침내 그 진취(眞趣)를 얻을 수 있으리라."[10]

2. 초의의순과 추사 김정희

초의의순(艸衣意恂, 1786~1866)은 전라도 나주군 출신으로 대둔사 완호대사로부터 구족계를 받았으며, 연담(蓮潭) 대사에게 사사하였다. 55세인 1840년에는 헌종(憲宗)으로부터 대각등계보제존자초의대선사(大覺登

階普濟尊者艸衣大禪師)라는 호를 받았다. 저술로는 《사변만어(四辨漫語)》, 《동다송(東茶頌)》, 《다신전(茶神傳)》 등이 있으며 많은 선시(禪詩)들을 지었다. 초의는 또 다산 정약용, 추사 김정희를 비롯하여, 홍석주(洪奭周), 신위(申緯), 홍현주(洪顯周), 김재원(金在元), 김경연(金敬淵), 윤정현(尹定鉉), 김유근(金逌根), 이노영(李魯榮), 이상적(李尚迪), 정학연(丁學淵), 정학유(丁學遊), 김명희(金命喜), 김상희(金相喜), 신관호(申觀浩), 윤치영(尹致英) 등 당대의 명사들과도 교류하여 많은 詩文을 남겼다.[11]

초의는 다산과의 교류를 통해서 유서(儒書)와 시도(詩道)를 배웠다. 또 추사와는 불교에 대한 격의 없는 대화를 나누었다.[12] 특히 초의와 추사 두 사람의 관계는 매우 각별하여 초의가 수 차례에 걸쳐 제주도까지 가서 교분을 나누기도 하였다. 또 추사는 백파와 초의 사이에 일어난 이종선(二種禪) · 삼종선(三種禪) 논쟁에 참여함으로써 이 사상논쟁이 불교 내부의 차원을 넘어 당시 지성사의 주요 사건으로 발전하였다. 즉 백파가 제시한 조사선, 여래선, 의리선이라는 삼종선의 구분법과 등급 매김에 대해 초의가 이의를 제기하자, 추사는 여기에 가담하여 백파를 비판하여 소위 백파망증십오조(白坡妄證十五條)를 통해 자신의 견해를 밝혔다.

이러한 교류는 선의 전통에 대한 도그마적 태도로부터 그를 자유롭게 하여 비교적 객관적이고 비판적인 이해를 가능하게 했던 것으로 보인다. 조선불교는 초의에 이르러 비교적 활발하고 자유로운 교학연구의 분위기가 형성되고, 당시의 시대적, 학문적 경향에 부응하는 모습들이 발견되기 때문이다. 이러한 분위기는 당시의 지식인들이 주자학적 전통이라는 굴레에서 벗어나 여러 학문에 대한 자유로운 관심과 접근이 가능해지고, 실증과 경험, 현실성이 중시되는 과정에서 하나의 사상적 · 종교적 전통에 대한 절대적이고 맹목적인 추종에서 비교적 자유로워질 수 있었던 사실과 무관하지 않을 것이다.

대표적으로 초의, 백파 등과 교류한 추사의 경우를 보면, 그는 불교경전 문구의 오류 가능성, 한역 경전의 번역의 정확성, 원문 대조의 필요성, 경전 해석의 정당성 등에 대한 문제를 제기한다. 또 그는 다양한 자료를 고증하여 석가의 생몰연대나 탄신일에 대해서도 정설이 없다는 것을 논증한다. 이러한 소위 고증학적이고 실증적인 방법론에 근거하여 그는 불교를 이해하고 있으며, 이러한 입장에서 그는 불교가 원래 초월적인 세계나 내세를 중시하는 것이 아니라 궁극적으로는 현실세계, 인간사회에 주안점이 있음을 강조한다.[13] 추사를 비롯한 소위 실학적 성향을 갖는 지식인들의 지적 분위기는 교리연구에서 보다 고증적인 방법론이 도입되거나 실천적 측면에서 보다 현실에의 관심이 증대되는 등 불교계 내부의 변화를 초래했을 가능성은 충분히 예측된다.

그러나 한편으로는 과연 이러한 전반적인 시대사조가 직접적으로 불교계 내부의 큰 변혁으로 이어졌는가에 대해서는 여전히 의문이다. 왜냐하면 예를 들어 초의의 경우만 보아도 그의 선시(禪詩)에는 음풍명월(吟諷明月)적 태도가 전체적인 기조를 이루고 있기 때문이다. 목가적 관점에서의 자연에 대한 찬탄과 동일시, 은둔적이며 자괴적인 태도 등은 자신의 객관화라는 과정을 거치지 않으면 불가능하며, 이러한 태도는 삶에 대한 일방적인 긍정과 매몰로부터 스스로를 해방시키며, 욕망의 절제를 가능하게 한다. 그러나 초월적, 현실도피적 태도나 그러한 삶의 절대화가 과연 불교에서 추구하는 참된 삶의 태도인가라는 의문과 함께, 이같은 태도에는 불교의 출발인 인간 실존에 대한 절박성의 인식이 결여된 듯한 모습이 엿보이는 것이다.

3. 범해각안과 요옹 이병원

범해각안(梵海覺岸, 1820~1896)은 〈범해선사행장(梵海禪師行狀)〉에 의하면 1820년 전남 완도에서 태어났다. 14세에 대둔사로 출가했고, 16세에 호의(縞衣)선사의 문하에 들어갔으며 하의(荷衣)선사에게 십계를 받았으며, 초의율사로부터 구족계를 받았다. 그는 호의·하의·초의·문암(聞菴)·운거(雲居)·응화(應化) 등 여섯 명의 대종사에게 배웠다. 저술로는 《범해선사문집(梵海禪師文集)》 4권으로 정리된 것이 있으며, 하도(阿度)로부터 회광(晦光)에 이르는 189명의 고승에 대한 전기인 《동사열전》 등이 있다.[14]

〈범해선사행장〉에 그가 '요옹 이병원(蓼翁 李炳元)에게서 유교를 수학했다'라고 있는 것으로 보아 요옹을 통해 유교적 지식을 습득한 것을 알 수 있다. 범해는 또 요옹 이외에도 여러 유학자들과 교유하였다. 그의 문집에는 그가 박노하(朴蘆河)와 주고받은 서신이 남아있다. 특히 여기에는 유불교류의 당위성과 당시의 상황 등에 대한 그의 견해가 보여 흥미롭다.

"승려(山人)는 이로써 유자(先生)에게 귀 기울이고 유자는 이로써 승려를 허락하였다. 그러나 오늘날의 유자들에게는 유교 외에 다른 도가 없고 승려들에게는 불교 외에 다른 도가 없어 얼음과 숯처럼 서로 조화하지 못하고 있다. (중략) 절실히 생각건대 유자는 유(儒)만을 존숭하고 승려는 부(佛)만을 존숭하니 이는 마치 자식이 자기 아비를 위하고 부인이 자기 남편을 위하는 것과 같다. 만약 자식이 자신의 아비를 위하면서 다른 사람의 아비를 위하지 않거나 부인이 자신의 남편을 위하면서 다른 사람의 남편을 위하지 않는다면 이는 즉 경박한 사람으로 떨어져 세상에 설 수 없으니 누가 그를 대군자라 부르겠는가.”[15]

이상에서 19세기 대둔사를 중심으로 이루어진 유불교류의 대표적인 사례들을 살펴보았으나, 이들 이외에도 승려들과 유학자들의 교류 또는 그들과의 유·불 동이(同異) 논쟁은 대둔사를 중심으로 활발히 전개된다. 예를 들어 영허 선영(暎虛善影), 응운 공여(應雲空如), 설두 유형(雪竇有炯) 등과 유학자들과의 교류가 그것이다. 승려와 유학자들의 교류는 다산과 추사의 경우처럼 중앙의 주류 정치권에서 배제되어 격리된 유배자들이 현실적으로 비교적 자유로이 만날 수 있는 지식인은 정치적 입장에서 자유로운 현지의 승려였으며 어쩌면 자연스러운 것이었다. 또 승려들은 이미 인도나 중국으로부터의 새로운 사상이나 문화의 도입을 직접 주도할 수 없는 상황에서 유학자들을 통한 시대 흐름의 파악이라는 현실적 필요성도 작용하였던 것으로 보인다. 이들이 서로에게서 무엇을 추구하였으며 그 의미와 한계가 무엇인가에 대해서는 보다 심도 있는 연구가 요청된다. 그러나 예를 들어 초의가 백파에 대적하여 논쟁을 전개할 수 있었던 것도 추사를 비롯한 당대의 지식인들과의 교류를 통해 보다 객관적이고 비판적인 시각을 확보할 수 있었고 그러한 관점에서 당시의 불교계를 반성할 수 있었기 때문일 것이다.

IV. 대둔사 승려들의 유교경전 이해

본 장에서는 유불 지식인들의 교류과정을 통해 형성된 새로운 정신문화의 규명이라는 차원에서, 대둔사 승려들의 유교사상에 대한 이해의 방식과 특징 및 이를 통한 불교계의 내부적 변화 양상들을 고찰한다. 여기서는 현존 자료의 제약상 아암 혜장과 초의 의순, 범해 각안을 중심으로 살펴보도록 한다.

1. 아암혜장

1) 《주역》의 이해

아암은 승려로서는 보기 드물게 《주역》에 대한 연구를 진지하게 수행하여 적극적으로 그 이념을 보편적 진리체계로 인정한다. 다음의 시는 그의 《주역》에 대한 관심과 천착의 정도를 말해준다.

아침저녁으로 끊임 없이 생각하면
심오한 《주역》의 뜻도 아마 깨칠 날이 있겠지.[16]

아암은 이처럼 《주역》의 내용을 화두를 들 듯이 그 이치를 깨우치려고 천착하였던 것이며, 주역적 세계관의 진리성에 대한 그의 믿음 역시 확고했다.

우주의 삼라만상 그 수효 끝이 없지만
하나하나 치밀하여 빈틈없이 자상하다.
《주역》의 경문과 분명하게 부합되어
그 어떤 상(象) 하나도 헛되이 말하지 않았다.[17]

《주역》에 대한 아암의 이해의 수준은 그의 관심의 정도만큼이나 높았던 것으로 알려진다. 그것은 다산과 추사 김정희가 《주역》에 대한 아암의 식견에 대해 크게 찬탄하고 있다는 사실을 통해서도 확인된다.[18] 《주역》에 대한 아암의 식견을 알 수 있는 자료는 그의 제자 색성 수룡, 기어 자굉 등과의 문답 기록이다. 여기에는 그의 《주역》 이해의 특징으로서 다음의 몇 가지 독특한 해석들이 확인된다. 제자 기어가 '하도(河圖)'의 불완전성에 대해 묻자 아암은 다음과 같이 답한다.

"도(圖)란 리(理)의 그림이다. 리는 본래 형체가 없으니 어찌 그리기 곤란하지 않으리오. 단지 그 유사함과 방불함을 모사와 탑본을 했을 따름이다. 五는 중앙에 있고 十은 그 밖을 에워 쌓으니 또한 단지 이 리가 마땅히 이 같다. 어찌 반드시 하늘이 둘레(圈)와 점(點)을 여러 성좌처럼 만들었다고 볼 수 있겠는가. 태극의 음양을 흑백으로 표기한 것은 또한 이치를 이와 같이 표현했을 뿐이다. 만약 태극에 참으로 흑백의 형상이 있다고 말한다면 이것은 진씨의 도표와 같이 태극을 형체가 있는 물건으로 본 것이다. 이 어떻게 이치라 말할 수 있겠는가. '하도'의 一六과 五十을 생각해 보면 이 역시 이와 같은 것으로 생각된다. 선유(先儒)가 일찍이 '하도'를 취하고 원도(圓圖)를 지음에 五는 가운데 있고 十이 그 밖을 둘러싼다. 十의 점은 이어져 끊이지 아니한다. 이 그림은 좋은 것 같다. 소강절이 또한 말하기를 원이란 '하도'의 수라 했다."[19]

아암의 이해는 당시의 일반적인 《주역》 해석과 크게 다른 점은 없지만 역시 불교적 해석으로 이해되는 면을 볼 수 있다. 즉 아암은 원래 진리는 형체가 없는 것인데 어쩔 수 없이 기호로 표현하여 태극이나 음양의 형태로 표현되었을 뿐이라는 것이며, 그래서 나타난 기호는 완전한 것일 수 없다고 한다. 그런데 이러한 해석에는 불교의 진리관 내지 세계관에 대한 불교의 전형적인 설명방식의 원용이 확인되는 것이다.

다음으로 아암의 《주역》 이해의 특징은 양의(兩儀)의 설명방식에서 확인된다. 즉 그는 음양만이 양의가 아니며, 태양 소양 태음 소음만이 사상(四象)이 아니라고 말한다. 흔히 음양을 양의라 하고 태양. 소양. 태음. 소음을 사상이라 하는 것에 대해 그것은 편협한 고정관념이라고 하면서 그 의미를 다양하게 해석하는 것이다.

괘를 그리는 법을 논하자면 다음과 같다. 먼저 한번씩 ―과 ―― 을 그려 양의에 배당하고, 다음으로 ⚌ ⚍ ⚎ ⚏ 를 그려 사상을 만든다. 다음으로 일획을 더하여 팔괘를 이루니 이는 진정 불변의 정리(定理)이다. 그러나 내가 일찍이 태극권(太極圈) 가운데 본래 음양이 있어 흑백의 혼륜(渾淪)을 배태(胚胎)하고 있음을 의심하였다. 태극은 음양을 생할 수 있는 것이다. 다음 일양(一陽)을 그리니 이것이 순양(純陽)이니 그 가운데에는 한 점의 음기도 없으며, 다음 일음(一陰)을 그린 것은 순음(純陰)이다. 그 가운데는 한 점의 양기도 없다. 순양은 어떻게 일음을 얻어내며, 순음은 어떻게 일양을 얻어낼까. 이 이치는 능히 알 수 없다. 또 건태이진(乾·兌·離·震)의 뿌리는 모두 양이며, 곤감간곤(巽·坎·艮·坤)의 뿌리는 모두 음이다. 그럼에도 성인은 역을 논함에 있어 태(兌)괘와 이(離) 괘를 음괘라 하고 감(坎), 간(艮)괘를 양괘라 하였다. 이는 태극이 나누어질 때 일음일양이라는 정해진 이름과 서로 부합되지 않는다. 이 또한 분명히 알 수 없다.

또 역에 이른바 양의란 것은 시가(蓍家)에서 이를 둘로 나우어 양(兩)을 상징한 것이며 역(易)에 이른바 사상이란 것은 시가에서 네 개로 세어가면서 사(四)를 상징한 것이다. 그렇다면 음양을 양(兩)이라 말할 수 있을지 모르지만 반드시 이를 양의라 말할 수 없을 것이며 태양·소양·태음·소음을 사(四)라고 말할지 모르지만 반드시 사상이라고 말할 수 없다. 무엇 때문인가. 의(儀)란 상(象)이며 상이란 비슷함이다. 비슷함이란 가(假)이다. 가란 방불(彷彿)이다. 지금 진음(眞陰)과 진양(眞陽)을 의와 상이라고 하는 것 역시 알 수 없다고 한다.[20]

아암에 있어서 그가 비록 승려이기는 하지만 《주역》은 인생과 우주의 변화를 설명하는 방식으로써 큰 의미를 갖은 것이었다. 따라서 양의와 사상을 해석하는 방식에 있어서 단지 양의를 음양으로 한정해 보거나 사상을 태양·소양·태음·소음으로만 한정해 보는 것은 주역의 다양한 변화를 해석하는데 적절치 않은 것으로 판단했던 것이다. 이러한 이해는 그가 《주역》을 의리역(義理易) 보다 상수역(象數易)에 관심을 두고 해석하는 것과도 맥을 같이 한다. 즉 그에 의하면 《주역》은 본시 점을 치는 의도로 만들어진 것이기 때문에 점칠 때 사(四)의 숫자는 주로 사시(四時)와 관련이 있음을 지적하여, '사상은 사시의 상(象)이다. 주역에 말하기를 세어서 사(四)로 하여 사시를 형상한다고하니, 사상이란 사시의 형상이 아니겠는가'[21]라고 한다. 19세기 한국 사상계에서 《주역》의 이해 방식이 어떤 것이었는가에 대해서는 또 다른 고찰이 요청되거니와 승려로서 아암은 성리학적 전통의 윤리적·의리적 해석보다는 점술적 의미로서의 상수학적 해석에 관심을 가졌다고 할 수 있다.

그러나 한편으로는 《주역》에 대한 관심과 연구가 단지 점술적 의미에서 인간의 길흉화복과 관련해서만 이루어졌던 것은 아니다. 즉 그는 인간의 삶의 근간으로서 무궁한 변화 속에서도 변해서는 안 되는 것이 바로 올바른 마음가짐임을 강조한다. 이러한 사실은 대정(大貞)의 의미에 대한 제자와의 문답에서 확인된다. 대정 즉 크게 곧은 것을 흉하게 보는 해석에 대해 제자는 다음과 같이 질문한다.

"역(易)은 대저 정흉(貞凶)을 말한 것이 심히 많다. 점을 치다가 정흉의 점사를 만나는 자는 바른 길을 버리고 별도의 옳지 않은 지름길을 가는 것인가."[22]

이에 대해 아암은 다음과 같이 답한다.

"군자의 도는 바름을 지키고 흔들리지 않음이다. 그 성패와 이돈(利鈍)을 계산하지 않는 것이다. 어찌 점치다가 정(貞)이 흉(凶)하다는 점괘 때문에 정(正)을 버리고 곡(曲)을 따를 것인가. 그러나 정(貞)이란 일에 대한 말이다. 《주례》의 〈태복(太卜)〉에서는 대저 나라에 대정이 있을 때는 거북으로 점을 치고 작은 일은 복(卜)으로 임한다 하였다. 또 〈소종백(小宗伯)〉에서는 무릇 나라에 대정이 있으면 옥백(玉帛)을 받든다고 한다. 그 주석에서 정현(鄭玄)은 대정에 대해 임금을 세워 나라를 옮김을 대정이라 하였다. 대정이란 대사(大事)를 두고 말한다. 이에 대한 뜻은 내가 전에 자하산방에서 들었다."[23]

즉 군자의 도는 올바름(正)을 지키고 흔들리지 않는 자세가 이해득실에 변화하는 것보다 중요하다. 흉하다는 점괘 때문에 옳음을 외면해서는 안 된다는 것이다. 이같은 이해는 스스로 말하고 있듯이 다산의 주역관에 영향을 받고 있는 것이 사실이나, 아암은 비록 《주역》을 의리역으로 이해하고 있지는 않지만 그렇다고 해서 윤리적 측면을 간과하지는 않는 것이다.

2) 《논어》의 이해

아암은 《주역》에 이어 《논어》의 몇 가지 중심주제와 관련해서도 제자와의 문답형식을 통해 자신의 견해를 제시한다. 먼저 그는 제자 수룡 색성의 물음에 답하여 〈학이〉편의 '학이시습(學而時習)'을 다음과 같이 설명한다.

습(習)의 글자의 형성은 우(羽)과 백(白)에 따른다. 새가 여러 번 나는 것이 습(習)이라는 글자의 본래 뜻이며 어린 새가 나는 연습을 하는 것을 말한다. 반복하여 나는 것을 배우는 것은 우리가 도를 배우는 것과 같으며 또반복한다는 것은 당연히 그만두지 않는다는 뜻과 같다. (중략) 지금의 유가의 사람들은 아랫사람은 배우지 않고, 윗사람은 배우되 익히지는 않는다. 배우되 익히지 않는 것은 알되 실천하지 않는 것이니 또한 무슨 이익이 있으리요. 우리 불가에서는 청정무위(淸淨無爲)를 배우고 강의가 끝나면, 신을 만들고 밀가루를 반죽하고, 화내어 이익[利]을 다투니 이것 역시 배우되 익히지 않는 것이다.[24]

즉 당시의 유학자나 승려들이 배우고서도 익히고 실천하지 않는다는 것인데, 아암은 학이시습을 불교적 관점에서 해석하여 유학자들뿐만 아니라 승려들 역시 이 정신을 제대로 실현하고 있지 못함을 비판하는 것이다. 이미 아암에게 '학이시습'의 이념은 결코 유가에 한정된 것이 아니었던 것이다. 아암과 제자들의 문답에서도 추측할 수 있듯이 당시 승려들 사이에 유교경전에 대한 학습이 광범위하게 이루어지고 있었다. 이같은 상황에서 불교의 학습 및 수행과 관련한 담론의 장에서 유가의 경전과 이념들은 아무런 거리낌없이 원용되고 있었던 것이다. 한편 이러한 불교적 관점에서의 《논어》 이해는 유교와 불교의 동일시라는 주장으로 이어진다.

강북에서는 탱자가 되고 강남에는 귤이 된다.

그 상반됨이 어찌 적색과 청색처럼 다를까.

대도는 원래 둘이 아닌데

성인들이 사이를 두고 나오니 억지로 셋으로 나뉘었다.

편협한 집착으로 서로 다투는 것은 옳지 않다.

모두 포용하고 이해하는 것이 대장부이다.[25]

즉 대도는 원래 하나라는 것이다. 아암의 이러한 이해는 《논어》〈이인〉편의 의(義)와 이(利)에 대한 해석에서도 확인된다. 즉 '군자는 의(義)를 깨닫고[喩於義] 소인은 이(利)를 깨닫는다[喩於利]라고 하는데 이것은 무슨 화두인가' 라는 제자 기어의 물음에 그는 다음과 같이 답한다.

"일찍이 주자의 연보(年譜)를 보니 주자와 육상산이 아호(鵝湖)의 집회에서 이 장(章)을 설했는데 그 자리의 사람들이 눈물을 흘렸다고 적혀있다. 이것은 마치 세존께서 열반 대법회에서 진(眞)과 망(妄) 두 뜻[義]을 설하니 모든 아라한이 눈물을 흘리면서 몸을 던져 절을 하지 않은 자가 없었던 것과 같다. 그 의리(義理)를 설하는 바는 피차가 서로 같다. 왜냐하면 의(義)라고 하는 것은 나의 진성(眞性) 가운데서 나오는 것이며, 이(利)라고 하는 것은 나의 망념 위의 헤아림으로부터 나온다. 유가의 성성(成聖)과 불가의 성불(成佛)은 모두 의(義)와 이(利) 두 글자를 다투는 것에 있지 그밖에 무엇이겠는가."[26]

결국 유교와 불교의 궁극적 목표는 의와 리의 실현에 있으며 따라서 본질에 있어서는 차이가 없다는 것이다. 한편 아암의 이러한 소위 유불회통적 이해는 당시 숭유억불정책이 극단적으로 강화되는 상황에서 유교에 대해 유화적 태도를 취할 수밖에 없었던 현실적 이유의 산물이라는 측면이 없지 않다. 왜냐하면 그는 다른 한편으로는 승려로서의 입장에서 유교가 추구하는 가치의 궁극적 지향점을 세속적인 것으로서 폄하하고 있기 때문이다. 아암은 제자 기어에 답하여 《논어》〈이인〉편의 가난함[貧]과 천함[賤]을 설명하면서 유가에는 세상의 영화를 사양하는 내용이 없다고 말한다.

> "문: 가난함과 천함은 사람들이 싫어하는 것인데, 도로써 그것을 얻지
> 않으면 떠날 수 없다고 하며, 군자가 가난함과 천함을 좋아함은 바
> 로 이러한 경지에 이른 것이다라고 일컬어진다. 참으로 그렇다면
> 군자는 영원히 가난함과 천함을 떠날 수 없지 않겠는가.
> 답: 내가 논어의 일부를 보건대 불교의 분위기와는 크게 다르다. 거기
> 에는 세상을 버리거나 영화를 사양하는 것과 같은 내용이 없다. 어
> 찌 한번 가난함과 천함을 얻음이 있다고 하여 그것을 곧 가난함과
> 천함을 떠나지 않는 이치에 고집하는 것이라 말할 수 있겠는가. 다
> 만 도로써 가난함과 천함을 떠나지 않을 뿐이다. 즉 군자는 가난함
> 과 천함에 머무르지만 억지로 떠나지 않을 뿐이다."[27]

다시 말해 불가에서는 원래 세속적 부귀와 영화를 멀리한다. 그러나 유가에서는 기본적으로 가난함과 천함을 싫어하여 피해야 될 것으로 본다. 다만 군자가 가난함과 천함을 좋아한다고 하는 말은 그가 도를 얻었기 때문에 구차하게 억지로 그러한 처지를 떠나지 않을 따름이다. 따라서 유교와 불교는 가치의 지향점이 다르다는 것이다.

2. 초의의순과 범해각안의 유교 이해

1) 초의의순

초의는 널리 알려진 바와 같이 그는 다도를 정립하였을 뿐만 아니라, 당시 유교 지식인들의 필수 지적 조건인 시서화(詩書畵)에 깊은 식견을 갖고 있었다. 다산은 이러한 초의에 대해 그가 비록 승복을 입었지만 유교적 지식과 교양을 갖춘 인물로 높이 평가한다.

> 머리슬이 많던 초의 선사 좋던 머리 대머리 되었구료
> 그대는 장삼을 벗어버리면 유자(儒者)의 본 모습 나타나누나
> 낡은 거을 이미 마멸되었으나 새 도끼는 무딘 것이 아니로세
> 재예가 뛰어나 제자 된지 두 달만에 깨닫던 그대.[28]

이 시를 통해서도 알 수 있듯이 초의는 다산에게서 유교를 배워 그 능력을 인정받았다. 이후 그는 수많은 시문(詩文)들을 남기게 되며 그의 시에는 유가의 이념과 정서들이 곳곳에 드러나고 있다.

> 성인 가신 지 3천년, 도는 사라져 세상은 혼란스럽네
> 홀로 한가로운 세월을 보내고자, 문 닫고 시서에 충실하네
> 마음은 오래 전부터 천진하고, 덕업(德業), 충효도 드높혔지
> 장부가 만약 도가 있음을 알았다면, 마땅히 '조문도(朝聞道)'란 말을
> 되새겨야 하리
> 이미 깊고 얕음을 알 수 있다면, 모름지기 참과 거짓을 구별해야 하리.[29]

즉 그는 불서뿐만 아니라 시서 등 많은 유가의 전적에 심취하였으며 충효 등의 유교적 가치와 《논어》의 '조문도(朝聞道)' 등의 이념 등에도 깊은 관심을 보이는 것이다. 그러나 초의가 유교경전에 대해 직접적으로 논하고 있는 자료는 없다. 다만 그의 유저(遺著) 가운데 유교에 대한 그의 이해의 단면을 유추할 수 있는 기록들이 보인다. 예를 들어 그는 "옛부터 성현들은 모두 차를 좋아하였나니 차는 군자와 같이 성품이 무사(無邪)하다.[30]고 하여 사무사(思無邪)라는 유교의 근본정신을 자연스럽게 원용한다.

2) 범해각안

범해는 유교의 이념들을 인간의 보편적 가치체계로 인정함과 동시에 독자적인 방식으로 수용한다. 예를 들어 부모를 위해 산신각을 창건하는 시주를 위해 그가 지은 〈은적암산신각창건기〉에는 다음과 같은 내용이 보인다.

"예(禮)는 수없이 많지만 이를 한마디로 하자면 무불경(毋不敬)이니 모습에 있어서는 공손함(恭)이요 마음에 있어서는 받듬[敬]이 된다.

정이(程頤)가 말하기를 마음을 집중하여 흩어지지 않는 것[主一無適]을 경이라고 했다. 정성스러운 효도(誠孝)의 마음은 온전히 하여 변함이 없는 것[全一無改]이나 그것은 마음으로 작용하고 얼굴로 나타나서 없는 곳이 없고 없는 날이 없어야 한다. 나의 부모를 받들 때는 다른 사람의 부모도 받들며, 나의 내신(內神)을 받들 때 외신(外神)을 받드는 것이니, 이것을 통해 받듬(敬)이라는 한마디로 수없이 많은 것을 포괄한다는 말은 저절로 알게 된다."[31]

원래 경(敬)의 사상은 원래 정주학(程朱學)에서 정립된 수양론의 핵심을 이루는 것이다. 범해는 이것을 사상적으로 수용함과 동시에 이를 부모에 대한 효의 사상과 접맥시켜 이해하는 독특한 면모를 보이는 것이다. 또 유교 윤리의 핵심인 효를 직접적으로 강조하는 것 역시 탈세속적 출가지향의 불교 전통에서는 그리 흔한 일은 아니다. 범해에 있어 유교적 가치는 더 이상 불교의 그것과 구별되거나 부정해야 될 것이 아니다. 이러한 시각에서 그는 사제간의 관계윤리에 대해서도 유교의 전통에 주목한다.

"스승의 도는 엄하고 무거움으로써 기강을 삼고 제자의 도는 공경하고 따르는 것(敬順)으로 상궤(常軌)를 삼는다. 지금의 스승은 옛날의 스승과 같으며 공자와 석가가 바로 그들이다. 지금의 제자는 옛날의 제자와 같으며 안연과 가섭이 바로 그들이다. 사람으로 보면 시간적으로 앞뒤가 있지만 진리에는 앞뒤가 없다. 유교와 불교가 각각 따로 세워졌지만 스승과 제자의 풍토는 같다."[32]

한편 범해 역시 소위 유불회통적 입장을 천명한다. 유불회통적 전통에서 많은 사람들이 회통의 근거로서 불교의 윤리이념인 오계(五戒)와 유교의 윤리이념인 오상(五常)의 동질성에 주목해왔다. 범해도 이점에 주목하여 그 둘의 본질이 크게 다르지 않다고 보면서 오계와 오상이 둘이 아니라고 한다.

"살생, 도둑질, 음탕함, 거짓말, 음주는 불교의 오계이고, 인의예지신은 유교의 오상이다. 오상과 오계는 이름은 다르지만 뜻은 같다."[33]

이러한 유불회통적 사고의 전개는 범해에 이르면 절정에 달하게 된다. 즉 범해는 불교의 설명에 유교의 개념과 논리들을 너무나 자연스럽게 원용하며 극기야 유교는 물론 불교적 진리의 궁극적 근원으로서 천을 상정하기에 이른다.

"공자의 지(知)는 수경(手鏡)의 지이며, 맹자의 인(引)은 요어(要語)의 인이다. 인이란 본연의 선(禪)이며 지란 천착하는 교(敎)이다. 인으로 지를 깨는 것은 그 지를 깨는 것이지 사람을 깨는 것이 아니다. 공자가 중유(仲由)를 깨는 것이 또한 이러하고, 맹자가 공손추를 깨는 것이 또한 이러한 것이다. 지와 인은 불가의 선과 교이다."[34]

"유가에서는 예로써 인의(仁義)를 세우고, 불가에서는 율로써 정혜(定慧)를 지지(支持)한다. (중략) 유가의 인의와 불가의 정혜는 명칭은 다르나 실은 같은 것이며, 길은 다르지만 같은 곳에 돌아간다. (중략) 도의 대 근원은 본래 천(天)이거니와 천이 어찌 사사롭거나[私] 다름[異]이 있겠는가."[35]

여기서 보는 것처럼 범해는 교와 선의 관계를 설명하면서 그 이념적 배경과 지향이 전혀 다른 유교의 개념들을 도입하는 것이며, 궁극적 진리의 근원으로서 천(天)을 인정하는 것이다. 그의 이러한 불교이해는 가히 또 다른 차원의 격의불교라고도 명명할만한 것이다.

V. 맺는 말

사회는 변화를 속성으로 하며 지식인상도 변한다. 우리는 이 시대에 요청되는 바람직한 지식인상과 정신문화를 정립할 필요가 있다. 이를 위해서는 한국지성사에 보이는 다양한 지식인상의 변천양상과 정신세계의 특징을 고찰할 필요가 있으며, 조선 후기 대둔사를 중심으로 한 유교와 불교의 사상적 교류와 이 과정에서 발현된 창조적 지성은 크게 주목된다.

조선조 후기 유학자와 승려들이 추구한 이념과 삶의 방식이 근대 한국 사회의 변화과정에서 새로운 사회의 형성과 전개를 주도한 지식인 계층에게 어떻게 수용되는가의 문제는, 그 정신세계가 갖는 긍정적 의미와 부정적 의미를 밝히기 위해서도 필수적인 과제이다.

조선조 후기 불교계는 당시 정치와 문화가 유교를 중심으로 재편된 시대적 상황 속에서 사상연구의 쇠퇴로 인한 불교이념의 상실 내지 왜곡, 산중 불교화 및 부녀자 중심의 기복신앙화로 인한 사회적 영향력의 약화 내지 폐단이 심화되고 있었다. 불교계는 시대적으로 불교 내부의 근본적 개혁을 통한 활로 개척이 절실히 요구되었다.

이러한 상황에서 시대의 변화에 민감한 불교의 지식인들은 사상계의 추세에 대응하려는 노력을 시도하였다. 예를 들어 추사를 비롯한 대둔사의 승려들은 교선융합적 사상을 전개하고, 나아가 불교라는 사상적 틀을 뛰어 넘어 유학자들과의 교류를 시도하였다. 전통적 성리학 중심에서 탈피하여 새로운 학문체계를 수용한 다산, 추사 등과의 교류가 그 대표적이다.

당시 불교의 대표적 지식인들은 유교적 교양을 주체화한 유학자들과의 교류를 통해 실학적 사고의 도입 내지 실학정신의 불교적 수용이라고도 할 수 있는 의미 있는 변화의 과정을 겪게 된다. 또 이들은 불교뿐만 아니라 역법, 음악, 성리학 등의 다양한 문헌에까지도 폭넓은 이해를 갖게 되었던 것이며, 예를 들어 다도를 비롯한 초의선사의 백과전서적 지식 역시 당대의 실학정신을 반영하는 것으로 볼 수 있다. 그리하여 불교의 승려들은 절대적 도덕률이나 전통적 규범 중시의 태도를 부정하고, 부단히 정신적 자유의 확보에 노력하여 사유방식의 다양성을 추구하게 된다. 그들은 시대적 변화 속에서 초현실성을 탈피하여 경험세계를 중시하였으며, 종교적 권위와 전통적 상징의 절대화 내지 고정화에도 도전하였던 것이다.

반면 두 지식인 집단 간의 교류가 유교 지식인들의 정신세계에 초래했을 변화 역시 적지 않았을 것임은 쉽게 추측된다. 우리는 여기서 조선후기 지식인 사회의 역동성과 개방성을 확인할 수 있다. 전혀 이질적인 이념과 삶의 방식을 추구하는 이들 두 지식인군의 만남이라는 사건과 거기에 새롭게 발현되는 다양한 창조적 지성과 이들의 사유전통은 근대적 지성의 형성에 근간이 되었으며 한국지성사를 크게 살찌우게 된다.

그러나 이들의 대안적 가치체계와 새로운 방법론의 도입 추구 노력은 시대정신을 주도하고 시대의 변화를 선도적으로 이끌어 갈 정도의 체계화된 사상의 구축으로 결실되지는 못하였다. 즉 아암, 초의, 범해 등에 있어서도 그들의 시도는 사상적 측면에서나 사회적 측면에서나 의미 있는 혁신적 변화로 전개되기에는 여전히 역부족이었다. 불교진흥을 위한 이들의 노력은 당시로서는 별다른 결실을 맺지 못했던 것이다. 그들의 인식과 노력에 비해 사상적·사회적 변화의 속도와 폭은 너무나 크고 빨랐던 것이다. 이론과 실천면에서 시대적 요구에 부응하는 의미 있는 시도들은 20세기 전반 한용운 등에 이르러서야 비로소 발견된다.

동산 대종사의 회통적 종교관

I. 한국근대의 종교와 불교

　동산 스님(1890~1965)이 활동한 일제강점기와 해방 후 60년대는 전통적 유교사회였던 한국사회가 그 틀이 무너지고 새로운 문화로 변화하는 시기라고 할 수 있다. 그러한 변화가 몰아치는 시기지만 전통적인 유교교육은 하루아침에 변화하지 않고 그대로 지속되고 있었다.

　동산 스님은 7세(1896년)에 충북 단양읍의 서당에 들어가서 유교경전을 교육받는다. 당시에 여느 학동과는 달리 매울 배운 것을 암송할 정도로 출중한 두뇌를 소유했던지 '신동'으로 칭찬을 받았다고 한다.[1] 7세에서 7년간에 걸쳐서 독서한 유교경서와 역사서는 그가 불교에 귀의한 스님임에도 불구하고 평생 동안 간직한 충효사상에 바탕한 한국적 정서로 형성되었을 것으로 짐작할 수 있다. 스님의 한문의 기초와 교양은 어린 시절의 유교경전과 한문의 소양은 불교경전을 이해하는 기본이었으며 일상의 생활에서

나 법문에서도 한문투의 문장과 게송을 즐겨했음을 확인할 수 있다. 또한 인간관계에서도 가족관계의 연장으로 윗사람에 대해서는 공손하고 제자나 아랫사람에게는 어른다운 유교적 정서가 자연스럽게 베어있는 인품이었다.

그러나 유교는 조선왕조의 소멸과 일본의 식민지지배로 인해 그 역할이 축소되고 그 대신에 천도교, 기독교 등이 유교를 대신해서 자리를 잡게 되고 불교 역시 조선시대의 억불의 시대를 떨구고 새롭게 부흥하는 시기였다. 동산 스님도 갑오경장이후 개화의 시대적 추세에 맞추어 신학문을 접하게 되었는데, 애국자이나 한글학자인 주시경(1876~1914) 선생에게 배웠다는 것은 주목할 만 한 일이다. 더구나 19세에(1908년) 경성의 중동학교로 진학하게 된 것도 주시경 선생의 권유에 힘입은 바가 있었다면 더욱 그렇다.[2]

주시경은 주위의 반대를 무릅쓰고 단발을 하고 배재학당에 들어가 양학(洋學)을 배운 인물이다. 그는 서재필을 중심으로 이상재, 이준, 윤치호, 이동녕, 이승만과 더불어 독립협회를 만들고, 1896년 8월 15일부터 독립신문을 발간하기 시작했는데 주시경은 회계 겸 편집인으로 한글 신문을 발간했던 것이다. 주시경은 일제의 민족말살 정책에 대항하여 우리 민족은 강력한 문화적 민족운동을 일으킨 주역이며, 한문의 시대를 극복하고 '한글'이라는 말을 만든 장본인이며 이 분의 뒤를 이어 많은 한글학자들이 우리말 연구와 보급에 노력했다.

동산 스님이 유교경전에 이어 감수성이 예민한 청소년 시절 주시경 선생의 영향을 받았다는 것은 스님의 사상이 민족의식이 투철한 애국계몽사상의 영향을 입게 되었었음을 의미하는 것이다. 특히 민족이 본질적으로 언어공동체이며, 언어가 사회를 조직한다는 사상은 전통적인 한문중심의 유교적 사고를 벗어나 스님이 불교를 접할 수 있는 배경으로 작용했을 것이다. 더구나 다양한 인문학적 교양위에 해양학, 측량학, 수리학, 위생학 등 자연과학[3]을 공부했던 주시경이 후일 동산 스님이 경성의전에 진학할 수 있는 소양을 길렀을 것으로 본다.

기독교의 관점에서는 주시경, 장지영, 최현배, 김윤경 등 한글학계에서 매우 큰 공적을 남긴 한글학자들이 기독교적 배경에서 등장하였다고 한다.[4] 이는 과거 천주교에 대한 박해와 순교의 경험을 바탕해서 20세기 초 한국의 개신교는 직접적인 선교보다는 한글보급운동을 비롯해서 교육이나 의료등을 통해 민중들과 접촉하려고 했고, 이것은 개화를 원하는 사람들을 기독교적인 경향으로 흐르게 했다는 주장이다.

동산 스님이 경성의전 재학시 흥사단에서 운영하는 국어연구회에서 활동을 한 것은 스님의 사상의 일단이 유교적 전통으로부터 벗어나 미래지향적인 민족문화의 창조에 있었음을 말해주는 것이다. 스님의 기독교를 보는 입장은 적어도 서구의 종교가 전통사회에 편입하면서 기존의 종교와는 달리 한글을 보급하고 민생에 도움을 주는 교육, 의료등을 통해 한국사회에 기여하려 했다는 점에 상당한 자극을 받았을 것으로 본다. 동산 스님의 시대에 유교의 역할을 대신해서 기독교의 선교에 대해 대응한 민족종교는 천도교였다. 천도교는 1860년 최제우에 의해 동학이라는 이름으로 창립되었다가 1905년 천도교로 이름을 바꾼 것이다.

천도교는 양반의 부패 등으로 고난받는 백성들을 구제하려는 기치를 내걸었으며 인내천(人乃天)의 평등사상을 가지고 있었다. 그들은 서학에 반대하는 민족주의의 성향을 가졌기 때문에 반일, 반서구적 태도를 가지고 3·1운동에도 참여하였다.

동산 스님의 고모부가 오세창이며 오세창의 부친은 추사 김정희의 제자인 오경석이다. 오세창은 개화파에 가담해 갑오경장 때에는 농상공부 통신국장을 지냈으며, 1905년 국권이 침탈당하자 대한협회 부회장으로 국권회복운동을 벌였고, 3·1운동 때에는 천도교 대표로 33인의 한 사람으로 참여하고 활동했다. 오세창은 당대 명필이자 서화가로 수많은 작품을 남겼는데, 봉은사를 비롯해 많은 절에 편액을 쓰기도 했다.[5]

개화당에 중요한 역할을 한 이동인 스님, 탁몽성(무불) 스님은 유대치 거사가 오경석의 제자들인 것이다. 오세창 선생이 비록 천도교인이었지만 불교인들과 교류가 많았고 또 동산 스님 역시 천도교 보다는 불교에 마음을 두었던 것이다. 백용성 스님과의 만남은 우연이 아니라 스님을 둘러싼 환경이 자연스럽게 삼일운동의 33인이자 당시 불교계의 지도자인 백용성 스님의 문하로 이끌었던 것이다.

조선의 불교는 억불숭유정책에 의해 침체된 상태로 있었다. 유교가 지배하는 사회구조속에 불교가 차지하는 역할은 한정되어 있었고, 스님의 신분은 도성을 출입하지도 못하는 하층민으로 전락해 있었던 것이다. 그러나 유교를 주축으로 하던 왕조가 힘을 잃고 서구의 기독교가 적극적으로 선교하는 마당에 또 하나의 흐름은 일본불교의 한국진출이었다.

1877년에 정토진종 대곡파가 부산에 포교당을 세웠다. 이것이 근대사에서 일본불교가 조선에 포교한 첫 기록이다. 이후 대곡파는 1906년까지 원산, 인천, 경성 등 12개 도시에 포교소를 꾸준히 건립했다.[6] 대곡파의 뒤를 이어 일련종이 1881년 부산에 묘각사를 세워 포교를 시작했고, 1898년에는 정토종이 활동을 시작했다. 일본의 유력한 3대 불교종파가 조선에서 포교활동을 하게 되었던 것이다.[7]

조선에서는 도성을 출입하지 못할 정도로 불교의 스님들이 대우받지 못하는 데 비해 일본에서 건너온 스님들은 높은 사회적 지위를 유지하고 있었다. 이러므로 국내에서는 일본불교와 조선의 불교를 통합하려는 사람들이 있었고, 한편에서는 일본과는 다른 한국 불교의 전통을 지키고 이를 발전시키려는 세력이 있었다.

백용성 스님은 이미 삼일운동에서 보여주었던 바와 같이 민족주의와 개화사상을 가진 항일적 입장을 견지한 인물이다. 오세창 선생과 뜻을 함께 하는 백용성 스님의 문하로 전도유망한 경성의전 출신이 출가한 것은 지극히 당연한 귀결이었다고 생각하지 않을 수 없다. 백용성 스님과 더불어 동산 스님에게 영향을 준 분은 한암 스님이다.

동산 스님의 시대는 이처럼 일본 제국주의와 서구열강이 경쟁적으로 한반도를 무대로 하여 경쟁하면서 일본의 식민지가 되었으며, 종교적으로는 기존의 유교적 제도와 문화가 무너지고 그 대신 기독교와 천도교 그리고 일본종교가 유입되었으며, 이런 과정에서 동산 스님은 주시경, 오세창 그리고 백용성과 같은 개화사상을 가졌으면서도 민족문화의 부흥에 힘쓴 스승들의 영향을 받으면서, 한편으로는 다양한 종교적 환경의 자극을 받으면서 불교의 종교성을 회복하고자 했던 것이다.

II. 한국 불교의 종교성 회복

1. 참선수행을 통한 청정자성(淸淨自性)의 회복

동산 스님의 진면목은 흐트러진 승가의 질서를 회복하고 한국 불교의 전통적인 수행을 회복하는 데서 찾을 수 있다. 이것은 그의 스승인 용성스님과 한암 스님의 입장을 계승한 것으로 오늘날 한국 불교의 최고의 자산이자, 인류의 심성정화에 이바지할 수 있는 종교적 환경이라고 할 수 있다.

조선의 불교는 도성의 출입이 금지되고 스님들의 신분이 열악했음에도 불구하고, 서울에서 떨어진 지방에서는 여전히 불교적 수행의 전통이 유지되고 있었다. 19세기 중반에서 20세기 초까지 호남지방을 중심으로 선에 관한 일대 논쟁이 일어난 것도 그 실례중의 하나라고 할 것이다.

백파와 초의를 비롯한 당대의 수좌들 사이의 선 논쟁에 조선후기 실학의 대학자이자 서예가인 추사 김정희도 흥미를 가지고 참여하였다. 추사는 그의 제자 오경석에게 서예는 물론이려니와 불교를 전해 개화승 이동인이나 유대치에 이르는 개화당에까지 영향을 주었고, 오경석 거사의 외아들 오세창에게도 영향을 주었으며 동산 스님 역시 이 영향을 받았다.

백파 스님의 선사상은 박한영, 학명, 만암 스님을 비롯한 후학들에게까지 이어졌으며 초의스님의 계맥도 용성 스님에게 전해지고 동산 스님에게 영향을 미치는 것이므로 선종의 재건이란 사실은 침체된 한국 불교를 활성화시킨다는 의미를 가지고 있다. 근대 한국선의 경허 스님(1846~1912)의 선풍을 계승한 한암 스님에게 이어졌고 동산 스님은 그 문하에서 전통적 선수행을 하고 오늘의 한국 불교의 전통을 바로 세웠던 것이다.

동산 스님이 한암 스님을 찾은 것은 25세에(1914년)에는 평안남도 맹산의 우두암을 찾아가 한암스님 문하에서 《능엄경》, 《기신론》, 《금강경》, 《원각경》을 수학하였다. 2년에 걸쳐 사교과 전체를 공부하였다. 34세(1923년)에 가을과 겨울에 은사인 용성스님이 장성 백양사의 운문선원 조실로 있던 당시에 동산 스님은 그 문하에서 가르침을 받았다. 이때 교육내용은 선에 관련된 《전등록》, 《염송》, 《능엄경》이었으며, 계율에 관련된 것으로 《범망경》, 《사분율》을 읽었다고 한다. 동산 스님이 오랜 화두로부터 깨달음을 얻고 다음과 같이 게송으로 그 경지를 표현했다.

書來書去幾多年	그리고 또 그린 것이 그 몇 년이던가
筆頭落處活猫兒	붓끝이 닿는 곳에 살아있는 고양이로다
盡日窓前滿面睡	하루종일 창 앞에서 늘어지게 잠자다가
夜來依舊捉老鼠	밤이되면 예전처럼 늙은 쥐를 잡네.

    범어사에서 거닐다 얻은 깨달음의 경지는 44세(1934년)의 일이다. 이후로 스님은 방방곡곡의 선원에 조실로 활동한다. 일제강점시대에 동산 스님이 입승이나 조실로 지도한 선원은 다음과 같다.[8]

      1921년 건봉사 한암선사회상(서기)

      1924년 수덕사 능인선원 (입승)

      1929년 동안거 금어선원(범어사)

      1930년 하안거 금어선원(범어사)

      1933년 동안거 해인사 퇴설선원(河龍峰)

      1935년 동안거 범어사, 해인사 퇴설선원(河龍峰)

      1937년 하안거 동안거 내원암선원(범어사) 해인사 퇴설선원

      1938년 하안거 내원암선원(범어사)

      1939년 하안거 동안거 은해사선원

      1941년 동안거 하안거 금어선원(범어사)

            하안거 화계사선원(수유리)

      1942년 하안거 동안거 금어선원(범어사)

      1943년 하안거 금어선원(범어사)

    1933년부터 1935년까지 하용봉(河龍峰)이라는 당호는 당시 해인사 주

지였던 임환경 스님[9]에게서 경제적 지원을 받고 그 인연으로 받은 당호였다. 1936년 성철 스님도 용봉이라는 당호를 쓰던 시기에 해인사에 출가하여 동산 스님의 제자가 되었다. 이 당호와 관련된 일화들은 두 가지가 있는데, 하나는 속가의 부모님을 비롯한 가족들의 어려움을 돕기 위해 임환경 스님[10]의 경제적 지원을 받았기 때문이고 또 한 가지는 일제에 요시찰 인물이었던 백용성 스님의 제자로서 일제의 감시의 대상을 피하기 위한 것이라는 추정이 있다. 물론 동산 스님은 자신의 잘못을 깨닫고 용성 스님께 참회하고 다시 본래의 당호를 회복했음은 물론이다. 제방 선원의 조실로서의 동산 스님의 지도는 간화선이었다. 화두는 조주 선사의 '무' 자 '이뭣꼬' 그리고 '만법귀일 일귀하처' 등으로 집약된다. 석산 스님의 증언에 의하면 '무'는 마음을 늘 비우고 버리는 화두였다고 한다.

> "동산 스님의 무라는 의미가 이렇게 하나도 없이 버려야 된다는 말입니다....조실스님은 없는 것을 보여 준 것입니다....버려야 한다고 말씀하시면서 바로 들어가게 하는 것이지요....또 비워라, 버려라, 없는 것을 버려라는 것을 알아야 동산 스님의 법문을 그대로 본 것입니다."[11]

동근 스님의 증언에 의하면 동산 스님은 수행가운데 그 무엇보다도 참선을 중시했다고 한다. 당시 다라니수행을 통해 신기한 경지를 체험했는데 이 사실을 안 동산 스님이 거기에 집착하지 말고 바른 참선수행을 강조했다고 한다.

> "야 이놈아 사자 집에서 사자 새끼가 나와야지 그게 무슨 소리인가, 사자 집안에서 엉뚱한 새끼가 나오면 되느냐, 당장 그것을 때어 버려, 선방

고리만 잡아도 되는 길이 있어."[12]

다라니 수행을 당장 그만두고 화두를 들라고 하면서 '만법귀일 일귀하처'를 하든가, 그것이 잘 안되면 '이 뭣꼬'의 화두를 하라고 했다는 것이다. 동산 스님은 한국의 전통적인 간화선을 중시했고, 그러한 선수행을 평생에 걸쳐 했고 후학을 지도했다. 현대 한국사회에 큰 영향을 미치고 있는 성철스님을 비롯한 청정하고 걸출한 선승들이 그 문하에서 배출된 것은 우연이 아닌 것이다.

오늘날 한국 불교가 대중들에게 호응을 받고 불교가 종교적 역할을 수행하는데 가장 결정적인 것은 청정승가의 참선수행에 크게 힘을 입고 있다. 그리고 이러한 한국의 선이 회복되는 대는 다름 아닌 참선을 통해 청정한 자성을 회복하는 것이라고 요약할 수 있을 것이다.

이것이 선(禪)을 통한 마음의 수행은 종교의 역할에 대한 동산 스님의 첫번째 응답이다.

2. 청정승가의 복원

일제강점기에 조선불교의 침체를 벗어나 발전했지만, 한 가지 문제는 계율을 지키지 않은 풍조와 일본식 대처제도로 인해 비구승들이 오히려 수행공간을 빼앗기는 일이 생겼다. 이 대처제도에 대해서는 일제하에서도 많은 논란이 있었다. 일제에 저항하고 전통불교를 계승하려는 백용성 스님과 한용운 스님 사이에도 이에 대한 의견이 달랐으며, 같은 선종이지만 경허스님과 백용성 스님의 입장이 같지 않았다.

우선 대처제도를 받아들여야 한다는 한용운 스님의 입장은 불교개혁에 있었는데, 과거의 불교로는 새로운 시대에 부응하지 못하므로 낡은 불교의 제도를 쇄신해서 새로운 시대의 시스템으로 바꾸자는 것이었다.[13] 출가 수행자가 결혼을 할 수 있게 된 것은 1926년 조선총독부의 허락이 공식적으로 떨어진 이후부터이지만, 실상은 이미 본산 주지를 비롯한 많은 승려들이 결혼하기 시작했다. 강석주 스님의 증언에 의하면 이러한 대처승들이 이를 부끄럽게 생각하기 보다는 원융무애한 대승적인 것으로 생각했으며, 오히려 계를 지키려는 이들을 소승이라고 폄하하기까지 했다고 한다.

> "그들은 취처(娶妻)를 하고 음행과 음주와 육식을 자행하여 계율을 어기면서도 스스로는 원융무애(圓融無碍)하고 자재(自在)한 척하면서 스스로를 대승(大乘)이라 자처하였다. 또 그들은 계율을 지키는 이를 소승(小乘)이라고 폄하하였다. 이러한 풍조는 총독부의 취처 승인 이후 더욱 공공연해졌고 오늘날에도 수그러들지 않고 있다."[14]

이러한 총독부의 취처승인이 난 다음해인 1926년 범어사의 주지인 백용성 스님은 두 차례에 걸쳐서 조선총독부에 취처허락에 대해서 취소할 것을 요구하는 건의서를 제출한다. 그 내용은 대처와 육식을 하면 청정한 사원이 마구니의 소굴로 변화하여 참선 염불 간경 등을 모두 폐하게 될 것이니 하늘이 울고 땅이 울고 분노할 것이라고 했다. 출가한 스님이 절에 살면서 처를 두고 고기를 먹고 자식을 기른다면 청정도량을 더럽게 할 것이라고 절절한 마음으로 취처를 허용한 것을 취소할 것을 요구하였다. 동아일보에서는 127명의 연소로 이러한 조치를 취소해 달라는 건의서에 대해 기사화하였다. 오늘날의 글로 풀어보면 다음과 같다.

"홍진만창의 세상을 등지고 맑고 경계 좋은 산속에 몸을 두고 산채를 먹어가며 풍진세상의 온갖 잡된 것을 눈으로 보지 않고 귀로 듣지 아니하며 순전한 금욕생활을 해가며 불경을 외우는 것으로 일생을 불도를 닦는 것으로 바쳐온 승려들이 삼사십년 이래로 예수교 천주교 등 새로운 종교가 들어오고 또 인물이 발전됨에 따라 조선의 승려들도 차차로 교지에 벗어난 일을 시작하여 이즈음에 이르러서는 남녀승려들을 막론하고 세속사람들과 어울려서 도회살림을 하며 또는 좋은 비단옷과 맛있는 음식을 마음껏 하며 남자승려들은 장가를 들어 정욕생활을 하는 중 더욱이 작천까지 하는 중들도 생기고 여승들은 시집가며 또는 남자들과 성적생활까지하게 되었으며 그것도 유의 부족한지 아주 떨쳐놓고 그와 같은 생활을 해보겠다는 생각으로 취처(娶妻) 육식(肉食)을 하는 것을 크게 선전하는 승려들까지 많게 되었다는 바, 이는 불교교지에 벗어난 일로 조선불교를 망하게 할 장본이라 하야 수일전에 동래 범어사 주지 백용성, 함경도 석왕사 주지 이대련, 합천 해인사 주지 오희진 등 일백이십칠명의 연서로 전조선 사원의 중생을 위하여 불교의 장래를 위하여 취처 육식 등의 생활을 금하여 달라는 뜻의 장문진정서를 총독부 당국에 제출하였다고 한다."[15]

같은 해 9월에도 백용성 스님은 대처제도를 없애야 한다고 거듭 주장하고 불도는 4부대중으로 나누는 것이므로 결혼한 승려들은 세속으로 돌려보내고 결혼하지 않은 비구승이 출가수도의 본분을 다하도록 해야 한다고 건의했다. 1926년의 건의는 일제강점기로 사찰령에 의해 철저히 불교계가 통제되는 상황이고, 일본불교의 영향을 받아 백용성 스님을 비롯한 청정승단을 유지하려는 비구승들의 희망은 이루어 질 수 없었다. 일제로부터 광복된 이후 불교정화운동은 바로 이런 청정승가구현의 연장선상에 있었던 것이며 동산 스님이 그 지도적 위치에 있었던 것은 일제 때부터 주장한 청정승단의 회복을 위한 것이라고 할 것이다.

승단정화의 진정한 뜻은 재산다툼과는 무관한 청정승가운동이 그 본질이며, 이러한 이유로 동산 스님은 진정한 정화는 수행에 기초한다고 보았던 것이다. 동산 스님은 세계불교대회에 가서 한국 불교를 소개할 때 한국 불교는 청정승가이며 이러한 것이 일본불교의 영향으로 혼탁해 진 것을 다시 복구했다면서 다음과 같이 말했다.

"2천년의 불교역사를 가진 한국 불교가 신라, 고려, 조선으로 거쳐 오면서 불타의 광명을 이어오다가, 이조 말에 일본의 침략으로 인해서 불교종단 내부에 대처승이 발호하여, 한국 불교의 전통적 가풍이 일시나마 흔들렸던 것을, 대한민국이 수립되고 이 대통령의 협조에 힘입어 대처승 정화에 힘을 기울여, 올바를 비구승 종단을 다시 수립하였음을 설명해 주었다 ."[16]

동산 스님의 정화는 한국 불교의 전통적 가풍을 회복하는 것이었으며, 그것은 다름아닌 일제하 백용성 스님 등 뜻있는 분들이 발원했던 청정비구 승단의 염원을 표현한 것이었다.

오늘날 한국 불교는 비구 종단인 조계종을 주축으로 결혼을 허용하는 종단이 공존하고 있으며, 또한 조계종 내에서도 여러 범계의 문제가 거론되고 있지만, 종교적 영향력은 어느 종교나 여타의 불교종단과 비교할 수 없을 정도로 높다. 그것은 이러한 동산 스님과 같은 전통을 계승한 청정비구들의 수행에 힘입고 있음은 두말할 나위가 없을 것이다.

일제하의 불교개혁을 외친 선각자들은 종래의 한국 불교의 의례 등에 대해서 개선을 촉구했다. 가령 한용운 스님은 조왕신이나 산신각이나 칠성각등 불교에서 근원하지 않은 공간들에 대해 정리해야 될 대상으로 보았다. 그는 의례를 간소화하고 불상의 수를 제한하고 염불당등 미신적인 공간을 없애는 것이 필요하다고 했다.[17] 원불교를 창시한 소태산 박중빈은 아예 불상을 제거하고 일원상을 상징으로 했으며, 교회와 같은 현대식 건물을 사용하여 종래의 불교로부터 벗어나려고 했다. 근래의 성철 스님도 불공을 드리거나 불교와 무관한 공간들을 없애는 것이 불교다운 불교라고 말했다.

"칠성 탱화, 산신 탱화, 신장 탱화 할 것 없이 전부 싹싹 밀어내 버리고 부처님과 부처님 제자만 모셨습니다.....불공인데, 불공이란 자기가 뭐든지 성심껏 하는 것이지 중간에서 스님네가 축원해 주고 목탁치고 하는 것은 본시 없는 것입니다. 꼭 부처님께 정성 드리고 싶은 신심 있는 사람이 있으면 자기가 물자를 갖다 놓고 자기가 절한단 말입니다."[18]

그러나 동산 스님은 조왕신에서부터 산신에 이르기까지 절안에 있는 모든 공간에 빠짐없이 경배를 하는 것을 매우 중요한 일과로 삼았다. 그것은 동산 스님의 중요한 기도였던 것이다. 한 스님이 인천의 스승이 선사께서 이런 하찮은 신에게 경의를 표하는 가에 대해 물었을 때 동산 스님의 답은 하급신들을 무시하지 않으면 복을 많이 받는다고 대답했다. 스님은 절에 들어가는 입구의 산에도 합장을 했다고 한다.

그런데 이러한 예불은 일생을 하루처럼 쉬임없이 하면서도 아주 정성과 성의가 가득한 것이었다고 증언하고 있다. 매일 새벽의 기도가 감동과 설레임이 있는 것이어서 함께 하는 사람들도 덩달아 깊은 존경심이 우러났다고 한다.

"이 어른은 대중보다 먼저 일어나고, 준비해서 법당에 가십니다. 그럴 때에는 법당 가는 것이 여행가는 기분으로 보여요. 우리가 여행을 가면 설레이고, 잠을 설치고, 기쁜 마음으로 준비해서 가지 않습니까? 내가 제일 감동받은 것은 바로 이것이예요. 세수를 하고 난 다음에 처음으로 조왕단, 선방, 관음전, 비로전, 용화전, 지장전, 팔상전, 독성각 순서로 하고 마지막으로 큰법당에서 예불을 하지요. 낮에도 하고, 저녁대로 그렇게 그 많은 법당을 똑 같이 해요.....예불을 하루 세 번 하시는 것을 보고 나는 엄청 감동했어요.....그 절하는 모습이 너무 감동적이었요. 간절하게 하는 그 장면이.... 이런 어른은 몇 백 년 만에 한번 밖에 튀어 나올 수 없는 그런 스님이야. 그 간절한 신심은 돌이라도 그 어른 앞에서는 감동 안할 수 없다, 돌도 감동한다는 것이지요. 그리고 신이라 도 신이 있다면 저 어른 앞에서는 그저 있을 수 없다고 봐요. 그래서 저는 우리 스님의 신심 앞에서는 천지신명도 감동을 안 할 수가 없다고 보지요."[19]

동산 스님에게는 하찮은 부엌의 조왕신도 부처님처럼 공경을 했으며 청정도량의 공간에 있는 각단에 빠짐없이 예불하고 청소를 해서 늘 장엄했다고 한다. 이러한 장엄은 한 사찰을 장엄하는 것이 아니라 다름 아닌 자신의 마음을 장엄하는 것이고, 대중들을 이끄는 하나의 솔선수범의 리더십이었던 것이다.

종교란 심원한 자기수행만으로는 해결되지 않는 것이다. 동산 스님은 세상의 번뇌를 짊어지고 찾아온 제자나 신도들을 위해 쉬지 않고 기도했으며, 이러한 신심은 대중들로 하여금 덩달아 신심을 깊게 했고 또한 재난을 피하고 복을 받을 수 있도록 했던 것이다. 동산 스님의 입장에서는 수행과 기도는 두 날개와 같은 것이어서 어느 한쪽도 소홀히 하지 않았다.

특히 대중과 더불어 수행하는 것은 쉽지 않은 일이다. 오늘날 청정비구지만 대중들을 피해 소승적 수행을 하는 흐름도 없지 않아 있는데 동산 스님의 경우는 거의 대중과 함께 공동생활을 했다. 청정도량을 만들고 청정자성을 회복하는 것이 동산 스님의 정화운동의 요체라고 할 수 있는데 이러한 청정을 강조하면서도 스님은 시종일관 대중생활을 했다. 또한 일반 대중들에게 관심을 가지고 일반인들의 종교적 귀의를 받음과 동시에 불자들이 복을 받을 수 있도록 기원해 주곤 했다. 이러한 태도는 자신의 수행에만 머물고 대중들과 떨어지려고 한 선승들과는 달리 자신의 깨달음을 홀로 즐기지 않고 국민과 나누려했던 대승보살정신의 발로라고 할 수 있을 것이다.

동산 스님의 행적가운데 인상적인 것은 어려운 사람을 돕고 포용하는 대승 보살행을 들 수 있다. 대승보살행은 깨달음을 개인적인 깨달음으로 머물게 하지 않고 고통 받는 사람들을 위로하고 또 그 고통으로부터 벗어나게 하는 불교의 본질적 정신인 것이다. 그러나 대개의 수행자들은 은거를 중시하고 이웃에게 관심을 가지고 자비의 손길을 내미는 일에 인색하기 쉽다.

그래서 불교는 사회적인 구제에 있어서 타종교에 비해 소홀할 수 있는 것이다. 그러나 동산 스님은 일생을 홀로 수행하지 않고 항상 대중과 함께 살았고, 승가에서만 머물지 않고 일반인들을 위한 많은 법회를 베풀었다. 제자들의 증언에 의하면 절에서 어떤 재를 지낼 때 스님은 무심하게 보지 않고 설령 자신을 초청하지 않았다 하더라도 재에 참여하여 재를 여법하게 되도록 하고 참여자들로 하여금 깊은 감동을 주었다고 한다. 혜총스님은 다음과 같이 증언하고 있다.

> "하찮은 사람의 재를 지내도 자발적으로 오십니다. 그렇게 큰스님이 자원해서 증명을 해주시니깐 염불하는 사람, 법주(法主), 재주(齋主)가 다 일념으로 들어가는 것입니다. 그러니깐 결과적으로 여법하게 되는 것입니다. 이것이 매우 중요한 거예요. 그렇게 재를 하면, 병도 없어지고, 소원도 성취하고, 영가천도도 잘 되는 것입니다."[20]

절에서 행하는 재가 오늘날 어느 면에서는 형식화되고 또 돈이 개입될 수 있는데, 이를 뛰어 넘어 자신의 머무는 절의 행사에 청하지 않았는데도 재에 참여하는 것은 대승보살의 수희(隨喜)동참인 것이다. 물질을 베푸는 것이 아니라 정신적인 정성과 자비심으로 임하기 때문에 신도들은 종교적으로 부처님과 스님에게 귀의할 마음을 갖게 되는 것이다.

Ⅲ. 현대에 미친 종교적 영향

동산 스님은 구한말 조선의 전통사회가 무너지고 우리나라가 일제강점기의 암울한 식민지 시대로 가던 때, 충북 단양에서 태어났다. 어린시절에는 고향의 서당에서 유교경서를 공부하고 총명한 두뇌를 인정받아 신동으로 불리우기도 한 스님은 '한글'이라는 단어를 만들고 독립협회의 중책을 맡았던 한글학자이자 신식학문을 섭렵한 주시경 선생을 만나게 된다.

개화의 시기에 신식교육을 받고 서울의 중동학교를 다니며 의사의 꿈을 키우던 청년 하동규는 홀연 삼일운동 당시 민족의 33인 가운데 한분인 백용성 스님의 문하로 가게 된다. 이것은 고모부인 천도교 지도자 오세창 선생과의 인연으로 엮어진 것이다. 불교가 더 이상 은둔과 허무의 종교가 아니라 인간을 자유롭고 평등하게 한다는 것을 총명한 스님은 일찍이 깨달았던 것이다.

동산 스님은 백용성 스님의 개화사상과 민족사상 그리고 사회참여적인 불교사상을 이음과 동시에 한국선의 전통을 이은 방한암 스님의 문하에서도 공부하게 된다. 용성과 한암은 차츰 왜색화되어 가는 속화된 불교를 반대하고, 출가수행의 여법한 계행을 바탕으로 교단을 이끈 분들이다.

동산 스님의 불교적 수행은 참선에 바탕을 두었다. 범어사에서 수행하던 스님은 오랜 화두를 떨치고 깨달음을 얻었고 이후 범어사와 해인사를 중심으로 수좌들을 지도하는 조실로서 활동한다. 일제는 한국의 청정불교 교단에서 원치 않는 대처제도와 육식 등을 허용하는 조치를 취함으로써 한국 불교는 점차 세속화되고 수행의 전통이 사라질 위기에 처하게 되었다.

이런 상황에서 동산 스님은 계행청정의 백용성 스님의 수제자로서 제방선원을 이끌었다. 일제강점기가 끝나고 해방이 되면서도 한국 불교는 계행을 중시하지 않는 대처승들이 여전히 권력과 직책을 점유하고 있었다. 동산 스님은 오늘날 조계종의 입장에서 비구승들이 수행할 수 있는 환경을 만들기 위해 정화운동을 이끌었다. 아직도 급격한 정화로 인한 종단갈등이 남아있지만 동산 스님의 정화의 요지는 청정승단을 만들고 인간의 심성을 정화하는 것이 불교의 본분사라는 생각으로부터 정화를 이끌었던 것이다.

그러나 동산 스님의 종교적 역할 중에 가장 의미있는 것은 기도와 보살행이라고 할 수 있다. 스님은 부엌의 조왕신에서부터 시작하여 사찰내에 있는 모든 공간을 기도와 경배를 통해 정화했던 것이다. 스님의 경건하고도 정성어린 예불은 승가공동체를 이끄는 힘이 되었을 뿐만 아니라 일반신도들의 귀의를 받았으며, 일반대중들에게도 큰 영향을 미쳤다.

동산 스님의 청정승가의 복원과 자성청정의 회복은 불교재산을 확보하기 위한 싸움과는 본질적으로 다른 자성청정의 정화에 바탕을 두는 것이다. 이러한 신심이 결여된 정화는 진정한 정화가 될 수 없으며 세상에 감동을 줄 수도 없는 것이라고 보았다.

오늘날 한국 불교는 동산 스님과 같은 청정비구승의 영향을 받음으로 인해 수많은 고승대덕이 나와 우리사회의 품격을 높이고 있다. 그러나 한편에서는 마치 일제 때의 속화된 승려들처럼 욕망의 삶을 뛰어넘지 못하고 세상에 실망을 주는 사례도 적지 않게 발생하고 있다. 동산 스님의 생애에서 보여준 청정승가의 복원과 청정자성의 회복 그리고 한걸음 더 나아가 신심에서 우러나온 기도와 보살행은 오늘의 불교계가 본받아야 하는 하나의 보석 같은 거울이다.

 부록

I. 불교 회통사상의 기원

_ 한국 사상의 회통적 특징

1) 중국 불교는 구사(俱舍), 성실(成實), 섭론(攝論), 지론(地論), 삼론(三
    論), 법화(法華), 열반(涅槃), 율(律), 천태(天台), 화엄(華嚴), 정토(淨
    土), 선(禪) 등의 수많은 종파와 학파의 전개로 다양하게 발전되었다.

2) 세속오계는 사군이충(事君以忠), 사친이효(事親以孝), 교우이신(交友
    以信), 살생유택(殺生有擇), 임전무퇴(臨戰無退)로 충(忠)·효(孝)·신
    (信)·용(勇)의 정신이다.

3) 대표적인 유불회통에 관한 논문은 함허(咸虛)의 《유석질의론(儒釋質
    疑論)》이다.(동국역경원에서 펴낸 송재운 번역본 있음). 여기서는 '삼
    신론(三身論)', '연기(緣起)'의 성(性)·인의도덕(仁義道德)·오상(五
    常)과 오계(五戒)·황극조화(皇極調和)와 삼세인과(三世因果) 등을 비
    교하여 불법의 우위를 자세하게 논하고 있다.

4) 신라의 불교는 오교구산(五敎九山)이라 하여 계율종, 법상종, 열반종,
    법상종, 원음종의 5교와 가지산문, 실상산문, 사굴산문, 동리산문, 사
    자산문, 성주산문, 희양산문, 봉림산문, 수미산문의 구산문(九山門)이
    있었다. 고려 숙종 때 의천이 교·선일치를 주장하고 천태종을 개창
    하여 천태종과 조계종의 두 종파가 생기게 되었다. 이로서 오교양종
    (五敎兩宗)이 된 것이다.

5) 원효(元曉), 《열반경종요(涅槃經宗要)》, "今是經者 斯內 佛法之大海
    方等之秘藏 雖可測量 良由曠 以無底故 無所不窮 以無涯故 無所不該
    統衆典之部分 歸萬流之一味 開佛意之至公 和百家之異諍."

6) 원효 저, 은정희 역, 《대승기신론별기》, p.27, "此論之意 既其如是 開則無量無邊之意爲宗 合則二門一心之法爲要 二門之內 容萬義而不亂 無邊之意 同一心二門混融 是以開合自在 立破無碍 開而不繁 合二不狹 立二無碍 破二無失 是爲馬鳴之妙術 起信之宗體也."

7) 원효 저, 앞의 책, p.57, "立一心法者 遣彼初疑 明大乘法唯有一心 一心之外更無別法 但有無明迷自一心 起諸波浪流轉六道 不出一心之海 良由一心動作六道 故得發弘濟之願 六道不出一心 故能起同體大悲 如是遣疑 得發大心."

8) 원효의 저술에는 17권의 종요가 있다. 《화엄경종요》, 《열반경종요》, 《법화경종요》, 《능가경종요》, 《유마경종교》, 《무량수경종요》, 《미륵상생경종요》, 《범망경종요》, 《기신론종요》, 《성유식론종요》, 《대혜도경종요》, 《대반야경종요》, 《보성론종요》, 《장진론종요》, 《광맥론종요》, 《삼론종요》, 《무량의경종요》.

9) 해골바가지의 물을 마시고 깨닫기를 '心生則種種法生 心滅則髑髏不二.'

10) 원효 저, 앞의 책, p.350, "諸佛如來 法身平等 偏一體處 無有作意故 而說自然 但依衆生心見 衆生心者 猶如於鏡 鏡若有垢 色像不現 如是 衆生心若有垢 法身不現故."

11) 이기영, 《한국의 불교사상》, 삼성출판사, p.30.

12) 《율곡전서》 권10. 답성호원, "非二物 又非一物 非一物故 一而二. 非二物故 二而一也 非一物者何謂也? 理氣雖相離不得而妙合之中 理自理 氣自氣 而不相挾雜 故非一物也 非二物者何謂也 雖曰理自理 氣自氣 而渾淪無間 無先後 無離合 不見其爲二物故 非二物也."

13) 앞의 책, 권10, "所謂理發互發 則是理氣二物 各爲根 於方寸之中...."

無先後無離合 不可謂互發也."

14) 앞의 책, 권14, "未發爲性 己發爲情 發後商量爲意."

15) 《순언(醇言)》 종언.

16) 《도덕경》 18장.

17) 《醇言》 종언.

18) 《도덕경》 57장.

19) 《율곡전서》 권25, "時先生 新免於喪 哀慕不自克 常日夜號泣 一日入
奉恩寺 披覽釋氏之書 深感死生之說 且悅其學 簡便而高妙 試欲謝去
人事而求之."

20) 《율곡전서》 권 25.

21) 앞의 책, 권2, "吾少時 妄意禪家頓悟法 於入道甚건 而妙 以萬歸一
一歸何處爲話頭 數年思之."

22) 앞의 책, 권2, 위의 시는 배종호 교수의 번역 참조함.

23) 《청허당집》 권4, "教也者 自有言至於無言者 禪也者 自無言至言無言
者也."

24) 앞의 책, 권2, 《선가귀감》.

25) 《儒家龜鑑》 "書傳序曰 精一執中 堯舜相傳之心法也 建中建極 商湯周
式 相傳之心法也 曰德曰仁曰敬曰誠 言雖殊而則一無非所以明 此心
之妙也."

26) 박경운 역, 《청허당집》, 동국역경원, p.56.

27) 앞의 책, p.184.

28) 앞의 책, p.186.

29) 《청허당집》 권3, "所謂一法中 儒之植根 老之培根 佛之拔根 是也."

30) 《東經大典》, 修德文: "仁義禮智 先聖之所教 修心正氣 唯我之更正."

論學文: "然而君子之德 氣有正而心有定故 與天地合其德."

布德文: "道則天道 德則天德 明其道而修其德故 乃成君子."

31) 도덕가.

32) 유병덕, 《동학.천도교》, 시인사, p.294.

33) 앞의 책, p.512.

34) 《용담유사》 교훈가뿐만 아니라 《동경대전》 포덕문에서는 선약(仙藥), 수덕문에서는 선풍(仙風), 부록에서는 신선(神仙), 기타 시문 등에서는 선주(仙酒) 등의 용어가 빈번하다.

35) 앞의 책, 〈몽중노소문답가(夢中老少問答歌)〉.

36) 《천도교서》 제2편 〈수운대선서〉.

_ 불교에서 보는 종교다원주의

1) 한신대학교 종교문화연구소, 〈한국종교문화의 현황과 특징〉, 2000. p.77.

2) 한국갤럽, 〈한국인의 종교와 종교의식: 제3차 비교조사〉, 1998, p.319.

3) 앞의 책, p.320.

4) 설문의 내용은 9문항으로 다음과 같다.

1. 한국사회의 종교적 갈등의 원인은?

1) 한국 개신교의 (훼불 등) 공격적 선교 2) 기독교 자체의 교리 3) 불교계의 비리 4) 불교인의 무기력 5) 기타

2. 종교간의 평화는 과연 중요한가?

1) 매우 중요 2) 중요 3) 보통 4) 중요하지 않음 5) 전혀 중요하지 않음

3. 귀하는 불자로서 개신교에 대해 배타적인가?

1) 전혀 배타적이지 않다. 2)배타적이지 않다. 3) 보통 4)배타적이다.
5) 매우 배타적이다.

4. (배타적이라고 대답한 분 중에서) 배타적인 이유는?

1) 개신교의 (훼불 등) 공격적 선교 2) 기독교 자체의 교리 3) 미국을
비롯한 제국주의 세력의 앞잡이기 때문에 4)불교를 사랑하기 때문에
5)이유 없이

5. (배타적이지 않다고 대답한 분 중에서) 배타적이지 않은 이유는?

1) 종교간의 화합을 불교인이 보여줘야 하기 때문에 2) 기독교의 보편
적 가치 3) 기독교가 좋아서 4)서구적 가차가 좋아서 5) 이유 없이

6. 불교의 교리는 개신교의 배타성을 포용할 수 있는가?

1) 매우 그렇다. 2) 그렇다. 3) 보통 4)그렇지 않다. 5)전혀 그렇지 않
다.

7. 개신교의 배타성을 관용할 수 있는 불교의 교리는?

1) 자비 2) 불살생.비폭력 3)화쟁 4)공 5)기타

8.개신교의 배타성을 관용할 수 없는 불교도의 입장은?

1) 교교단의 수호 2) 확고한 신심 3) 외도비판 4) 비진리에 대한 불신
5)기타

9.종교간 갈등해소를 위해 불교인은 무엇을 할 수 있다고 생각하는
가?

1) 개신교와 교류 및 친선도모 2)개신교에 대해 알기 3)적극적 포교
혹은 불교이해시키기 4)개신교에 의한 갈등이므로 불교인의 할 일이
없다. 5)기타

5) 《中阿含》卷3, (大正藏 1. p.435) "云何爲三...謂人所爲一切皆宿命 造....謂人所爲一切皆尊祐造...謂人所爲一切皆無因無緣."

6) 《中本起經》, "若人壽百歲 奉火修異術 不知尊正歸 其明照一切 若人壽 百歲 學邪志不善 不如生一日 精進受正法."

7) 《般泥洹經》卷下, "佛告須跋 彼與佛異 子曹自作貪生猗想 以邪之道 一 曰邪見 不知今世後世 所作自得 好以卜占享祀求福 二曰邪思 念在愛 欲 有諍怒心 三曰邪言 虛僞諂諛 佞讒綺語 四曰邪行 殺生貪取 有淫 姝意 五曰邪命 求利衣食 不以正道 六曰邪治 惡不能止 善不能行 七曰 邪志 志貪常樂 痛身謂淨 八曰邪定 專意所望 不見出要 如是須跋."

8) 예컨대 다음과 같은 게송은 다른 가르침과 비교되지 않는 불교의 수 월성을 표현한다.

부처님 말씀하신 경전과 계율

세상에 제일 밝은 빛이 아닌가

바른길 벌써 널리 나타냈으니

참되고 자세하여 의심 없도다.

....

하늘에 반짝이는 온갖 별 중에

밝기론 저 달이 제일 가듯이

부처님이 세간의 도사께서는

하늘위 하늘 아래 가장 shveh다.

고익진 역, 《한글 아함경》, pp.180~181, 동국대학교 출판부, 1981.

9) 《대반열반경》卷8, 〈如來性品〉.

10) 유보산 편, 《불타의 아함사상》, 1990, pp.70~71.

11) 기해 편역, 《법구경》, 고려원, 1992, pp.441~442.

12) 달라이 라마, 류시화 역, 《달라이 라마, 예수를 말하다》, 나무 심는 사람, p.92.

_ 중국 도교와의 회통

1) 中國哲學書電子化計劃, 《道德經》, http://ctext.org/dao-de-jing/zh
2) 馮友蘭, 《中國哲學新編》(北京: 人民出版社, 1998), p.213.
3) 窪 德忠, 《道敎の世界》(東京: 學生社, 1987), p.148.
4) 신선에 대한 명칭은 다양하다. 천년을 사는 사람을 仙人이라고 하고 形을 단련하여 氣를 삼은 자를 眞人, 氣를 단련하여 神을 이룬 자를 神仙이라고 한다. 이 神을 단련하여 道를 이룬 자를 至人이라고 한다. 中國哲學書電子化計劃, http://ctext.org/wiki.pl?if=gb&res=270 447, 《坐忘論》, 〈坐忘樞翼〉 '身有七候…四延數千歲名曰仙人 五鍊形 爲氣名曰眞人 六鍊氣成神名曰神仙 七鍊神合道名曰至人.'
5) 魏伯陽, 《參同契》(《正統道藏》台北:新文豊出版, 1977, 太玄部 33冊, p.153).
6) 大星光史, 《老莊神仙の思想》(東京: プレヅデント社, 1993), p.49.
7) 《參同契》 p.32, '精氣結而爲丹 陽氣在下 初成水 以火煉之則凝成丹.'
8) 《參同契》 p.32, '精氣結而爲丹 陽氣在下 初成水 以火煉之則凝成丹.'
9) 道端良秀, 〈중국불교의 도교적 전개〉, 《승가신문》, p.182.
10) 鎌田茂雄, 정순일 역, 《중국불교사》(신서원, 1994), p.60.
11) 平川彰 外, 정승석 역, 《大乘佛敎槪說》(김영사, 2005), p.189.
12) 葛洪, 《抱朴子》의 〈金丹篇〉에 주로 언급되고 있다. 金丹이란 金液과

還丹을 합하여 부른 것이다. 金液은 황금을 재료로 하고 환단은 丹砂를 재료로 해서 만든 것이다.

13) 葛兆光, 《도교와 중국문화》(동문선, 1993), p.282.

14) 《장자》, 〈대종사〉, '顔回曰 回益矣 仲尼曰何謂也 仲尼曰何謂也 曰回忘仁義矣 曰可矣猶未也 他日復見曰 回益矣 曰何謂也 曰回忘禮樂矣 曰可矣猶未也 他日復見曰 回益矣 曰何謂也 曰回坐忘矣 仲尼蹴然曰 何謂坐忘 顔回曰 墮枝體 黜聰明 離形去知 同於大通 此謂坐忘 仲尼曰 同則無好也 化則無常也 而果其賢乎 丘也請從而後也.'

15) 張君房 編, 李永晟 點校, 《雲級七籤》卷94 (北京: 中華書局, 2003).

16) 《坐忘論》, 〈敬信〉, p.1, '信者 修道之要 敬仰尊重. 莊云 墮支體 黜聰明 離形去智 同於大通 是謂坐忘 夫坐忘者 何所不忘哉 內不覺其一身 外不知乎宇宙.'

17) 《坐忘論》, 〈斷緣〉, p.2, '斷緣者 斷有爲俗事之緣也 棄事則形不勞 無爲則心自安.'

18) 《坐忘論》, 〈收心〉, p.2, '因住無所有 不箸一物.'

19) 《坐忘論》, 〈簡事〉, p.4, '修道之人 莫若斷簡事物 知其簡要.'

20) 《坐忘論》, 〈眞觀〉, p.5,

21) 《坐忘論》, 〈泰定〉, p.5, '夫定者 出俗之極地.'

22) 《坐忘論》, 〈得道〉, p.6.

23) 최수빈, 〈좌망론을 중심으로 살펴 본 당대 도교의 수행관〉, 《서강학회보》3(서강대학교대학원 총학생회, 2007), 이 논문에서는 사마승정과 동시대의 頓悟漸修의 선종 논쟁 가운데 神秀의 漸修的 수행에 영향을 받았다고 평가한다.

24) 中華電子佛典協會, 宗賾, 《禪苑淸規》卷8, 《坐禪儀》, '是知 超凡越

聖, 必假靜緣. 坐脫立亡, 須憑定力.'

25) 《장자》, 〈대종사〉, '古之眞人 其寢不夢 其覺無憂 其食不甘 其息深深 眞人之息以踵 衆人之息以喉.'

26) 楊玄操, 《難經》, 〈六十六難〉, '臍下腎間動氣者 丹田也 丹田者 人之 根本也 精神之所藏 五氣之根源 太子之府也 男子以藏精 女子主月水 以生養子息 合和陰陽之門戶也.'

27) Lawrence G. Thompson, The China Way in Religion, (Belmont, California: Wadsworth Publishing Company,1998), p.93.

28) 鄭磏, 金學洙 編, 《龍虎秘訣》, 국립중앙도서관 筆寫本.(鷄龍山硏精 院,1980) '入息綿綿 出息微微 常使神氣 相住於臍.'

29) 許抗生 저, 노승현 역, 《노자철학과 도교》(예문서원, 1995), p.210.

30) 이종익, 〈공안 간화선의 원류고〉, 《불교학보》2, (동국대학교 불교문 화연구원, 1964) p.72.

31) 이종익, 위의 글, p.78.

32) 馮友蘭, 정인재 역, 《중국철학사》(형설출판사, 2007), p.275.

33) 《重陽全眞集》卷1, "禪道兩全爲上士 道禪一得自眞僧 ...了禪禪并道 道 自然到彼便超界."《正統道藏》台北:新文豊出版, 1977. 太平部 13 冊)

34) 葛兆光, 앞의 책, p.370.

35) 《一切如來大祕密王未曾有最上微妙大曼拏羅經》, '牠是從觀自在菩薩 部所作的變化相.' (大正新脩大藏經 卷18. No.889).

36) 徐道 編, 《歷代神仙通鑑》, (台北:中華世界資料出版社有限公司,1976) '普陀落伽岩潮音洞中有一女眞, 相傳商王時修道于此. 已得神通三 昧, 發愿欲昔度世間男女.嘗以丹藥及甘露水濟人, 南海人称之曰慈

航大士.'

37) 《文殊室利般涅盤經》, '文殊生於古印度舍衛國的一個婆羅門家庭 後隨釋迦佛出 釋迦滅度後他 來到雲山 爲五百仙人解釋十二部經 最後又回到出生地 在尼拘陀樹下結跏趺坐 入於涅盤.'(大正新脩大藏經卷14. No.463).

38) 대원사 티벳박물관, 《조선불화 10대지옥》 (보성: 대원사, 2005), p.13.

39) 위의 책, p.15.

40) 위의 책, p.17.

41) 위의 책, p.19.

42) 위의 책, p.21.

43) 위의 책, p.23.

44) 위의 책, p.25.

45) 위의 책, p.27.

46) 위의 책. p.29.

47) 위의 책, p.31.

48) 이능화, 《조선도교사》, (민족문화사, 1980), p.294.

49) 동악 태산, 남악 형산(衡山), 서악 화산(華山), 북악 항산(恒山), 중악 숭산(崇山)이다.

50) Lawrence G. Thompson, Ibid, p.67.

51) 앙리 마스페로 저, 표정훈 역, 《불사의 추구》(서울: 동방미디어, 2000), p.184.

52) 葛兆光, 앞의 책, p.204. 노자와 장자의 사상은 자연에 따르는 것을 중시하지, 불로장생을 노골적으로 언급하지 않는다.

II. 한국불교의 회통사상

_ 원효의 회통사상

1) 원효, 《涅槃宗要》, 한국 불교전서1(이상 '한불'로 표기함)p.546, "...如 般若經等 智惠爲宗 維摩經等解脫爲宗 法花經者 一乘爲宗 大涅槃經妙 果爲宗."

2) 이희재, 〈한국 불교사에서 유마경의 위치〉.

3) 義天, 《新編諸宗敎藏總錄》 권1, (대정장 55, 1170a면, "宗要一卷 元曉 述, 料簡一卷 遁倫述".

4) 福士慈稔, 〈일본에서의 원효연구 현상과 과제〉, 《한국종교사연구》 p.55.

5) 위의 논문, p. 56.

6) 《조선왕조실록》, 세조 43권. 13/08/14(정미) / 태평관에 있는 유구국 사신에게 물품을 하사하다... 그때 보낸 불서는 《성도기(成道記)》, 《법 화경(法華經)》, 《번역명의(飜譯名義)》, 《기신론(起信論)》, 《영가집(永嘉 集)》, 《대비심경(大悲心經)》, 《원각경(圓覺經)》, 《사교의(四敎儀)》, 《능 엄의해(楞嚴義海)》, 《도덕경(道德經)》, 《법수(法數)》, 《함허당원각경(涵 虛堂圓覺經)》, 《금강경(金剛經)》, 《야부종경(冶父宗鏡)》, 《능엄회해(楞 嚴會解)》, 《고봉화상선요(高峯和尙禪要)》, 《진실주집(眞實珠集)》, 《능 엄경(楞嚴經)》, 《벽암록(碧巖錄)》, 《수륙문(水陸文)》, 《유마힐경(維摩詰)》, 《금강경오가해(金剛經五家解)》, 《능가경소(楞伽經疏)》, 《아미타경 소(阿彌陀經疏)》, 《유마경종요(維摩經宗要)》, 《법경론(法鏡論)》, 《관무 량(觀無量)》, 《수경의기(壽經義記)》.

7) 浮石芬皇曾問道 慨然長想未知還(到盤龍山延福寺禮普德師 兩聖橫日(元曉義湘在講下親稟涅槃維摩等経), 대각국사문집 권17, p.8) 전미희, 〈원효의 신분과 그의 활동〉에서도 보덕의 영향을 받은 것이라고 추측함.

8) 최완수, 〈석굴암, 중생의 해탈 염원 담긴 '대승불교의 꽃'〉한국경제, 2009. 9. 28.

9) 林椿, 《東行記》, 《西河集》 권5, 김상현, 위의 책, 번역 참조함.

10) 이규보, 《東國李相國集》 卷19, 〈小性居士贊幷書〉 '剃而髡則元曉大師 髮而巾則小性居士.'

11) 이에 관해서 김영태 교수는 원효의 한글 이름인 새벽이라고 해석하기도 하지만, 필자는 望月信亨의 우바새의 해석이 자연스럽다고 생각한다. 김영태, 〈원효의 신라말 이름 '새부'에 대해서〉《불교사상사론》, 민족사, 145~157면. 望月信亨, 《起信論之硏究》, 金尾文淵堂, 1922. p227.

12) 《三國遺事》, 第五, '元曉不羈'. 一切無碍人이라는 말은 화엄경에서만 나오는 것이 아니라, 원효의 다른 저술에서도 등장한다. 예컨대 《本業経疏》, 卷下. 한불 p.519.... "如経頌言 文殊法常爾 法王唯一法 一切無碍人 一道出生死也."

13) 《송고승전》 권4. 〈皇龍寺元曉伝〉 "嘗与湘法師入唐慕奘三藏慈恩之門 厥縁既差 息心遊往 無何發言狂悖 示跡乖疎 同居士入酒肆倡家."

14) 김상현, 앞의 책. p.34.

15) 世伝「日本」國眞人, 贈「新羅」使「薛」判官詩序云: "嘗覽「元曉」居士所著, 《金剛三時論{金剛三昧論}》, 深恨不見其人, 聞「新羅」國使「薛」, 即是居士之抱孫, 雖不見其祖, 而喜遇其孫, 乃作詩贈之."

16) 이규보, 《東國李相國集》 권19, 〈小性居士贊並書〉.

17) 이규보, 앞의 책, '題楞迦山元曉房'

18) 원효, 《遊心安樂道》, 한불, p.579, 十六觀門勸衆生往生.

19) 《삼국유사》, 권5, 感通7, 廣德. 嚴莊.

20) 원효, 《大慧度経宗要》韓仏, p.480 "非眞非俗非有非空如是乃名諸法
    實相."

21) 원효, 《涅槃宗要》한불, p.530. "...雖復凡聖其性無二 智者了達故 当
    知凡聖生死涅槃不一不異 非有非無非入非不入 非出非非不出 諸仏之
    意 唯在於此"

22) 원효, 《菩薩戒本持犯要記》, 한불1, p.581. "于時由自少聞不別邪正 又
    欲引致名利恭敬 隨所見識 令他聞知 耀者世人 咸疑是聖 此由獨揚似
    聖之迹 普抑諸僧 爲無可歸 以破仏法 故得重罪."

23) 원효, 위의 책, p.582

24) 최원식, 《신라보살계사상사연구》, 민족사p.90, 원효, 《보살계본지법
    요기》, 한불1, p.582. "於世大運多慢緩時 獨正其身 威儀無欠 便起自
    高 瀷也之心 慢毀乘急戒緩之衆 此人全其不善 以毀大禁 轉福爲禍 莫
    斯爲甚也."

25) 최원식, 《신라보살계사상사연구》, 민족사, p.85.

26) 원효, 《法華宗要》, 한불p.488, "所以廣大 此衆生界卽涅槃界 是故甚
    深 如論說言 三界相者 謂衆生界卽涅槃界 不離衆生界如有如來藏故
    是謂能乘一仏乘人也."

27) 원효, 《불설아미타경소》, 한불1, pp.562~563.

_《대승기신론》으로 읽는 원효의 회통(會通)사상

1) 마명(馬鳴, 100?~160?)은 산스크리트어로 아슈바고샤(Asvaghosa)이다. 초기 대승불교 학자로, 불교를 소재로 한 산스크리트로 된 인도 문학사상 불후의 업적을 남겼다.《대승기신론(大乘起信論)》의 저자이다.

2) 원효, 은정희 역,《대승기신론 소. 별기》, 1990, 일지사, p.12.

3) 마명, 감산 풀이, 송찬우 역,《대승기신론》, 1991, 세계사, p.43.

4) 마명, 감산, 앞의 책, p.49.

5) 오법안,《원효의 화쟁사상연구》, 홍법원, 1992, p.55.

6) 임진부,《기신론의 세계》, 창우사, 1993, p.80.

7) 원효, 은정희 역, 앞의 책, p.131.

8) 원효, 은정희 역, 앞의 책, pp.26~27.

9) 원효, 은정희 역, 앞의 책, pp.57~58.

10) 오법안, 앞의 책, p.161, 재인용

11)《大正藏》卷32,〈大乘起信論〉1卷, p.580, "復次究竟離妄執者 當知染法淨法 皆悉相待 無有自相可說 ...... 當知如來善巧方便 假以言說 引導衆生 其旨趣者 皆爲離念 歸於眞如 以念一切法 令心生滅 不入實智故."

12) 이분법의 개념은 다음과 같다. 예컨대

如實空: 如實不空/ 有相: 無相/ 一相: 異相/ 覺義: 不覺義/ 隨染本覺: 性淨本覺

13) 원효, 은정희 역, 앞의 책, p.12.

14) 원효, 은정희 역, 앞의 책, pp.13~14.

15) 《大正藏》卷32, 〈大乘起信論〉1卷, p.576, "當知眞如自性 非有相非無相 非非有相 非非無相 非有無俱相 非一相非異相 非非一相 非非異相 非一異俱相 乃至總說 依一切衆生 以有妄心 念念分別 皆不相應故 說爲空 若離妄心實無可空 故所言不空者 已顯法體空無妄故 卽是眞心 常恒不變淨法滿足 故名不空 亦無有相可取 以離念境界 唯證相應故."

16) 마명, 감산 석, 앞의 책, p.72.

17) Alaya vijnana : 8식의 하나 또는 9식의 하나. 불교 유심론의 하나 인 아라야연기의 근본이 되는 식. 眞諦 등은 無沒識이라 번역하고 현 장은 藏識이라 번역. 한자의 음역은 阿黎耶. 阿賴耶리 阿梨耶 등으 로 표기한다.

18) 마명, 감산 석, 앞의 책, p.73.

19) 《大正藏》卷32, 〈大乘起信論〉1卷, p.576, "此識有二種義 能攝一切 法 生一切法 云何爲二 一者覺義 二者不覺義."

20) 마명, 감산 석, 앞의 책, p.75.

21) 本覺: 중생의 心體 自性은 청정하여 일체의 망상이 照照 靈靈하여 覺知의 덕을 소유한다. 이는 修成해서 그런것도 아니며 本有한 自爾 의 性德이므로 本覺이라 하며, 곧 여래의 法身을 말하는 것. 그러나 이 本心體는 無始 이래로 無明번뇌에 가리워져서 隱藏된재초 오늘 에 와 일단 修治의 공에 의하여 비로소 그 性德을 타나내므로 始覺 이 별것이 아니고 원래 본각의 體이므로 始覺과 本覺이 모두 일체이 다. 仁王經중에 '自性이 청정한 것을 本覺性이라하고, 곧 이것이 諸 佛이며 일체의 智智이다' 하였음 (《불교사전》,한국 불교대사전 편찬 위원회) 이기영은 '본래의 깨달음' 이라고 번역(이기영, 앞의 책, p.92) Hakeda는 이를 'Original Enlightenment' '본래의 깨달음'

이라고 번역했다. (p.37)원효는 '심성의 不覺相을 여읜 것을 말하니, 이 覺照의 성질을 본각이라 하는 것이다' 라고 했다. (은정희의 앞의 책, p.142)

22) 마명, 감산 석, 앞의 책, p.76.

23) 마명, 감산 석, 앞의 책, p.196.

24) 《大正藏》卷32, 〈大乘起信論〉1卷, p.579, "問日上說眞如共體平等 離一切相 云何復說體有如是 種種功德. 答日雖實有此諸功德義 而無 差別之相 等同一味 唯一眞如 此義云何 以無分別 離分別相 是故無 二."

25) 마명, 감산 석, 앞의 책, p.198.

26) 《大正藏》卷32, 〈大乘起信論〉1卷, p.582, "一者常爲十方諸佛菩薩 之所護念 二者不爲諸魔惡鬼所能恐怖 三者不爲九十五種外道鬼神之 所惑亂 四者遠離誹謗甚深之法 重罪業障漸漸微薄 五者滅一切疑諸惡 覺觀 六者於如來境界信得增長 七者遠離憂悔於生死中勇猛不怯 八者 其心柔和捨於憍慢不爲他人所惱 九者雖未得定於一切時 一切境界處 則能減損煩惱不樂世間 十者若得三昧不爲外緣一切音聲之所驚動."

27) 《大正藏》卷32, 〈大乘起信論〉1卷, p.583, "復次衆生初學是法....眞 如法身 常勤修習畢竟得生住正定故."

_ 승속 회통의 대승불교사상

1) 이대성, 〈유마경연구〉, 동국대 대학원, 1999.

2) 중국과 일본의 학자들이 공동으로 발굴한 조사에 참여했던 다카하시

(高橋尚夫)씨에 의하면, 〈지광명장엄경(智光明莊嚴經)〉을 때마침 열람하고 있었는데, 여기에 '《유마경》 12장'이란 제목이 적혀있었다"고 당시를 회상했다. 1999년 7월말부터 8월 초순에 걸쳐 실시한 현지조사에서 드디어 발견이 이뤄진 것이다. 〈유마경〉원전 발견으로부터 발표까지 1년 반이란 시간이 소요되었다.

3) 김두식, 〈유마경에 관한 연구〉, 동국대 석사학위논문, 1965, 강혜원, 〈달마선에 나타난 유마의 不二사상〉, 《韓國佛敎學》26輯, 1995, 이대성, 〈유마경의 禪사상〉, 《韓國佛敎學》26輯, 한국 불교학회, 1995; 김용환, 〈유마의 보살실천론과 생태위기극복〉, 국민윤리연구 37號, 한국국민윤리학회, 1997, 이선경, 〈극양식으로 본 유마경의 등장인물고찰〉, 동국대 교육대학원 석사논문, 1997, 이대성, 〈유마경연구〉, 동국대 박사학위논문, 1999, 이재수, 〈유마경에 나타난 사회사상연구〉, 동국대 석사학위논문, 2000, 정준기, 〈유마경의 반야사상을 의용한 신회의 禪사상〉, 《韓國佛敎學》38輯, 2004.

4) 義天, 《新編諸宗敎藏總錄》권1,(대정장 55. 1170a 쪽. "宗要一卷 元曉述, 料簡一卷 遁倫述")

5) 《조선왕조실록》, 세조 43권, 13/08/14(정미) / 태평관에 있는 유구국 사신에게 물품을 하사하다... 그때 보낸 불서는 성도기(成道記) · 법화경(法華經) · 번역명의(飜譯名義) · 기신론(起信論) · 영가집(永嘉集) · 대비심경(大悲心經) · 원각경(圓覺經) · 사교의(四敎儀) · 능엄의해(楞嚴義海) · 도덕경(道德經) · 법수(法數) · 함허당원각경(涵虛堂圓覺經) · 금강경(金剛經) · 야부종경(冶父宗鏡) · 능엄회해(楞嚴會解) · 고봉화상선요(高峯和尙禪要) · 진실주집(眞實珠集) · 능엄경(楞嚴經) · 벽암록(碧巖錄) · 수륙문(水陸文) · 유마힐경(維摩詰經)

·금강경오가해(金剛經五家解) ·능가경소(楞伽經疏) ·아미타경소
(阿彌陀經疏) ·유마경종요(維摩經宗要) ·법경론(法鏡論) ·관무량
수경의기(觀無量壽經義記).

6) 이영무 역해, 《유마경강설》, 〈방편품〉, 월인출판사, 1989, 93~94쪽.
   (大正藏 卷14. 539 上면)

7) 최완수, 〈석굴암, 중생의 해탈 염원 담긴 '대승불교의 꽃'〉, 한국경
   제, 2009.9.28.

8) 百城山寺前臺 吉祥塔中納 法眹記」寧二旂蒙年百城山寺前臺 吉祥塔
   中納 法眹記]無垢淨大陀羅尼經 一卷 法花經一部 淨名經 一部隨求卽
   得大自在陀羅尼金剛般若經一卷 花嚴二佛]名號 卅類神衆 列名 威光
   所遇佛友名 善財所携五十五]善友 列名五十/三佛號十s大弟子德號 七
   處九會卅九品列名 兼卅心十地名 十卷金光明經卅一品 列名 大般若
   經十六會二百七十_八品 列名]佛經雜語 花嚴性起 卅篇 眞言集録 二
   卷]佛舍利 一軀又二枚 釋迦如來涅槃銅畵像 一]瑠璃泥小塔 九十九 又
   七十七每塔納眞言]大般涅槃經十七品 列名 ▨心般若經]

9) 《大覺國師文集》 卷17, 8쪽, 〈孤大山景福寺飛來方丈禮普德聖師影〉
   '元曉義湘嘗在諸下親稟涅槃維摩等經.'

10) 普照, 知訥, 《華嚴論節要》, 33쪽, '一入道方便同者 經云夫求法者 於
    一切法 應無所求 乃至觀身實相觀佛亦然 我觀如來前際不來 後際不
    去 今卽無住等 是初觀智門 略同於入道行相 .

11) 普照, 知訥, 《華嚴論節要》, 33쪽. '此維摩經 以淨名居士 現小許不思
    議之通變 令二乘廻心 又處於生死現身有疾 令知染淨無二 又表N菩薩
    大悲有疾 菩薩具陳不二之門.'

12) 임상희, 〈이통현과 중국의 전통사상〉, 《한국 불교학》 50집, 한국 불

교학회, 2008, 464쪽.

13) 知訥, 〈圓頓成佛論〉에서 또한 같은 〈여래출현품〉 곧 "自己無明分別 之種 本是諸佛 不動智也"도 인용된다.

14) 知訥, 〈圓頓成佛論〉, 200쪽, "自心內諸佛普光明智 普照一切衆生 則 衆生相卽如來相 衆生語卽如來語 衆生心卽如來心 乃至治生産業 工 巧技藝 皆能是如來普光明智運爲之相 都無別異也 但是中生 自業自 自見是凡y是聖...自生退屈非有普光明智 故作如是".

15) 해인사의 보관된 《유마힐소설경》은 조선시대에도 인행(印行)된다.

16) 세조 때 간경도감(刊經都監)에서 찍어낸 금강반야경소개현초 와 비 슷하여 조선 세조때 속장경을 보고 다시 새겨 찍어낸 판본으로도 추 정하고 있다.

17) 신규탁, 〈이자현의 선사상〉, 《동양철학연구》, 동양철학연구회. 2004, 주호찬, 〈이규보의 시에 나타난 불교인식의 추이〉, 《한문학 보》14호, 우리한문학회, 2006, 이애희, 〈이자현의 능엄선 사상〉, 《공 자학》14집, 한국공자학회, 2007 등이 관련논문이다.

18) 願文: 唯願不肯拙筆書寫不思議經一卷. 功德上報於京畿洛陽城中部 錦蘭坊九重宮裏居位 主 上三殿下萬歲恤民無彊之恩 兩次及盡虛空遍 法界六趣四生 離於三有生於淨土 親見 無量壽佛 頓悟無生者 時維聖 上卽位12年癸酉(1633)兩6辰沙彌源琪 謹書.

19) 1926년 당시 팔도도총섭 벽암 각성에 의해 세워진 남한산성안의 절.

20) 모리스 꾸랑(Mourice Courant), 이희재 역, 《한국서지 (Bibliographie correenne)》, 일조각, 1994, 652쪽. 이충익의 불교 관에 대한 연구는 유호선의 〈양명학자 이충익의 불교관 일고〉, 한국 어문학연구 48집이 있음.

21) 李令翊, 《信齋集》권1. '構小庵於摩尼山望京臺瀑布下 自號瀑布庵主人'.

22) 《椒園遺藁》2책, 512쪽, '若維摩 汪濊不可窺測 如目擊大居士 高臥方丈 諸大弟子諸菩薩 却步不任造問 吁可異也 時甲辰季春 在蠔津寓舍 書寫畢 因識卷末'.

23) 범해 찬, 김윤세 역, 《동사열전》, 광제원, 1991, 481쪽.

24) 이 책은 1674년 혜소(慧昭)에 발간되었고 이 책의 발문은 화은(華隱)이 쓴 것이 현존한다.

25) 序 崇禎紀元後 甲寅 四月 下澣 寶月堂 慧昭謹序 崇禎紀元後 四甲寅 (1854) 下澣竺 典盥水焚香 謹序 피疇居士 邵彌書于桂髓樓 後秦釋僧 肇述 跋 無何翁 華隱 謹敬 謹跋 刊記 上之四年咸豊甲寅(1854) 仲夏 新刊 江原道鐵原 寶盖山 聖住庵 藏板.

26) 그는 《유마경》이외에도 《금강경오가해》, 《능엄경》, 《능가경》, 《관음경》, 《화엄경》, 《법화경》 등을 읽었다. 또 선종서적으로도 法苑珠林 宗鏡全部 등을 읽었다. 그의 시에서도 '久惜維摩示病身'을 비롯해서 유마거사가 거주하는 비야성, 유마거사가 고의로 칭탁한 병, 유마과 문답한 문수보살, 유마의 묵언과 불이문 등 시어와 시문과 서독 문집 전체에 산견된다고 말한다. 류호선, 〈추사 김정희의 불교시 연구〉, 한국 불교학 46집, 2006, 528~540쪽.

27) "不作蘭花二十年 偶然寫出性中天閉門覓覓尋尋處 此是維摩不二禪 若有人强要爲口實 又當以毘耶 無言謝之 曼香."

28) 아뇩다라삼먁삼보리의 경우 아누다라삼먁삼보리, 이룩다라삼먁삼보리, 안욕다라삼먁삼보리, 안욕다라삼먁샴보등 통일이 되지 않고 쓰인다.

29) 李能和, 〈佛教振興은 三十 菩薩과 無數維摩居士〉, 《佛教振興月報》 1
호, 佛敎振興會, 1916.

30) 송혁, 〈한용운 사상연구〉, 《한용운사상연구》권2, 만해사상연구회,
1981, 182쪽.

31) 《유마힐소설경강의》, 전집 3, 262쪽.

_ 신라말의 화엄종과 회통불교

1) 《宋高僧伝》卷 30, 〈雜科 聲德篇. 唐高麗國元表伝〉 '釋元表 本三韓人
也.'

2) 《支提寺志》卷3, 僧編《中國仏寺志叢刊》제105책 "唐 元表法師 高麗
僧也."

3) 계미향, 〈고구려 원표의 화엄경 掌來 고찰〉 동국대학교 대학원 석사
논문. 2012. 이 논문 가운데 원표를 고구려의 유민이며 유년시절에
입당했다고 하는 것은 근거가 희박한 주장이다.

4) 박태선, 〈신라 천관보살신앙 연구〉, 한국교원대학교 대학원 석사논
문, 1998.

5) 實叉難陀(652~710)는 산스크리트명으로는 시크샤난다
(Siknnnanda. 學喜)의 실차난타는 그 음역(音譯). 우전(于闐) 출생.
695년 《화엄경(華嚴経)》의 산스크리트본을 낙양[洛陽]으로 가져다가
보리류지(普提流志), 인도 여행을 한 의정(義淨) 등과 함께 《신역(新
譯)화엄경》(80권)을 완역하고, 그 밖에 《대승입능가경(大乘入楞伽
経)》, 《문수수기경(文殊授記経)》등 19부도 한역하였다. 704년에 일단

귀국했었으나, 화엄종의 대성자(大成者) 법장(法藏) 및 의정 등과 친교가 두터워, 708년 다시 중국으로 왔다. 그가 번역한《화엄경》에는 측천무후(則天武后)가 서문을 썼다.

6) 朱士行, 祇多羅, 無叉羅, 支法領, 捉雲般若, 實叉難陀, 釋智嚴, 尸羅達磨 등.

7) 法顯,《법현전》, (大正藏 권 5) p.857.

8)《송고승전》권 30,〈雜科 聲德篇. 唐高麗國元表伝〉'仍往西域 瞻礼聖跡.'

9)《寶林寺事績》'元表大德禪師, 在月氏國, 初創所謂迦智山寶林寺. 山深谷邃 水回雲鎖 地勢寬平 堂寮俱備 法侶成群 休祥放光爲佛林別界 金沙寶地砂 寺之爲寶林 名誠是矣. 轉而遊中國得如月氏山者 置梵宇 規模体度 一如月氏之制 山名以是寺 号以是會衆設経 与月氏之寶林寺無不同.'

10)《大藏正》卷10. p.241.〈80 華嚴〉, '東南方有處 名支提山 從昔已來 諸菩薩衆 於中止住 現有菩薩 名曰天冠 与其眷屬 諸菩薩衆 一千人俱 常在其中 而演說法.'

11) 조영록,〈중국 복건지역 한국관련 불적 답사기〉,《신라문화》15집. p.230.

12) 智儼,《華嚴経 孔目章》'支法領從于闐國 從三万六千偈 三十四品來 見伝 此土也.'

13) '大方廣仏華嚴経者 斯乃諸仏之密藏, 如來之性海....略啓半珠, 未窺全, 朕聞其梵本, 先在于闐國中, 遣使奉迎, 近方至此.'

14) 최완수,〈최완수의 우리문화 바로보기 24〉, 신동아.

15) 계미향,〈원표의 宝林寺 창건설 재고찰〉,《한국 불교사연구》, 2012.

p.207....천관보살의 주처지인 천관산을 가까이에 두고, 가지산문 선종사찰의 본산인 보림사를 창건했다는 것은 납득하기 쉽지 않다고 쓰고 있다.

박태선, 〈신라 천관보살신앙 연구〉 한국교원대학교 대학원 석사논문, 1998. p.3. 위백규의 《支提誌》에는 성덕왕 4년(705) 천관산에 있는 보현사의 淨泉庵을 개축하여 크게 전당을 꾸미고 敎宗 승려인 영변(靈卞) 등 5인으로 하여금 이를 주관케 하여 《화엄경》을 강론함으로서 화엄사라 이름하였다는 기록이 있다.

16) 《화엄사. 화엄석경》 화엄사. 2002. p.135.

17) 《新羅國 武州 迦智山 宝林寺 諡 普照禪師 靈塔碑銘 并序》 '請移居迦智山寺 遂飛金錫 遷入山門 其山則元表大德之旧居也 表德以法力施于有政 是以乾元二年 特敎植長生標柱 至今存焉.'

18) 동국대학교 불교문화연구원, 《한국화엄사상》 p.335.

19) 김탄허, 《懸吐譯解 新華嚴経合論》, 화엄학연구소, p.51.

_ 보조사상의 회통적(會通的) 구조

1) 오법안, 《원효의 화쟁사상연구》, 홍법원, 1992.

2) 김탄허 역, 《보조법어》, p.75. '若欲求仏 仏卽是心....苦言心外有仏 惟外有法 欲求仏道者 從経塵劫 燒身煙臂...鼓骨出髓 刺血寫経 長坐不臥 一食卯齊 乃至轉讀 一大藏敎 修種種苦行 如蒸沙作飯 只益自勞爾.'

3) 앞의 책, pp.75~76. '仏卽是心 心何遠覓....世尊云 普觀一切衆生 見有如來智慧德相.'

4) 앞의 책, pp.75~76. '但識自心 恒沙法門 無量妙意 不求而得...是知離
   此心外 無仏可成.'

5) 앞의 책, 〈정혜결사문(定慧結社文)〉 p.1. '人因地而倒者 因地而起 無
   有是處也.'

6) 定慧双修는 이미 六祖의 가르침이기도 했다.

"선지식들아, 나의 이 법문은 定과 慧로써 근본을 삼나니, 첫째로 미
혹하여 慧와 定이 다르다고 하지 말라. 定과 慧는 몸이 하나여서 둘이
아니니라. 곧 定은 慧의 몸이요 慧는 곧 定의 用이니, 곧 慧가 작용할
때 定이 慧에 있고 곧 定이 작용할 때 慧가 定에 있느니라."

"선지식들아, 定과 慧는 무엇과 같은가? 등불과 그 빛과 같으니라. 등
불이 있으면 곧 빛이 있고 등불이 없으면 곧 빛이 없으므로, 등불은
빛의 몸이요 빛은 등불의 작용이다. 이름은 비록 둘이지만 몸은 둘이
아니다. 이 定慧의 법도 또한 그러하니라."《六祖壇経》)

7) 지눌, 앞의 책, 《定慧結社文》, p.21. "定慧二字乃三學之分称 具云戒定
   慧 戒以防非止惡 爲義免墮三途 定以称理攝散爲義 能超六欲 慧以擇法
   觀空爲義 妙出生死 無漏聖人 因中修行 皆須學此 故名三學."

8) 지눌, 앞의 책, 《修心訣》 p.104. "自性定慧 任運寂知 元無無爲 絕一塵
   而作對 何勞遺蕩之功 無一念而生情 不仮忘緣之力 隨相定慧称理攝散
   澤法觀空 均調昏亂 二入無爲."

9) 지눌, 앞의 책, 《定慧結社文》 p.23. "定慧名義 雖殊要在当人 信心不退
   已成辨耳 智度論云 若示世間近事 不能專精 事業不成 況學無上菩提
   不用禪定."

10) 앞의 책, 《定慧結社文》, "定是自心之体 定卽慧故 体不離用 慧卽定故
    用不離慧 双遮則俱浪 双照則俱存 体用相成 遮照無碍 此定慧二門 修

行已要 仏祖大旨."

11) 김탄허 역, 《普照法語》, pp. 83~84.

12) 앞의 책, 《普照法語》, 〈修心訣〉 p.82.

13) 앞의 책, p.85.

14) 앞의 책, pp.85~86.

15) 강건기, 〈돈오점수의 고찰〉, 《불교사상》 1984.7, pp.92~94.

16) 보조, 앞의 책, 〈修心訣〉 p.86. '比如孩子 初生之日 諸根自足 与他無 異 然其力未充 頗経歳月 方是成人.'

17) 앞의 책, 〈修心訣〉 p.83. "深明先悟後修之義日 識氷池而全水 借陽氣 以鎔消 悟凡夫而卽仏 資法以薰修 氷消則水 流潤方呈漑滌之功 妄盡 則心 靈通 応現通光之用."

18) 吉津宜英, 〈華嚴禪과 普照禪〉, 《普照思想》 4집, 보조사상연구원, 1990. p.278.

19) 앞의 책, 〈圓頓成仏論〉, "菩薩摩訶薩 応知自心念念 常有仏成正覺 爲 明諸仏如來 不離此心 成正覺故 又云一切衆生 心亦如是 悉有如來成 正覺 此明凡聖心自体淸淨無異 但有迷悟 不隔分毫 但一心妄念不生 得心境蕩然 性自無生 無得無証 卽成正覺."

20) 앞의 책, p.198. "以自心普光明智 量同法界 虛空界 相用自在 能一能 多 能大能少 能生能仏 能自能隱 能卷能舒 能逆能順 能善能惡 能染 能淨是不思議大光明藏 含攝諸法 爲万化之源."

21) 앞의 책, 〈圓頓成仏論〉 "仏是衆生心裡 仏隨自根堪無異物 欲知一切 源 悟自無明本是仏."

22) 앞의 책, p.300. "自心內 諸仏普光明智 普照一切衆生 則衆生相卽如 來相 衆生語卽如來語 衆生心則如來心 乃至治生産業 皆能是如來普

光明智 運爲之相 都無別異也 但是衆生 自業自광 自見是凡是聖…自
生退屈 非由普光明智 故作如是."

23) 이종익,〈보조선의 특수성〉,《불교사상》, 1984.7. pp.104~106.

24) 앞의 책,《看話決疑論》, p.129. "如是下注脚 給話頭故 學者於十二時
中 四威儀內 但提排斥擧覺而已 其於心性道理 無離名絕相之解 亦無
緣起無得之解 才有一念 仏法知解 便滯在 十種知解之病 故一放下 亦
無放下放下 滯放不滯病之量 忽然於沒滋味…無量義門 不求而圓得
也."

25) 한정섭 역,《四集譯解》, pp. 512~513.

26) 앞의 책, p.596.

27) 앞의 책,《看話決疑論》, p.243.

28) 앞의 책,《看話決疑論》, p.257. "不得作有無會….不得作道理會 不得
向意根下 思量十度 不得向揚眉瞬自處 根不得向語路上 作話計 不得
在無事甲裡 不得向學起處承当."

29) 앞의 책,《看話決疑論》, p.274. "今時疑破者 多分參意 未得參句故
圓頓門 正解發明者 一般矣如是之人 觀行用心 亦有見聞解行之功 但
不如 今時文字法師 於觀行門中 內計有心 外求諸理 求理弥細 轉取外
相之病矣."

30) 앞의 책,《眞心直說》p. 142. "但心中無物 名曰無心 如言空瓶 瓶中無
物 名曰空瓶 非瓶弥無 名空瓶也."

31) ①覺察: 항상 생각을 끊어서 생각이 일어나면 막는 공부방법
②休歇: 쉬는 공부요, 잡다한 생각을 그치는 공부방법
③泯心存境: 마음을 없애고 경계 곧 사물세계를 두는 무심공부
④泯境存心: 일체의 경계를 공으로 관하고 다만 일심만 세우는 공부

⑤泯心泯境: 먼저 外境을 공적케 하고 다음에 내심을 멸하는 공부

⑥存心存境: 마음에 두고 경계도 두는 공부

⑦內外全体: 천지와 내가 한 근원이요, 우주만물이 나와 한 몸으로 보는 공부

⑧內外全用: 일체내외를 진심의 묘용으로 보는 공부

⑨即体即用: 体即用이요, 用即体로 망심을 멸하는 공부

⑩透出体用: 妙体와 묘용이 같고 내외 전체요 내외 全用인 것을 보는 공부

_ 진각국사 혜심의 회통불교

1) 동아일보, 1932. 7. 1~7. 2. 화순의 전설로 소개됨

2) 채상식, 〈고려후기불교사연구〉, 일조각. p.40.

3) 《狗子無仏性話揀病論》,《韓國仏敎全書》6~69.

4) 《曹溪眞覺國師語錄》,《韓國仏敎全書》, 동국대학교, 6~36, 示至剛上座, '大放下 大放下 本無一物 本無一物 天上無弥勒 地下無弥勒.'

5) 《曹溪眞覺國師語錄》 위의 책 6~24 〈上康宗大王心要〉. "內若無心 外即無事 無事之事 是名大事 無心之心 是名眞心 所謂無心者 無心無無心 亦無無心盡 是眞無心 無事者 無事無無事 亦無無事盡 是眞無事"

6) 《韓國仏敎全書》6~67.

7) 《金剛般若波羅蜜経賛》《韓國仏敎全書》6~67. "金剛経破一切障四魔 惡敢当 煩惱魔 五陰魔 死魔 天魔."

8) 《曹溪眞覺國師語錄》《韓國仏敎全書》6~18 "檀越請轉金剛経示衆 師

　　　擧一切諸仏及諸仏阿縟多羅三藐三菩提 皆從此経出."

9) 채상식, 앞의 책, p. 49.

10)《曹溪眞覺國師語錄》《韓國仏敎全書》6~7 "衆生被困厄 無量苦逼身
　　觀音妙智力 能求世間苦."

11)《曹溪眞覺國師語錄》《韓國仏敎全書》6~46. 答鄭尙書 邦甫.

12)《曹溪眞覺國師語錄》《韓國仏敎全書》6~41. 答襄陽公 '所以華嚴経頌
　　云 欲求一切智 速成無上覺 応以淨妙心 修習菩提行.'

13)《曹溪眞覺國師語錄》《韓國仏敎全書》6~5 "夫出家者 非爲一身 獨求
　　解脫 能斷一切衆生煩惱 能令毀禁者 安住淨戒 能化生死流轉者 令得
　　解脫 能廣四量心 普利有情 能令衆生入大涅槃 是名出家."

14)《曹溪眞覺國師語錄》《韓國仏敎全書》6~15. 示衆 "華嚴経云 菩薩了
　　世法 一切皆如夢 非處非無處 …此如夢中見種種諸異相 世間亦如是
　　夢無差別 衆生諸利業 雜染及淸淨 如是悉了知 与夢皆平等."

15)《曹溪眞覺國師語錄》《韓國仏敎全書》6~28. 示希遠道人 '凡人臨終
　　時 但觀五蘊皆空 四大無我 眞心無相 不去不來 生時性亦不生 死時性
　　亦不死 湛然圓寂 心境一如.'

16)《曹溪眞覺國師語錄》《韓國仏敎全書》6~47. 答崔參政 洪胤 '我昔居
　　公門下 公今入我社中 公是仏之儒 我是儒之仏 互爲賓主 換作師資 自
　　古而然 非今始爾.'

17)《論語》,〈子罕〉 "子 絶四 毋意. 毋必. 毋固. 毋我."

18)《曹溪眞覺國師語錄》《韓國仏敎全書》6~47. 孔子曰 毋意毋我毋固 無
　　盡居士釋之曰 夫毋意則必有眞意者存焉 毋我則必有眞我者司焉 毋固
　　則必有眞固者在焉 毋必則必有眞必者守焉.

III. 조선시대의 회통불교

_ 조선 중종대 왕실의 불교의례

1) 이영화, 〈조선초기 불교 의례의 성격〉 한국정신문화연구원. p. 27.

2) 고영진, 《조선중기 예설과 예서》, 중종대의 전례논쟁, pp.41~42.

3) 김탁, 〈조선전기의 전통신앙〉, 《종교연구》6, 한국종교학회, p.54.

4) 《중종실록》 91권, 중종 34년 6월 4일(경자), 봉은사와 봉선사의 철거를 건의하였으나 도적에 기재되어 있음을 들어 허락지 않다. 성균관 생원 유예선(柳禮善) 등이 상소를 올렸다.

5) 《중종실록》 88권, 중종 33년 9월 19일(기축), 석강에 나아가다. 성균관 진사 박문수(朴文秀) 등이 상소를 올렸다.

6) 호는 등곡(燈谷), 황악산인(黃岳山人), 성종 19년 인수대비(仁粹大妃)의 명으로 해인사를 중수, 연산군 때는 신비(愼妃)의 명을 받고 대장경 3부를 간인(刊印)하고 발문(跋文)을 썼다. 《남명집(南明集)》을 언해하기도 했다. 한국불교대사전편찬위원회, 《한국불교대사전》 권7, p.24.

7) 《중종실록》 12권, 중종 5년 12월 19일(신축), 성균관의 생원 이경(李敬) 등이 편의(便宜)10조(條).

8) 《중종실록》 83권, 중종 32년 2월 9일(무오), 헌부와 간원이 윤만천의 죄를 논한 내용.

9) 《중종실록》 22권, 중종 15년 4월 20일(정축), 대간에서 찰방 황위, 승지 김극성을 체임하도록 아뢰다. 대간이 황여헌(黃汝獻) 등의 일을 아뢰고, 또 아뢰는 글.

10) 高橋 亨, 《李朝佛敎》, p.294. 검토관(檢討官) 임형수(林亨秀)의 글을
재인용하면 다음과 같다. "臣少時讀書山寺 聞僧徒所言則曰 某寺某
殿之願堂也 某利某王子 公主翁主之願堂也 又公然書諺札曰 當送于
某殿也 有珍異之物問之則某殿之所送也."

11) 김탁, 〈조선전기의 전통신앙〉, 《종교연구》 6, 한국종교학회, p.45.

12) 《중종실록》 21권, 중종 10년 1월 23일(신사), 왕에게 《고려사》를 강
하다가 '왕이 흥왕사(興王寺)에 행행했다'는 대목에 이르러 시강관
유보(柳溥)가 한 말 가운데 그의 사견을 뺀 기신재의 내용임.

13) 《중종실록》 24권, 중종 11년 2월 26일(정축), 김응기 등이 기신재ㆍ
내수사 장리의 혁파를 건의하면서 김응기의 글 중 그의 주관적인 평
을 뺀 내용임.

14) 《중종실록》 6권, 중종 3년 5월 7일(갑진), 태학생 홍일덕이 대자사
사찰 중수에 관해 상소한 내용 중 기신재에 관한 내용을 요약함.

15) 《중종실록》 24권, 중종 11년 3월 9일(경인), 김응기의 상소문에서 그
의 주관적인 평을 빼서 요약한 글.

16) 《중종실록》 25권, 중종 11년 5월 27일(정미), 특진관(特進官) 고형산
(高荊山)의 상소.

17) 《중종실록》 2권, 중종 2년 1월 13일(정해), 좌의정 박원종 등이 사찰
건립 허가를 반대하자 대비전에 물은 것에 대한 대비의 전교 내용이
다.

18) 《중종실록》2권, 중종 2년 1월 10일.

19) 《중종실록》 25권, 중종 11년 5월 18일(무술), 태학생 유엄 등이 상소
하여 기신재를 폐지하기를 청한대 대한 중종의 의견이다.

20) 《중종실록》 25권, 중종 11년 6월 2일(임자), 기신재를 영구히 혁파하

라고 예조에 분부하다.

"기신재를 베푼 것은 전조(前朝)에서 시작되어 상하가 모두 재를 베풀어 복을 비는 것에 익숙해지고 드디어 습속이 된 것이다. 아조(我朝)에 이르러서는 이교(異敎)를 깊이 배척하여 풍속이 점점 바르게 돌아가나, 기신재의 일만은 지금까지 구습을 따라 폐지하지 않았으므로 말하는 자가 다들 '고쳐 바로잡을 때는 바로 지금이다' 하였다. 다만 선왕조(先王朝)의 옛일이라 하여 차마 문득 고치지 못하고 주저하여 왔는데, 대신에게 물으니 다들 고쳐야 한다 하고, 나도 '선조를 받드는 효도에는 본디 올바른 예도가 있는 것이요, 욕되게 하는 일에 구구해서는 안 된다' 고 생각한다. 이 뒤로는 선왕과 선후의 기신재를 영구히 혁파하여 거행하지 말라."

21) 《중종실록》 25권, 중종 11년 6월 16일(병인), 문소전과 연은전의 각 위 외의 선왕과 선후의 기신재는 중국의 예에 따라 설행하라고 전교하였다.

22) 高橋 亨, 《李朝佛敎》, p.280.

23) 《중종실록》 83권, 중종 32년 2월 12일(신유년), 대사헌 대사간 등이 불교가 흥함을 염려하여 상차하다. 대사헌 유세린(柳世麟), 대사간 윤풍형(尹豊亨) 등이 상차한 내용.

24) 《중종실록》 6권, 중종 3년 5월 15일(임자), 태학생 채침 등이 상소.

_ 율곡의 불교관

1) 이병도, 〈이율곡론〉, 《율곡학보》 율곡학회, p.17.

2) 《현종개수실록》권8. 현종 4년. p.52.

3) 《숙종실록》권16. 숙종 11년. pp.41~44.

4) 《율곡전서》권 33. 부록. p.13.

5) 《율곡전서》권1. '與山人普應下山至豊巖李廣文(之元)家宿草堂.' p.23

6) 《명종실록》권13. 명종 7년. 1월 27일, p.9.

7) 《명종실록》권17. 명종 9년, 10월 정유, p.56. 자수원은 자수궁이라고 도 하는데, 종루와 나한전까지 있었다.

8) 이기운, 〈조선시대 내원당의 설치와 철폐〉, pp.274~275.

9) 《율곡전서》권28. 경연일기, p.7.

10) 《주자어류》권126. 부록.

11) 《능엄경》권2. "汝心本妙明淨 汝自迷悶 喪本受輪 常被漂溺."

12) 《능엄경》권4, "譬如有人於自衣中 繫如意珠..."

13) 《율곡전서》권 27. p.3.

14) 《율곡전서》권 27. p.4.

15) 화엄학의 시조라고 할 수 있는 杜順(556~640)이 眞空觀, 理事無 觀, 周邊含容觀의 三法界觀을 세웠다.

16) 아라키 겐고, 심경호 역 《불교와 유교-성리학, 유교의 옷을 입은 불 교》, 예문서원, p.46.

17) 《화엄경》권 8. 〈菩薩十住品〉.

18) 《주자어류》권 18.

19) 이병도, 〈이율곡론〉, 《율곡학보》 p.29.

20) 이에 대한 연구는 丁亢敎, 〈율곡의 한시에 나타난 유.불관〉, 《율곡학 보》율곡학회, 1997, pp.63~64. 참조.

21) 《율곡전서》권35. 부록 p.4. '吾少時 妄意禪家 頓悟法於入道甚捷而

妙 以萬象歸一 一歸何處爲話頭 數年思之 意未得悟 反以求之 及知其
非眞也.'

22) 《율곡전서》권1. 贈山人. p.36.

23) 《율곡전서》권33. 부록3. 행장. p.14.

24) 《醇言》제4장.

25) 《율곡전서》권1. 遊南臺西臺中臺宿于上院.p.38.

26) 《율곡전서》권1. 楓嶽記所見, p.22.

27) 《율곡전서》권2. 送沈公直作宰春川, p.26.

28) 《율곡전서》권1. 山中,p.20.

29) 《율곡전서》권2. 深源寺月夜季獻彈琴次玄玉上人韻, p.24.

30) 《沙溪全書》권51. 부록, '進遺稿仍辨師友之誣疏略 (宋時烈).

31) 최승순, 〈율곡의 불교관에 대한 연구〉, 《율곡학보》1995. p.46.

32) 《沙溪全書》권51. 부록, 辨誣疏略(宋時烈).

33) 일반인과 요순이 둘이 아님을 말한 것은 격몽요결(擊蒙要訣)에서도
초학자들에게 강조하는 마음가짐이다.

34) 《율곡전서》권1. 楓嶽贈小庵老僧,p.21.

_ 박세당의 유불회통적 불교관

1) 《현종실록》2권. 4년. 1월 5일

2) 광해군 9년(1619)에 태어났다. 15세에 출가하여 속리산에서 2~3년
살다, 17~18세 무렵에 서울로 올라와 명신 신익성의 집에서 머물렀
다. 유학과 문사에 대해 조예를 가졌으며 그의 시는 아주 훌륭하여 이

경석, 이식등과 시로 교유하기도 했다. 당대의 명승 벽암 각성의 제자가 되었고 현종 15년(1674) 팔도 선교도총섭이 되어 남한산성에 있었으나 불과 3개월가량 역임했다.

3) 《현종실록》22권. 15년. 6월 3일

4) 太學社, 《全書》上, 권8.p.14.당시 각천은 한음(이덕형, 1561~1645), 서경, 소암, 현옹, 월사(이정구, 1564~1635),동악,계곡(장유, 1587~1638)과 같은 저명한 유생들과 시를 나누었다.

5) 법명은 秀演. 19세에 조계산 송광사에 출가했다. 승가뿐만 아니라 유생들과도 교류의 폭이 넓었다. 이광사, 최창대, 이진유, 임상덕, 김창흡 등의 인사들과 교류했다.

6) 이희재, 〈율곡의 불교관〉, 《율곡사상연구》11집. 율곡학회. 2005. 율곡의 성리학적 이론속에서 유불회통적 사유를 찾아낼 수 있다. 물론 그것은 성리학이 불교철학과 상호 영향을 주면서 빚어진 유사성에 기인한 것이기도 하다. 율곡은 이귀기천(理貴氣賤) 혹은 이기이원(理氣二元)이 아닌 이기 융합적인 관계로 보았다.

7) 太《全書》上, 권8. 雜著 '梅月堂影堂勸緣文.'

8) 太《全書》上, pp.23-26. '論韓歐排浮屠.'

9) 太《全書》下, 〈논어사변록〉 p.155.

10) 太《全書》上, 권8. p.9. 〈석림암기〉.

11) 太《全書》上, 권7. p.10. '答監益相書.'

12) 太《全書》上, 권7. p.10. '答監益相書.'

13) 금강산의 의현(顗絢), 회축(懷軸), 회룡사의 풍열(豊悅), 망월사의 청휘(淸暉), 혜지(惠智), 법징(法澄), 석왕사의 재헌(才憲), 승미(僧美), 칠장사(七長寺) 용화사(龍華寺) 학수사(鶴壽寺)의 축환(竺還) 승우(勝

祐), 석림암의 해안(海眼), 종신(宗信), 만영(萬英), 수원(守源), 종언 (宗彦), 수견(守堅), 묘찰(妙察), 천륜(天倫), 혜총(惠聰), 혜평(惠平), 설묵(雪默), 계정(戒淨), 옥명(玉明), 벽허(碧虛), 경련(敬璉), 지점(智霑), 성만(性敏), 원택(圓澤).

14) 太《全書》上, 권1. p. 10. '別德藏上人.'

15) 太《全書》上, 권1. p. 4. '贈楓嶽僧懷軸乞詩.'

16) 太《全書》上, 권4. p.5. '竺敎.'

17) 太《全書》上. 권1. p.5. 〈尹都事 趾美挽〉.

18) 太《全書》上, 권4. p.20. 〈小狸歌戲海眼長老〉.

19 太《全書》上, 권4. p.20. 〈贈宗信師〉.

20) 太《全書》上, 권4. p.28. 〈天倫索題卷首〉.

21) 太《全書》上, 권1. p.10. 〈別德藏上人〉.

22) 太《全書》上, 권1. p.10. 〈惠平長老以獨不得贈篇爲歎輒以一律〉.

23) 太《全書》上, 권4. 〈戲贈戒淨〉.

_ 19세기 대둔사 학승들의 유교경전 이해

1) 19세기 초에 편집된 [大芚寺志 권1]에 "大芚寺者, 大興寺也"라는 기록 이 있는 것으로 보아, 대둔사는 일찍부터 널리 대흥사로도 불리었음 을 알 수 있다. 《大芚寺志》 (대둔사지간행위원회/강진문헌연구회, 1997) p.23 참조.

2) 이을호, 《다산학의 이해》, 현암사, 1975, 250쪽.

3) 이세영, 〈19세기 전기 사회경제의 변동〉, 《추사와 그의 시대》, 돌베

개, 2002, pp.61~63.

4) 정병삼, 〈19세기의 불교사상과 문화〉《추사와 그의 시대》, 돌베개, 2002, p.163.

5) 유봉학, 〈추사의 시대 – 정치적 추이와 추사 일문〉, 《추사와 그의 시대》, 돌베개, 2002, pp.17~31.

6) 《한국선사상연구》, 불교문화연구원, 1984.

7) 《草衣全集》 제2집, 초의문화제집행위원회, 1993, pp.17~23.

8) 이세영, 〈19세기 전기 사회경제의 변동〉, 《추사와 그의 시대》, 2002, 돌베개, p.70.

9) 〈謝贐性寄茶〉, 《與猶堂全書》 I–5. 6B, p.81.

10) 김상홍, 〈茶山의 未公開繪畵資料集〉, 《문학사상》, 1976, 10월호.

11) 《草衣全集》 제2집, 초의문화제집행위원회, 1993, 11–6쪽.

12) 이을호, 《이을호전서》2, 예문서원, 2000, 536–9쪽.

13) 〈書示白坡〉, 《완당선생전집》, 권7, p.25.

14) 〈梵海禪師行狀〉, 《한국 불교전서》 10, 1097–8쪽.

15) 〈答朴蘆河書〉, 《한국 불교전서》10, p.1093.

16) 〈遣興〉, 《한국 불교전서》 10, p.692.

17) 위의 책, 같은 곳.

18) 다산은 "이에 내가 계몽 수 십장을 빼서 그 요지를 물었다. 아암이 계몽의 일부에 神融口貫하여 수십백 말을 한번 외우는데 마치 탄환이 나는 듯 轉坂하고 술항아리에서 물이 쏟아지듯 해서 미칠 수 없었다. 내가 크게 놀라기 시작하고 그 결과가 宿儒임을 알았다"라고 한다.

또 추사는 아암에 대해 "화엄경은 읽지 않고 주역만 읽으니, 그가 유학자인지 승려인지 나는 모르겠다. 500년래 이런 품격의 인물은 없으리", "법화경이 곧 주역의 艮괘와 같다는 것을 뒤늦게 깨달았으니 이는 감춤과 드러냄이 간격이 없다는 것이다. 이는 혜장공을 두고 일컫는 말이다"라고 기록한다. (유홍준,《완당평전》1. 학고재).

19) 〈種鳴錄〉,《한국 불교전서》10, p.703.

20) 위의 책, p.704.

21) 위의 책, p.703.

22) 위의 책, p.704.

23) 위의 책, p.704.

24) 위의 책, p.704-5.

25) 〈睡〉,《한국 불교선서》10, p.693.

26) 〈種鳴錄〉,《한국 불교전서》10, p.706.

27) 위의 책, p.705-6.

28) 〈庚寅除夕同諸友分韻, 贈草衣禪〉,《與猶堂全書》I-6, p.112.

29) 임혜봉,《茶聖 초의선사와 대둔사의 다맥》, 예문서원, p.100-2.

30) 〈奉和山泉道人 謝茶之作〉,《한국 불교전서》10, p.860.

31) 〈隱跡庵山神閣創建記〉,《한국 불교전서》10, p.1076.

32) 〈普濟會中學禊案序〉,《한국 불교전서》10, p.1088.

33) 〈自說慧字契案序〉,《한국 불교전서》10, p.1092.

34) 〈禪門䜁語序〉,《한국 불교전서》10, p.1088.

35) 〈答朴蘆河書〉,《한국 불교전서》10, p.1093.

1) 東山門徒會, 《東山大宗師文集》, p.349.

2) 東山門徒會, 《東山大宗師文集》, p.350.

3) 신용하, 〈주시경의 애국계몽사상〉, 《한국학보》6. pp. 285. 1977.

4) 노치준, 《일제하 한국교회 민족운동의 특성에 관한 연구〉, 연세대학교 대학원 박사논문1990. p.276.

5) 박희승, 〈이제, 승려의 입성을 許함이 어떨는지요〉, 들녘, p.76

6) 박희승, 〈이제, 승려의 입성을 許함이 어떨는지요〉, 들녘, p.232.

7) 박희승, 〈이제, 승려의 입성을 許함이 어떨는지요〉, 들녘, p.232.

8) 정광호, 〈한국 불교최근백년사 편년〉, 인하대학교 출판부.

9) 임환경(1887~1983)은 해인사의 스님으로 삼일운동 당시 백용성. 한용운 스님을 부름으로 참여했으며, 후일 오세창 선생과도 교류했으며, 평소 마치 포대화상처럼 가난한 사람들에게 베푸는 생활을 많이 해서 유명했다.

10) 幻鏡大禪師, 《回顧錄》, 1983, p.100. 대구, 환경 대선사의 제자로 應峰, 雪峰, 東峰, 一峰, 高峰, 錦峰, 玄峰, 龍峰, 虎峰, 濟峰, 西峰 등 36명이라고 적시되어있으나 책을 엮는 제자는 李奉昊라고 적시되어 있다.

11) 김광식, 《동산대종사와 불교정화운동》, 범어사, 〈석산〉, pp.137~138.

12) 김광식, 《범어사와 불교정화운동》, 영광도서, 〈동근〉, p.459

13) 한용운의 승려결혼 허락을 진정하는 내용은 1910년 3월에 중추원의 김윤식에게 獻議書를 제출하고, 9월에는 통감부 데라우찌 에게 건백

서를 제출하였다. 《조선불교유신론》(1913)에서도 이 주장을 반복하
였다.

14) 강석주, 박경훈, 《불교근세백년》, 민족사, pp.62~63.

15) 동아일보, 1926년 5월 19일.

16) 《동산대종사 錫影帖》 p.30. 1956년 11월 12일 제4차 세계불교도대
회 참가기.

17) Eamond F. Adams 《Towards the Reform of Korean Buddhism
During the Japanese Colonial Period, 1910-1935》 p.303.
University of London, SOAS

18) 신규탁, 〈성철 선사의 불교관에 나타난 개혁적 요소 고찰〉 p.607.

19) 김광식, 《범어사와 불교정화운동》, 영광도서, 〈정관〉, p.362.

20) 동산문도회, 김광식, 《동산대종사와 불교정화운동》, 범어사, 〈혜총〉
p.524.

한국 불교의 회통적 전통

지 은 이 | 이희재
펴 낸 곳 | 불교춘추사
편   집 | 김다혜, 전혜선
디 자 인 | 조은숙

2015년 12월 21일 초판 인쇄
2015년 12월 24일 초판 발행

등록 · 1993년 10월 23일 제 01-a1594호
주소 · 서울시 종로구 운니동 14번지 미래빌딩 4층
전화 · 02) 747-8076~7
팩스 · 02) 747-8079
E-mail · suncha@empas.com
http : www.suncha.co.kr
ISBN 978 - 89 - 88417 - 74 - 4 93220

값 15,000원